KB200405

고린도전서 13장대로 1년 살아보기

사 랑 을 배 우 고 살 아 내 는 삶

고린도전서
13장대로
1년 살아보기

킴 소렐 지음
이지혜 옮김

규장

누구를,
언제,
어떻게 사랑해야 하는지
내게 가장 많이 가르쳐준 사람.
모든 사람을,
항상,
아무 조건 없이 사랑하는
나의 딸 아만다에게

"마음에 쏙 드는 책! 이 책은 틀림없는 '영혼을 위한 닭고기 수프'
다. 책장이 술술 넘어간다. 회고록과 모험 이야기, 개인 영성을 위
한 개발 가이드가 이 한 권에 다 들어 있다. 자신을 위해 꼭 이 책
을 읽어보기 바란다."

_잭 캔필드, 《영혼을 위한 닭고기 수프》 시리즈 공저자

"성경적 사랑을 진정 살아내는 것이 어떤 의미인지 묵상하던 저자
의 발걸음은 전 세계에서 사랑을 실천하기 가장 어려울 것 같은
나라, 그녀의 선교지인 아이티로 향한다. 아이티의 인도주의적 위
기에 관심 있는 독자들은 그 척박한 땅에서 사랑을 실천에 옮긴
사람들의 생생한 이야기를 이 책에서 만날 수 있다. 부드러운 유머
와 강철 같은 결의, 저자의 용기가 이야기 곳곳에 스며 있다."

_찰스 허니, School News Network 편집장

"저자의 삶을 변화시킨 이야기가 내 삶을 변화시킨 이야기로 고스
란히 옮겨졌다. 통찰력 있고 강력하며 재미있다. 영감과 즐거움이
완벽하게 조화를 이룬 책이어서 손에서 내려놓을 수가 없었다."

_데니스 벨, 전 뉴욕 닉스 소속 NBA 농구 선수

"눈을 가리고 있던 것들을 없애주고, 당신과 다른 사람을 위한 가능성과 긍휼로 마음을 채워주는 책. 아주 솔직하고 영감을 주는 책이다."

_스티브 해리슨, Radio-TV Interview Report 대표

"저자는 유머와 고통과 은혜에 기대어 성경을 쉽게 풀어주어서 우리가 전혀 새로운 방식으로, 곧 살아 있고 숨 쉬는 존재로 사랑을 이해할 수 있게 도와준다. 저자는 우리가 조건 없이 열려 있고 연약하며 인간적일 때 갖는 힘을 일깨워준다. 한 손에는 형광펜, 다른 한 손에는 휴지를 들고 읽기를 추천한다."

_탐 래디머커, The Grand Rapids Press 칼럼니스트

"인생을 바꾸고 인생에 도전을 주는 이 책은 재미와 영감 두 마리 토끼를 다 잡았다. 사업하는 사람이라면 누구라도 재미있게 읽을 만한 책이다. 직원, 동료, 고객과 좋은 관계를 유지하려면 저자가 이 책에서 말하는 사랑을 실천해야 한다."

_이반 미즈너 박사, Business Network International 설립자

"고린도전서 13장, 즉 '사랑장'을 다룬 책은 많다. 이 책은 그중에서도 특별하다. 이렇게 푹 빠져서 책을 읽은 적이 언제인가 싶다. 저자는 독자들을 (조잡한 야외 탁자 아래서 떨면서 잠을 청하던) 아이티의 캠프파이어 주변으로, 악어가 득실거리는 호수로, 베네수엘라 대통령 궁으로 초대한다. 솔직하고 유쾌한 글쓰기로 공감대를 형성하는 저자는 전혀 새로운 마음가짐과 전혀 새로운 방식으로 '사랑을 실천하는 법'을 가르쳐준다."

_로릴리 크레이커, 《빨강머리 앤 나의 딸 그리고 나》의 저자

"저자는 이 책에서 고린도전서 13장에 나오는 사도 바울의 유명한 말씀에 기초하여 독자들에게 사랑의 14가지 특징을 제시한다. 책에 실린 여러 일화는 저자의 성격을 잘 드러내는데, 독자들은 아이티 사역에 대한 저자의 헌신과 용기와 결단에 존경심을 품게 될 것이다."

_카린 오르 박사, 클라크 은퇴자 마을(Clark Retirement Community) 교목

"아름답고 도전적이며 매력적이고 활력을 주는 이 책은 인류의 가장 기본 요소인 '사랑'으로 우리를 안내한다. 날마다, 매순간 사랑을 살아내는 것이 어떤 모습인지 읽어가는 동안, 저자의 여정은 우리 모두의 여정으로 변한다. 고마워요, 킴!"

_앤 바일, Publisher's Weekly 프리랜서 기자

왜 사랑인가?

몇 년 전에, 1년간 예수님처럼 살아본 어떤 남자의 이야기를 읽었다. 와우, 정말 신선했다! 그런 평안과 기쁨을 누려보다니. 아니면 그에게 엄청난 연단과 인내가 필요했을지도 모르겠다. 어찌 됐든, 그의 삶은 180도 달라졌을 게 틀림없다.

나는 그런 시도를 할 만큼 용기가 있는지 생각해보았다. 그러면서 내가 정말로 예수님처럼 살고 있는지는 어떻게 알 수 있는지도 궁금해졌다.

예수님처럼 산다는 건

문득 한 가지 생각이 떠올랐다. 하나님은 '사랑'이시라는 것이다. 그러니 예수님처럼 산다는 건 사랑하는 삶일 것이다. 그렇다면 사랑이란 뭘까? 더군다나 한 발은 미국, 나머지 한 발은 아이티 같은 곳에 두고서 문화적 장벽을 넘나들며 사는 내가 어떻게 사랑하는 삶을 살 수 있을까? 미국이나 아이티나 사랑이 넘쳐나면서도 존재하지 않는 듯하고, 사랑하기가 너무 쉬운 것 같으면서도 너무 어려운 곳이 아닌가?

나도 사랑이라면 좀 안다. 사랑은 보편적이고 시간과 세대를 초월한다. 사랑은 감정이고, 선택이다. 또한 사랑은 그냥 주어지는 것이다. 사랑은 모든 것을 아우르고, 오래 참으며, 영원하다. 사랑은 모든 것을 이겨내고, 포기하지 않으며, 우리를 하나로 만든다. 하지만 사랑은 상처를 주기도 하고, 길을 잃게도 하며, 시간이 걸리기도 한다.

사람들은 사랑을 담은 편지를 쓰고 사랑 노래를 부른다. 러브 버그(love bugs, 벌레의 일종-역자 주)나 모란앵무새(lovebirds) 등 동식물의 이름에 '사랑'을 넣기도 한다.

사랑은 도전이고, 게임이고, 언어다. 우리는 사랑해서 병에 걸리는 사람(lovesick), 혹은 사랑이 없는 사람(loveless)이나 사랑스러운 사람(lovely)이 될 수 있다. 우리는 사랑에 빠지거나, 사랑에 중독되거나, 혹은 사랑의 이름으로 무엇을 할 수도 있다. 사랑이라는 게임을 즐기거나, 사랑의 힘을 이용할 수도 있다. 사랑은 재촉하거나 살 수 없고, 그 사랑이 내일까지 있을지도 알 수 없다. 그래도 우리에게는 사랑이 필요하다.

대체 뭐가 사랑일까?

성경에도 '사랑장'이 있다. 고린도전서 13장이다. 우리는 (특히 결혼식에서) 사랑장을 읽거나 그에 대한 설명을 듣는 데 아주 익숙하다. 사랑장은 사람들이 가장 많이 암송하고 감상하며 잘 알고 있는 성경 본문으로 꼽힌다. 교회에 다니지 않는 사람들도 잘 안다. 사실, 우리는 이 유명한 본문을 너무 자주 들어서 살짝 지겨울 정도다.

"사랑은 오래 참고, 사랑은 온유하며, 시기하지 않으며….."

네네~. 잘 안다, 정말 잘 안다.

하지만 정말로 사랑은 뭘까?

요한은 '하나님은 사랑'이시라고 말한다. TV 만화 〈야채극장 베지테일〉의 토마토 밥은 하나님이 부기맨, 고질라, TV에 나오는 괴물들보다 더 크시다고 말한다. 그러니 하나님이신 사랑은 내가 감초 사탕이나 영화관 팝콘을 사랑하는 것과는 비교할 수 없을 정도로 훨씬 클 것이다.

예수님은 헤아릴 수 없이 많은 율법 중에서 가장 큰 율법을 정하셨다. 토라와 구약성경의 레위기는 하나님이 이스라엘에게 주신 행위 규칙 613개를 거의 다 수록하고 있다. 예수님은 그중에 어느 것이라도 고르실 수 있었다. 살인과 같은 중범죄에 관한 것일 수도 있었다. 간통은 순식간에 가정을 무너뜨릴 수 있다. 어떤 사람에 대해 거짓말을 하면 거짓말한 사람과 그 대상을 큰 곤경에 빠뜨리게 된다. 그런데도 예수님은 주저 없이 한 율법을 고르셨는데, 그 율법은 "원수를 갚지 말며 동포를 원망하지 말며"와 "네 가축을 다른 종류와 교미시키지 말며" 사이에 있었다. 예수님은 기본적으로 이렇게 말씀하셨다.

"그건 쉬운 거다. 하나님과 사람들을 사랑하라"(레 19:18을 보라).

뜬금없이? 조건절도, 상세 항목도, 해석의 여지도 없다. 예수님은 말씀하신다.

"사람들을 사랑하라. 모든 사람을. 한 사람도 빠짐없이."

조금 더 깊이 들어가서, 바울은 우리가 사람들을 사랑하면 잘못되는 일이 없다고 말했다. 사랑은 율법을 완수하기 때문이다. 주문 받은 물건을 창고에서 찾아 싣고 배달하면 완수되는 것처럼, '완수'란 완전히 다 끝낸 것이다. 만약 우리가 사랑한다면(하나님이신 사랑처럼) 613개 율법을 하나도 깨뜨리지 않고 모두 지키는 셈이다. 그러니 '예수님이라면 어떻게 하실까?'는 '사랑이라면 어떻게 할까?'와 바꿀 수 있다.

고린도전서 13장의 사랑

사랑을 알고 사랑을 살아낸다면, 우리 삶이 달라질 것이다. 그 사랑이 조금이라도 전염된다면, 이 세상은 더 좋은 곳이 될 수 있다.

나는 고린도전서 13장을 내 마음과 발에 새기면서, 사랑이 무엇인지를 말씀하신 단어를 하나씩 알아보려 한다. 나는 이 단어들을 이미 알고 있다고 생각했지만, 이제 보니 어쩐지 배울 게 많을 것 같다. 사랑을 배우자. 사랑을 살아내자.

"사랑은 오래 참고 사랑은 온유하며 시기하지 아니하며 사랑은 자랑하지 아니하며 교만하지 아니하며 무례히 행하지 아니하며 자기의 유익을 구하지 아니하며 성내지 아니하며 악한 것을 생각하지 아니하며 불의를 기뻐하지 아니하며 진리와 함께 기뻐하고 모든 것을 참으며 모든 것을 믿으며 모든 것을 바라며 모든 것을 견디느니라 사랑은 언제까지나 떨어지지 아니하되"(고전 13:4-8).

추천의 글
들어가는 글

CONTENTS

마치는 글

Love is

A Yearlong Experiment of Living Out 1 Corinthians 13 Love

chapter 1

사랑은,
오래 참는 것

드라마에서부터 예능 프로그램, 티셔츠에서 베스트셀러에 이르기까지 사랑 타령이 넘친다. 드라마 주인공은 모든 사람에게 사랑을 받는다. 중매 프로그램 사회자는 자기 프로그램에 출연한 백만장자들에게 사랑을 찾아주려 애쓰며, 짝짓기 프로그램은 비키니로 가득 찬 온천 어디쯤에서 사랑을 발견하려 노력한다.

시인 칼 샌드버그(Carl Sandburg)는 사랑을 "작은 단어, 작은 하얀 새"라고 했다. 나는 '작은 단어, 작은 골칫거리'라고 하겠다. 나는 고린도전서 13장대로 사랑하는 삶이 간단하리라고 생각했다.

'그냥 사랑으로 걷고, 사랑으로 말하고, 사랑으로 행동하면 되는 거 아닌가?'

하지만 이렇게 작은 단어임에도 사랑은 쉽지 않다. 사랑은 굉장히 복잡하고 다층적이다. 고린도전서 13장의 사랑이 첫 번째로 요구하는 '오래 참음'을 예로 들어보자.

성격 급한 유전자

지난 며칠간, 나는 주차를 이상하게 한 차에 소리를 지르고, 마트의 수다스러운 계산원에게 실컷 짜증을 부렸다.

'제발 집에 가서 밥 좀 먹자고요! 아놔!'

내 뜻대로 회의가 진행되지 않으면 퉁명스러워졌다. 바로 그때, 이 단어가 번뜩 떠올랐다. 사랑이 내 뺨을 후려쳤다. 고린도전서 13장에 나오는 사랑의 첫 번째 정의, 오래 참음.

오래 참음, 인내(patience)

1. 불평하거나 화를 터뜨리거나 짜증내지 않고 도발이나 못마땅함, 불운, 고통을 오래 참는 특성.
2. 일이 지연될 때 불안이나 짜증을 참을 수 있는 능력이나 의지. 예) 배움이 느린 사람에게 인내하다.
3. 조용하고 꾸준하게 견디는 것, 침착한 돌봄. 예) 인내하면서 일하다.

못 참는 성격은 유전일까? 그렇다면 큰일이다. 언젠가 다혈질에 A유형(초조하고 조급해하며 공격적이고 경쟁적인 성격 유형-역자 주)이자 성격 급하기로 유명한 우리 아버지가 내게 "내 인내심이 자랑스럽다"라고 말씀하신 적이 있다.

'뭐라고요? 정말요?'

나는 아버지를 너무너무 사랑하고 아버지에게 훌륭한 점이 정말 많다는 것도 알지만, 인내심은 아니다. 아버지는 이렇게 가르치셨다.

일을 제대로 처리하고 싶으면 직접 해야 한다. 느린 운전자는 추월 차선에 들어오면 안 된다. 10개 이하의 품목 계산대에 11개를 들고 오면 안 된다.

아버지에게서 자주 들었던 말들은 이렇다.

서둘러! 얼른 해야지. 빨리빨리. 느린 건 쓸모없어. 스스로 일어서. 아무렇지도 않으니 우는소리 하지 말고.

그러니 내 잠재적 유전 성향과 정신없고 성미 급한 성격으로 보건대, 오래 참음은 가당치도 않은 일이다. 하나님은 오래 참으시지만 나는 아니다. 하지만 사랑의 첫 번째 정의 정도야 가볍게 배우고 넘어갈 수 있지 않을까?

나는 그 달의 목표를 걷고 말하고 행동하고 오래 참는 것으로 정했다. 그리고 인내를 주시라고 기도할 것이다. 사실, 하나님이 그 기도를 들어주실까 봐 겁이 나서 죽을 지경이다. 하나님이 내 기도에 '어떻게' 응답하실지 겁난다. 그래도 어쨌든 기도해본다.

'오, 주님, 제가 오래 참을 수 있게 도와주세요. 제가 인내하는 사랑을 배우고 실천할 수 있게 도와주세요. 하지만 제발, 살살 해주세요.'

아이티에 오신 것을 환영합니다!

아이티 상공을 날면, 마치 쥬라기 공원 위를 나는 것 같다. 우거진 산맥이 서서히 녹색 평야로 펼쳐지고, 마침내 터키 색 카리브 해의 모래 해변이 나타난다. 물론, 그 땅에 발을 내딛는 사람이 보이기만 하면 잡아먹으려고 호시탐탐 노리는 식인 공룡들은 보이지 않는다.

2000년에 처음으로 아이티에 갔을 때, 나는 다시는 그곳에 가지 않겠다고 마음먹었다. 그 나라를 자욱하게 감싸고 있는 가난에 얼마나 숨이 막히던지, 연료를 많이 먹는 디젤 트럭이 내뿜는 연기가 깨끗한 산소처럼 느껴질 지경이었다. 하지만 이후 아이티는 내 마음을 사로잡았다.

사람들은 아이티가 중독성이 있다고들 한다. 한번 발을 들여놓으면 그곳 사람들, 그곳의 역사, 심지어 그곳의 공기마저 내 핏속까지 스며들어오는 특별함이 있어서 계속 다시 찾게 된다는 것이다. 나도 집에 돌아온 지 6개월도 채 되지 않아 그 먼지투성이 공기를 다시 맛보고 있었으니.

지금은 가난이 심해질수록 산소도 희박해지고 사람들은 더 여위어 가고 있다. 아이티의 절박한 상황을 목격한 후, 불같은 성격의 우리 아버지와 나는 '희망의 빛'(Rays of Hope International)이라는 비영리단체를 세웠다. 처음에는 내가 이끌던 단체인 케어포스(Careforce International) 산하에 있었는데, 내가 암 진단을 받고 그 단체를 그만두게 되면서 독립했다.

2009년 3월, 췌장암에 걸린 남편은 일찌감치 천국행 표를 선물 받았다. 같은 해에 나도 유방암 덕분에 새로운 가슴 선을 선물 받았다. 그해 12월 말까지 온갖 수술과 치료를 받으면서 의학 드라마 한 편을 찍다시피 하다가, 방구석을 벗어나 다시 일을 시작해야 할 시간이 다가왔다.

때마침 '희망의 빛'에서 회계 담당자가 필요했던 터라 손쉽게 일자리를 얻을 수 있었다. 하지만 경리 아르바이트로 가볍게 시작한 일이, 아이티 지진 때문에 일주일 내내 하루 12시간씩 일해야 하는 마라톤으로 변해버렸다. 그리고 2주 정도가 지난 후, 나는 아이티 수도 포르토프랭스의 무너진 땅에 발을 내딛게 되었다.

남편과의 사별도 아이티와 아이티 사람들에 대한 열정을 앗아가지는 못했다. 어찌된 일인지 포탄을 가슴에 품자, 내 삶에서 목적을 갈구하는 강철 같은 결단력이 활성화되었다. 마흔일곱에 남편을 잃고 절망했지만, 폐허가 된 작은 나라를 향한 사랑이 나를 깊은 심연에서 다시 일으켜 세웠다. 하지만 처음 아이티를 찾았을 때, 아이티와 사랑에 빠지지 않으려고 애써 노력했던 그때, 나는 이미 이 사랑에 엄청난 인내심이 필요하다는 것을 알아버렸다.

사랑은 오래 참는다. 참을성이 있다. 지칠 줄 모른다. 흔들리지 않는다. 하지만 어떤 상황이 마치 고슴도치처럼 계속해서 나를 짜증나게 만든다면 어떻게 될까? 혹은 성가신 환경이 너무 오랫동안 지속되어서 감당할 수 있는 수준을 넘어서면 어떻게 될까? 끊임없이 경적이 울리고, 개들이 사방에서 짖어 대고, 차로 10킬로미터를 가려면 한 시간이 넘게 걸리는 나라에서 도대체 어떻게 인내를 실천할 수 있을까?

나의 사랑 아이티는 끊임없이 내 인내심을 시험했다. 하지만 그중에서도 최고의 사건은 아마도 선박 컨테이너가 뒤바뀐 사건일 것이다.

'희망의 빛'에서는 40피트 컨테이너에 구호품을 채워서 도움이 절실한 나라에 보낸다. 2,250제곱피트 공간의 대부분은 의약품이 차지한다. 나머지 공간은 학용품과 치과용품, 고아원에 보낼 매트리스가 채운다. 우리가 보내는 모든 물건은 자비와 사랑을 베풀기 위해 일하는 단체들로 간다. 먼저, 40피트 길이 샷시에 컨테이너를 실은 다음, 대형 트럭에 실어 디트로이트로 향한다. 거기서 다시 기차로 컨테이너를 뉴저지까지 옮긴다. 뉴저지에서는 크레인으로 화차에서 컨테이너를 내려서 대형 선박에 선적한다. 대형 선박에는 이렇게 많은 물건이 들어찬 다른 컨테이너들이 가득하다. 배가 출발하여 포르토프랭스에 도착하면, 또 다른 크레인이 컨테이너를 들어서 아이티 땅에 내려놓는다.

운송은 쉬운 편이다. 하지만 통관을 위해 아이티 정부의 허락을 받으려면, 이거야말로 대부분의 사람들이 태생적으로 소유하지 못한 침착함을 필요로 한다. 아이티 정부의 관료적 형식주의는 번번이 내 인내심을 시험하고, 새까맣게 태우고, 지지고, 볶았다. 하지만 이 사건은 그중에서도 대상감이다("아카데미 인내심 부문 수상자는…").

원래 계획은 이랬다. 아이티 쪽 관리자인 패트릭이 오전 9시 30분에 나를 태우러 온다. 함께 항구로 가서 컨테이너를 받아 우리 창고로 옮긴다. 오전 11시까지는 창고에 도착해야 오후 3시까지 화물을 부릴 수 있다. 그다음에는 일몰 직전인 오후 6시까지 보헬에 도착해서 함께 작업할 동료와 친구들을 만나 하룻밤을 자고, 다음날 새벽부터 프로젝트를 시작한다.

하지만 현실은 이렇듯 완벽한 계획과는 판이했다.

나는 아직 어둑어둑한 새벽에 잠에서 깼다. 포르토프랭스에 올 때마다 묵는 노트르메종 고아원의 주드가 괴로워하며 소리를 지르고 있었다.

"아아아아!"

노트르메종은 장애아들을 돌보는 곳인데, 방문객을 위한 숙소도 마련되어 있었다.

"아아아아아…."

3초간 소리를 지르고, 1초간 멎었다.

"아아아아아…."

불쌍한 녀석. 마음이 짠했다. 하지만 주드의 절규를 들으면서 더는 잠을 이룰 수 없었다. 포기하고 일어나서 아침식사를 준비했다. 커피와 수박, 아주아주 시큼한 오렌지 몇 개. 기적적으로 전기가 들어왔고, 노트북을 들고 두어 시간 이메일

작업을 했다. 씻고 옷을 갈아입고 간단한 화장까지 마치고 배낭을 정리하니 9시 17분쯤 되었다. 10분 후에 전기가 뚝 끊어졌다. 여기서는 놀랄 일도 아니다. 그래서 친구 셜리와 함께 고아원 옥상에 올라가 패트릭을 기다리기로 했다.

셜리는 아이티에 온 지 벌써 열흘이 되었고, 3개월 동안 여기 머물면서 봉사할 계획이었다. 우리는 근황을 나누고는 믿음과 사랑, 우리가 사랑해 마지않는 아이티에 대해 이야기했다. 전기 이야기도 빠지지 않았다.

"전기가 다시 들어오려면 얼마나 걸릴까요? 한 시간, 하루, 일주일?"

오전 11시가 조금 넘어서야 패트릭이 도착했다. 그는 만면에 미소를 머금고 인사를 건넸다.

"안녕하십니까! 컨테이너는 다 준비되었습니다. 중개인이 잘 받고 있으니 우리는 곧장 창고로 가면 될 것 같아요."

"좋아요! 갑시다."

기분이 좋았다. 나는 셜리가 핸드폰에 앱을 설치하는 것을 잠시 도와주었다. 그러고 나서 뒤돌아보니 패트릭이 어디론가 사라지고 없었다.

"패트릭!"

이리저리 그의 이름을 크게 불러보는데, 가슴이 쿵 내려앉았다. 직감적으로, 그가 화장실에 갔거나 차에서 기다리고 있지는 않다는 걸 알 수 있었다.

"핸드폰 충전하러 갔어요."

길거리에서 누군지 모를 이의 대답이 들렸다. 가슴이 조금 더 내려앉았다.

즉석복권처럼 생긴 이곳의 충전카드는 어느 거리에서나 사용할 수 있다. 노점상에게 100구르드(아이티 화폐 단위-역자 주)를 건네면 빨간 앞치마에서 이 카드를 내주는데, 동전으로 긁어서 핸드폰에 번호를 입력하면 끝이다! 그때부터 통화할 수 있다. 그런데 왜 하필이면 그때 패트릭이 핸드폰을 충전하러 갔는지 모를 일이었다. 고아원에서 창고까지 가는 30여 킬로미터 길에 충전카드를 파는 빨간 앞치마가 수도 없이 많을 텐데 말이다.

나는 한숨을 내쉬었다. 하지만 목구멍에서부터 끓어오르는 거친 탄식을 10이라 하고, 들릴 듯 말 듯한 가벼운 날숨을 1이라고 한다면, 내 한숨은 고작 4 정도였다. 아직은 '이른' 시간이었다. 과거 아이티에서 이런저런 경험을 통해 배운 덕분에, 짜증나는 이 상황에서도 꽤 의연할 수 있었다. 아직 정오가 되기 전이니 말이다. 하지만 원래 계획보다는 벌써 몇 시간 늦어지고 있었다.

패트릭은 정오 직전에 돌아왔다. 우리는 차에 올라 본격적으로 하루를 시작했다(아이티에서는 오전 9시 30분이나 오전 11시 51분은 별 차이가 없잖은가).

사랑은 오래 참는다. 오래 참는 게 사랑이다.

"패트릭, 목록에 있는 분들에게 다 전화해서 창고로 오시라고 했나요?"

"넵. 물론이죠. 통화는 벌써 끝냈습니다."

직감이 좋지 않았다.

"좋아요. 그러니까 '모든' 단체와 연락이 된 거죠?"

"아, 그게, '전부'는 아니고요."

나는 배부 목록을 훑어봤다. 거기에는 9개월 전인 4월에 미시간 주 그랜드래피즈의 부두를 떠난 물품들을 오매불망 기다리고 있는 이름들이 있었다. 드디어 통관을 거쳐 컨테이너를 푼다고 하면 틀림없이 기뻐할 것이다.

늘 이렇게 오래 걸리지는 않았다. 아니, 대개는 이렇게 오래 걸리지 않았다. 이렇게 오래 걸리는 바람에 얼마나 힘들었는지 모른다. 하지만 이제 통관 수속을 끝내고 컨테이너가 창고로 오고 있다. 할렐루야!

내가 이름과 전화번호를 하나씩 읽어 내려갔고, 패트릭은 아직 연락받지 못한 '모든' 사람에 해당하는 이들에게 다시 전화를 걸었다. 몇 차례 통화 후에, 완료.

오후 1시쯤, 우리는 델마스 33에 도착해 있었다. 창고가 있는 동쪽이 아니라, 서쪽 네이버후드 쪽으로. 네이버후드는 집들이 다닥다닥 붙어 있는 텐트촌인데, 작은 시멘트 블록 건물과 발전소에 둘러싸여 있었다. 그 사이로 3.5미터 정도 비어 있는 곳이 주도로에서 들어가는 입구 역할을 한다.

2010년 1월 12일, 아이티에 지진이 발생하여 수도인 포르토프랭스 주택의 3분의 1이 무너졌다. 그다음 날, 수도 전 지역에서 텐트촌이 우후죽순처럼 늘어났다. 패트릭과 그의 아내 가디네는 네이버후드에 있는 텐트 중 하나에서 비바람을 피해 살고 있었다. 가족의 기반이 뒤흔들렸지만, 누추하나마 몸을 누일 곳이 있어 다행이었다. 나중에 패트릭 부부는 임대 주택을 얻어서 두어 블록 떨어진 곳으로 이사하지만, 이웃 간의 유대는 여전히 끈끈했다.

　이웃들은 이런 끔찍한 일을 함께 겪으면서 강력한 유대감을 형성했고, 가족처럼 가까워졌다. 가족은 서로 돌보아야 하기에, 패트릭은 가능하면 일할 기회를 더 얻으려고 한다. 우리는 17톤이 넘는 화물을 직접 내리기 위해 열흘간 일할 일꾼들을 고용했다. 각 일꾼에게는 20달러의 품삯과 뜨거운 태양 아래서 탈수되지 않도록 충분한 물을 제공하고, 노점상에서 산 밥과 콩, 닭고기가 든 스티로폼 도시락을 지급한다.

　"태울 사람이 있나요?"

　일꾼들은 대개 알아서 현장까지 오는 편이다.

　"네. 컨테이너를 밀봉한 부분을 자르려면 대형 가위가 있어야 하는데 이 사람들이 그걸 들고 아무 데나 돌아다닐 수 없거든요."

　패트릭은 흔한 일이라는 듯 대답했다. 그가 말한 '대형 가위'는 내가 지금까지 본 것 중에 가장 큰 커터칼이었는데, 크기가 네 살 난 우리 손녀만 했다. 정말로 '그걸 들고 아무 데

오래 참는 것

나 돌아다니기'는 힘들어 보였다! 경찰이 있었다면 대형 커터 칼을 소지한 일꾼들을 차량 절도범이나 유괴범으로 볼 게 틀림없었다.

대형 가위를 든 일꾼 두 사람을 태우고 오후 1시 반에 드디어 창고에 도착했다. 예상보다 두 시간 반이나 늦어버렸다. 나는 크게 한숨을 내쉬고는 가까스로 미소를 지어 보였다.

"아무튼 잘 도착했으니 이제 일을 시작해봅시다."

용감한 사람은 긍정적인 면을 보려고 애쓰는 법이다. 하지만 그때까지 제대로 먹지 못한 내 배에서는 꼬르륵 소리가 났다.

'아침에는 단백질을 먹어줘야 해.'

머릿속에 메모해두었다. 오렌지와 커피만으로는 부족해서 자꾸 신경이 곤두서는 것 같았다.

사랑은 오래 참는다. 오래 참는 게 사랑이다.

'예수님, 제가 사랑을 표현하도록 도와주세요. 인내할 수 있게 도와주세요.'

우리 컨테이너 앞쪽에서 목재 서비스 회사가 작업을 하고 있었다. '목재 서비스 회사'라고 했지만, 갈고리가 달린 대형 집게 트럭과 마체테를 든 사내가 다였다. 마체테 사내에게 차량을 옮겨달라고 설득하는 데 시간이 좀 걸리긴 했지만, 오후 2시 15분에는 컨테이너가 제자리를 잡았고 짐을 부릴 준비를 마칠 수 있었다. 패트릭이 대형 가위로 컨테이너 봉인을 끊고 문을 열었다.

예수님, 도와주세요!

컨테이너에서 상자들이 나오기 시작하자 너무 기뻤다. 드디어! 늦어지는 일정 때문에 안달복달하지 않으려고 애썼는데, 다행히 해가 지려면 아직 세 시간 반이 남아 있었다. 얼마든지 할 수 있다! 내 인내심은 충분히 보상받을 것이다. 오래 참는 사랑에 대한 보상은 곧 일사천리 진행이 아니겠는가! 지난 열흘간 함께한 일꾼들과 패트릭, 마체테 사내마저 안아주고 싶은 심정이었다.

하지만, 기뻐하기에는 너무 일렀나 보다. 곧바로 약간의 문제가 드러났다. 그의 인내심도 시험할 겸 나는 패트릭에게 이 작업을 일임하고 싶었다. 어쨌든 이건 그가 할 일이었으니까. 그는 전에도 이런 일을 수없이 해봤다.

그때 한 상자에 붙은 표가 내 눈에 들어왔다. 차에서 패트릭에게 불러준 이름 중에 '생 뱅상 드 폴', '리디머 교회', '자비의 수녀회' 같은 단체들은 없었다. 컨테이너 번호를 확인했다. TGHU-5471…. 잠깐만! 해운 회사에서는 4월 컨테이너를 보냈다. 그러니까 컨테이너 번호는 TGHU가 아니라 MSC로 시작해야 했다.

엉뚱한 컨테이너였다. 우리에게 있는 단체의 명단은 전혀 다른 것이었다. 그러니까 우리는 엉뚱한 사람들에게 전화를 걸어 보급품을 받으러 오라고 한 것이고, 그 엉뚱한 사람들은 이미 여기로 오는 중이었다. 어떤 컨테이너를 하역하는지 확인하는 일은 패트릭의 책임이었다.

뒤죽박죽 엉망이 된 머릿속으로 여러 생각이 스쳐 지나갔다. 컨테이너는 기차 객차만큼이나 크다. 길이가 12미터, 높이 2.6미터, 넓이 2.4미터 정도다. 컨테이너의 짐을 부리는 고된 과정은 그 안에 있는 모든 상자를 하나씩 날라 예전에 성당이었던 창고에 쌓는 일 때문에 더 힘들어진다. 그리고 우리가 명단에 있는 단체들에 전화를 하면, 대부분은 컨테이너에서 짐을 다 내리기도 전에 나타난다. 그런데 오늘 올 사람들은 엉뚱한 물품을 받게 생겼다.

나는 입을 꾹 다문 채 어금니를 악물었다. 머릿속으로는 계속해서 '참아야 해, 킴, 참아'라고 속삭였다. 나는 한숨을 내쉬면서 컨테이너 벽면을 손가락으로 치고 있었다. 거기 있는 사람들에게 분노를 폭발하거나 목을 조르지 않으려고 참고 있으려니 약이 올랐다. 만화에서처럼 내 머리 위에 불꽃을 그릴 수 있었다면, 그 불길에 마시멜로를 구워 먹을 참이었다.

"어떻게 4월 컨테이너가 아니라 6월 컨테이너가 왔죠?"

패트릭이 양처럼 순진한 목소리로 말했다.

'아, 진짜! 뭐라고? 주님, 제가 인내심을 달라고 기도한 건 알지만, 정말 너무하시네요.'

내가 내일 아이티에 도착했다면, 이런 상황은 피했을 것이다. 컨테이너를 내가 도착하기 전인 지난주에 하역했을 수도 있다. 하지만 우리는 지금, 여기 있다. 나는 폭발 직전이고, 패트릭은 천하태평이고.

"양쪽 명단에 있는 사람에게 모두 전화해야 해요."

나는 이를 갈면서 애써 상냥하게 말했다.

'예수님, 도와주세요. 제발!'

내 인간적인 인내심 탱크는 거의 바닥이 났고, 이제는 하나님의 능력을 채워야 할 시점이었다. 이 사태가 '희망의 빛'과 내게 좋지 않은 영향을 미칠 것을 알았다. 우리가 전화한 엉뚱한 사람들은 이 물품을 받으려고 트럭을 빌리고 일용 노동자들을 고용했을 것이다. 그들이 곧 도착할 것이었다. 그리고 이 혼란한 사태에 실망하고 짜증을 낼지도 모르겠다.

크게 심호흡을 했다. 배 속에서 또다시 천둥소리가 났다. 몇 시간째 아무것도 먹지 못했다. 길거리 음식을 사먹을 수도 있지만, 공중에 매달린 생닭과 들끓는 파리떼를 떠올리고는 식중독이 인내심에 별 도움이 안 되는 걸로 결론내렸다. 얼른 제대로 된 배부 목록을 찾아서 이 화물의 진짜 주인들에게 연락해야 했다.

"패트릭은 어딨어요?"

그가 또다시 사라진 것을 눈치챈 내가 물었다. 현기증이 약간 느껴졌다. 어떤 사람이 크리올어로 "패트릭 파 라"라고 대답했다(아이티 인구의 90-95%가 아이티 크리올어를 사용한다. 아프리카 노예들이 프랑스인 주인에게 저항하기로 하고, 그들에게 들키지 않고 의사소통을 하기 위해 이 언어를 만들었다고 한다. 프랑스어와 스페인어, 서부 아프리카 언어 두세 가지가 섞여 있다).

패트릭의 소재를 파악하려고 몇 가지 단어를 시도해봤다.

"파 라? 여기 없다고요?"

"화장실?"

아니다.

"들로?"

물 마시러 간 것도 아니다.

나는 컨테이너에 기대 주저앉아서는 조금 더 기도했다. 30분 뒤에 패트릭이 배부 명단을 출력해서 나타났다.

'그러면 그렇지! 그럴 줄 알았어!'

나는 한숨을 돌렸다.

사랑은 오래 참는다.

나는 호의와 아량이 한껏 묻어나는 목소리로, 엉뚱한 명단에 있는 사람들에게 먼저 전화를 걸라고 패트릭에게 말했다. 그중에는 이미 왔다가 돌아간 사람도 있었지만, 우리가 신속하게 움직이면 다른 사람들은 헛걸음하지 않아도 될 것이다.

"지금 걸고 있어요. 지금 걸고 있다고요."

그가 나지막하게 중얼거렸다.

'일일이 간섭하지 말고 패트릭이 알아서 하게 하자. 그만 입 다물라고.'

내가 패트릭에게 짜증이 난 만큼이나 그도 나에게 짜증이 날 터였다. 내 한숨 소리는 생각보다 컸고, 내 얼굴에는 미소가 아니라 분노가 가득했다.

벌써 오후 4시 49분인데, 우리는 아직도 시간을 낭비하고 있었다. 나는 짐 부리는 과정을 도우려고 조금 더 서두르기 시작했다.

"핸드폰 배터리가 없네요."

패트릭이 컨테이너에서 차로 가면서 말했다.

"충전해야겠어요."

"통화는 어떻게 되고 있어요?"

'진정하고, 차분하게.'

"흠, 제가 가져온 건 제대로 된 배부 목록이 아니네요."

뭐라고?!

"혹시 정확한 목록 가지고 계세요?"

7개월 전에 컨테이너가 '희망의 빛' 부두를 떠날 때 보내준 목록? 이후에 다시 한번 보내준 그 목록 말인가?

이제는 세 번째 목록이 필요한 건가? 속에서부터 터져나오는 외침을 막기에는 내 인내심이 턱없이 부족해보였지만, 기적적으로 분노를 억누를 수 있었다.

"가서 출력해 올게요."

'참자, 사랑은 오래 참는다고 했으니.'

패트릭은 아직 배우는 중이고, 나도 배우는 중이었다. 우리는 일을 제대로 해보려고 몹시도 애쓰고 있었다.

나는 끙끙 앓는 소리를 내면서 컨테이너에서 상자를 꺼내 옮기다가 길가에 있던 낡은 의자에 치마가 걸려버렸다. 30분 후에 패트릭이 돌아왔을 때 우리는 아직도 짐을 내리는 중이었다.

"의자 망가뜨렸어요?"

패트릭이 물었다.

"저 아니면 의자 둘 중 하나겠죠. 제가 이겼네요."

내가 대답했다.

그나마 좋은 소식은, 그 뒤로는 엉뚱한 목록에 있는 단체에서 아무도 오지 않았다는 것이고, 나쁜 소식은 40분 뒤면 완전히 깜깜해진다는 것이었다. 패트릭은 일하는 사람들에게 모든 물건을 창고에 집어넣으라고 지시했다. 길가에 널브러져 있는 17톤의 상자와 통, 들통, 나무상자 등을 다시 집어 들고 비탈길을 올라가 창고에 쌓아야 했다.

저녁 6시. 발전기에서 나는 웅웅거리는 소리와 요란한 굉음이 공기를 채우기 시작했다. 밖은 앞이 보이지 않을 정도로 깜깜한데 우리는 아직도 상자를 옮기고 있었다. 문득 내 핸드폰에 있는 손전등 앱이 떠올랐다. 아예 아무것도 없는 것보다는 작은 불빛에라도 의지해서 상자를 옮길 수 있을 것이다.

"킴! 여기 좀 와보세요!"

칠흑 같은 하늘 어디선가 패트릭이 나를 부르는 소리가 들렸다. 시계를 보니 6시 20분이었다.

"패트릭이 이리로 오면 안 돼요?"

아량은 온데간데없고 어디서 뚱한 목소리만 흘러나왔다.

"뭘 좀 하고 있어서요."

그가 대꾸했다.

'그렇지. 그러면 말이 되네. 내가 그리로 가야겠지. 참자, 참자!'

나는 맨손으로 그의 목을 조르는 상상을 하면서, 30미터 정도 떨어진 게스트하우스를 향해 어둠 속으로 조심스레 발을 내디뎠다. 패트릭을 쳐다보는 내 눈에 발전기의 환한 조명이 꽂혔다. 그가 닭고기와 밥, 콩, 과일이 담긴 접시를 들고는 미소 짓고 있었다. 마지막으로 사라졌을 때, 그는 나를 위해 식사를 준비한 것이다. 이번에는 진심으로 미소를 지어 보이고, 감사하는 마음으로 자리에 앉아 음식을 먹었다.

한 시간 뒤, 패트릭이 나타나서 서류 작업을 다 마쳤다고 이야기했다. 나는 건물을 나와 소란하고 복잡하고 연기가 자욱한 거리로 들어서면서 희열을 느꼈다. 이 사태를 절대 해결하지 못할 거라는 두려운 마음이 들기도 했고, 분노를 참아가면서 묵묵히 할 일을 감당해야 했다.

이제는 상황이 좀 긍정적으로 보였다. 배도 채우고 콘테이너의 짐도 창고에 다 넣어서 드디어 떠날 수 있게 되었으니 말이다.

"킴, 배고파 죽겠어요. 먹을거리를 좀 챙겨서 보헬로 갑시다."

"보헬요? 보헬은 여기서 세 시간이나 걸리는데요! 이제는 보헬로 못 가요."

"그게 원래 계획이었잖아요! 아, 그리고 내일 아침 7시에 창고에서 물건을 가져가겠다는 사람이 있어요."

그가 도로에 있는 상자를 피해 방향을 틀면서 말했다.

"그러면 새벽 4시에는 보헬에서 출발해야 합니다."

나도 내가 그렇게 부탁한 건 잘 안다. 하지만 참는 데도 한계가 있는 법. 세 시간을 달려서 잠깐 눈 붙이고 다시 돌아오는 건 좋은 생각이 아니라고 말했다. 그래서 우리는 노트르메종 고아원으로 돌아가서 패트릭은 저녁을 먹고, 함께 다음날 계획을 세우기로 했다.

밤 11시가 되어서야 땀과 온갖 먼지를 씻어낼 수 있었다. 얼음장처럼 차가운 물이 찔끔찔끔 어깨 위로 떨어지는 동안, 나는 인내심을 달라고 기도한 것을 후회했다. 인내는 내 생각보다 훨씬 더 강력한 단어였다. 까끌까끌한 수건으로 몸을 닦고 침대 위로 기어 올라갔다.

"예수님, 도와주세요. 오늘 저를 살려주셔서 감사합니다. 저 자신으로부터, 제가 후회할 일로부터 건져주셔서 감사합니다. 제가 인내를 더 잘 알 수 있게 도와주세요. 사랑을 알 수 있게 도와주세요."

내일은 새로운 날이니, 사랑을 실천할 기회가 또 올 것이다.

설핏 잠이 들려는데, 힘들었던 순간의 한 장면 한 장면이 머릿속을 스쳐 지나가면서 한 가지 사실을 깨닫게 되었다. 인내하는 사랑을 실천한 사람은 바로 패트릭이었다! 그는 오늘 내내 그 사랑을 표현했다. 패트릭은 늘 현재에 충실하면서 상황을 파악하고 흔들리지 않았다.

오래 참는 사랑의 의미를 찾겠다는 과제에 너무 몰두했던 나는 이기심이라는 안개 때문에 그의 사랑을 보지 못했다. 그 안개가 걷히고 나니 이제야 확실히 보였다. 패트릭이 오래 참는 사랑을 얼마나 잘 드러냈는지 말이다. 그의 영혼 깊이 새겨진 그 사랑은 그의 존재의 일부였다. 무방비 상태의 내 영혼이 오래 참는 사랑을 살아내기 위해서는 의도적으로 애를 써야만 했다. 조금 더 일찍 이 사실을 깨달았더라면, 아직 날이 밝았을 때 오래 참는 사랑의 의미를 배울 수 있었을 텐데. 잠들기 전 마지막으로 든 생각은 이랬다.

'인내심을 주세요…, 조금만요.'

사람은 방해거리가 아니다

아이티는 훌륭한 선생님이다. 아이티 문화는 내게 인내심(혹은 적어도 내가 이전에 인내심이라고 생각했던 것)을 훈련시킨다. 사랑을 실천하는 한 해를 살아보기 전에는, 불평하지 않고 기다리는 것이 인내라고 생각했다. 거기서 한 걸음 더 나가면, 모든 사람이 빠릿빠릿하지는 않을 거라고 기대하는 것을 인내라고 여겼다. 그리고 4만 명 수준의 인프라를 갖춘 인구 200만의 도시에서 교통 체증 상황에 짜증 내지 않는 것은 최고 수준의 금메달감 인내라고 생각했다. 하지만 그 생각은 틀렸던 것 같다.

패트릭과 창고에서 일한 그날이 내게 중요한 것을 가르쳐 주었다. 인내의 핵심은 그 순간에 충실한 것이다. 그런데 나는 패트릭의 실수가 초래할 결과를 염려하면서 머리를 굴리느라 마음이 '전혀' 엉뚱한 곳에 가 있었다.

현재에 충실하다는 것은 해야 할 일의 목록이나 답을 기다리는 이메일 더미를 미리 생각하지 '않는' 것이다. 피곤한 하루를 마치고 얼른 귀가하는 것보다 손놀림이 느린 슈퍼마켓 계산원에게 사랑을 표현하는 데 더 관심을 집중하는 것이다. 바로 그 순간이 사랑을 살아내는 것이다. 상대방을 내 계획을 방해하는 장애물이 아니라, 한 인간으로 보는 것이다.

오래 참는 사랑은 어떤 이슈보다 사람이 더 중요하다는 것을 안다. 나머지 모든 것은 얼마든지 기다릴 수 있고, 또 기다려야 한다. 내가 패트릭과 함께한 순간에 집중할 수 있었다면, 분노와 불안을 조금 더 내려놓고 조금 더 차분하고 의연했을 것이다.

몸과 영혼, 생각과 정신이 순간에 충실하면, 새로운 현실이 펼쳐진다. 충만함. 온전함. 감각이 깨어나고 마음이 열리며 가슴이 연결된다. 엄마가 아이에게, 남편이 아내에게, 친구가 친구에게, 낯선 이가 낯선 이에게.

사랑이 순간에 충실하다면, 오래 참는 사랑은 그 순간을 받아들이고 둘러싼다. 귀 기울이고, 주목하고, 느낀다. 그래서 기다린다. 오래 참는 사랑은 기다린다. 그 순간이 당신 인생에서 가장 중요한 순간임을 알기 때문이다. 과거는 지나갔고, 미래는 아직 오지 않았다. 바로 여기, 지금 이 순간 외에는 아무것도 중요하지 않다.

오래 참는 사랑이 뭔지 알게 되면서, 그 사랑이 내 천성은 아니라는 사실을 가장 먼저 깨달았다. 둘째로, 내 관심을 얻으려고 경쟁하는 수많은 방해거리에 정신을 뺏기지 않고 그 순간에 충실하기 위해서는 굉장한 훈련과 집중이 필요하다는 것을 알았다. 이 사랑은 하루짜리 워크숍으로 터득할 수 없다. 설명서를 따라 조립만 하면 완성되는 그런 종류의 배움이 아니다. 오히려 저녁 먹잇감이 떨어지기를 기다리는 대형 백상 아리와 성난 파도 한가운데서 서핑을 배우는 것과 더 비슷할 것이다. 다람쥐, 반짝이는 물건, 진동하는 휴대폰을 무시하려면, 시간이 좀 걸린다.

무슨 말인지는 잘 알겠다. 하지만 실상은 어떤가? A+ 유형의 부모 밑에서 자란 A 유형이 오래 참는 사랑을 실천한다는 것은 어떤 모습일까? 그것은 아마도 집중해야 하는 일에 집중하는 것일 게다. 일부러 못 본 척하고, 다른 모든 소리를 끄고, 지금 이 순간과 금메달감 눈싸움을 하는 것이다.

사람들이 주머니나 지갑에 늘 챙기는 그 추적 장치를 한번 생각해보자. 풍경(風磬)이나 우주선 소리, 혹은 좋아하는 노래의 첫 소절이 흘러나오는 그것 말이다. 우리의 관심을 전폭적으로 받는 그 물건. 대화 중이라도 그게 울리면 우리의 시선은 곧바로 화면으로 향하고 온 세상은 멈춘다. 어쩌면 오래 참는 사랑이란, 핸드폰의 전원 *끄기* 버튼을 찾는 것인지도 모른다.

"주 예수님, 제가 오래 참는 사랑을 보여주지 못한 모든 순간을 생각해봅니다. 잘 듣고 있는 척 고개를 주억거리면서도 제 마음은 이미 다음 할 일을 생각하고 있었죠. 주님, 제가 현재에 충실하도록 도와주세요. 오래 참는 사랑을 표현하도록 도와주세요. 인내심을 간구합니다. 기다리는 인내, 오래 참는 사랑을 간구합니다. 이번에는, 진심이에요."

chapter 2

사랑은,
친절한 것

'친절이라, 이건 어렵지 않지.'

나는 날마다 친절을 베푼다. 길 가다 만난 사람들에게 미소를 지어 보이고 인사를 건넨다. 내 커피를 타러 가면서 동료에게도 한 잔 가져다준다. 문을 열어주고, 칭찬해주고, 거리의 새에게 모이도 준다. 자원봉사를 하고, 기부하고, 좋은 일은 널리 알린다.

부모님은 내가 아주 어릴 적부터 친절해야 한다고 가르쳐주셨다. 특히나 내가 그다지 친절하지 않은 행동을 하다가 걸린 후에는 말이다. 부모님은 내게 방으로 들어가서 내 행동이 얼마나 잘못되었으며, 앞으로는 어떻게 변해야 할지 생각해보라고 말씀하셨다. 그럴 때마다 나는 방 벽지의 꽃무늬를 세면서 시간을 보내곤 했다.

혼자 벌을 받으면서 깨달은 교훈을 적었다면 여러 권의 공책을 채우고도 남았을 것이다. 남동생을 때리는 것은 친절이 아니고, 둘 중 하나가 기분이 나쁠 때 남동생을 피하는 것은 친절이다. 남에게 멍청하다고 말하는 것은 친절이 아니고, 남에게 예쁘다고 말하는 것은 친절이다. 케이크의 마지막 한 조각을 먹는 것은 친절이 아니고, 케이크를 나눠 먹는 것은 친절이다. 강아지를 조심스럽게 안는 것은 친절이고, 강아지를 떨어뜨리는 것은 친절이 아니다(그때 나는 네 살밖에 되지 않았고 그건 진짜 실수였다. 우리 집 강아지 프린스는 이빨이 아주아주 날카로웠다).

친절 게임

책 한 권이 돌풍을 일으킨 적이 있었다. 그 책으로 인해서 전 세계 사람들이 아무 이유 없이 친절한 행동을 하기 시작했다. 세상을 뒤바꾸는 일, 얼마나 멋진 생각인가! 사람들이 친절을 실천하기 시작하자, 친절을 더 많이 표현할 방법을 찾는 것이 일상이 되었다. 모르는 사람들의 햄버거 값, 트럭 운전사들의 통행료, 커피를 좋아하는 사람들의 카푸치노 값을 대신 내주는 사람들이 생겼다.

나도 이 친절 열차에 올라탔다. 스타벅스 드라이브스루 매장에서 뒷사람이 느낄 놀라움과 감사를 상상해보았다. 주문하고 카드를 내밀려는데 "앞 손님이 계산하셨어요"라는 말을 듣는다면? 5,000원으로 한 사람의 하루를 기분 좋게 만들어주는 것이다. 하지만 핫도그 가게 앞에서 야구팬이 가득 탄

승합차를 마주친다면, 내 친절 지갑 속 지폐는 얌전히 자리를 지킬 것이다.

배구 감독을 할 때 우리 부원들에게 이런 이야기를 해주었더니 재미있거나 혹은 지나치다 싶기까지 한 아이디어를 많이 내놓았다. 전술 작전을 적는 수첩 한 장을 꽉 채울 정도로. 우리는 친절 게임을 시작하려 했다. 전혀 뜻밖의 상황에서 사람들이 꺼리는 일을 대신해주면 최고의 점수를 얻을 것이라 생각했기에, 우리는 동네 식당의 화장실 청소를 맡기로 했다. 친절 게임에 그저 참여만 하는 것이 아니라, 그 게임에서 이길 작정이었으니까.

우리의 제안을 듣고 당황한 종업원은 매니저는 건너뛰고 제일 높은 상사를 불렀다. 사장이 들어야 할 안건이라고 생각했기 때문이다.

"뭘 하시겠다고요?"

"식당 화장실을 청소해드리려고요."

우리 얼굴에 띈 미소를 줄 세운다면 지구 한 바퀴라도 돌 태세였다.

"저희는 청소업체가 따로 있습니다만."

"물론, 그러시겠죠. 그런데 저희가 청소하면 그 분들에게 휴식 시간을 드릴 수 있습니다."

"하지만 그 분들은 청소를 해야 돈을 버는걸요."

우리는 살짝 기가 꺾였지만 물러서지 않았다. 배구부 주장이 물었다.

"그러면 저희가 뭘 도와드릴까요?"

"자리를 잡고 음식을 주문하세요. 여기는 식당이니까요."

이걸로 끝났다.

우리 배구부는 화장실 청소가 단거리 경주 연습만큼이나 상위권에 드는 일이라고 결론내렸다. 누가 화장실 청소를 마다하겠는가? 이제 와 생각하면, 화장실 청소는 우리가 생각해 낸 목록에서 최고의 선택은 아니었던 것 같다. 식당 대신 남의 집 화장실이나 자기 집 화장실을 청소했다면 아주 좋았을 것이다. 하지만 그런 일은 우리 목록에 없었던 걸로 기억한다.

그래도 우리는 친절을 포기하지 않았다. 기회만 있으면 상대팀에게 깜짝 간식을 내밀거나 상대가 운동 도구를 정리할 때 도왔고, 진행 요원들에게는 직접 만든 브라우니를 선물했다. 뜻밖의 친절에 상대방이 활짝 웃는 모습을 지켜보는 것이 너무 좋았다. 브라우니 선물은 심판의 호각 소리에 약간의 영향을 미치려는 의도가 없진 않았지만, 어쨌든 친절한 행동인 것은 틀림없었다.

시간이 흐르면서, 학교와 운동부와 집에서 해야 할 일들 때문에 친절한 행동에 투자할 시간이 모자랐다. 다른 사람의 커피값을 대신 내주기는커녕, 스타벅스에 가본 지가 오래였다.

나는 아이티에서 친절한 사랑의 모험을 시작하면서, 그곳에서 사랑을 실천하는 일은 그리 어렵지 않으리라고 생각했다. 친절이란 게 뻔하지 않은가? 영어 대신 크리올어를 사용하며 친절하면 되는 거였다. 그럼에도, 오래 참는 사랑을 찾느라고 삽질했던 기억을 잊지는 않았다. 게다가 나는 그렇게 빨리 배우는 유형도 아니었다.

2014년 2월 말, 나는 M&M 초콜릿이 가득 든 큰 가방을 끌고 아이티에 도착했다. 달콤한 과자 덕분에 패트릭이 지난 번 '인내'와 관련된 내 실수를 유쾌하게 기억해주길 바랐다. 패트릭이 제일 좋아하는 과자를 선물한 것은 친절한 행동이었다. 그의 가족들에게 작은 선물을 하나씩 준비한 것도 친절한 행동이었다. 패트릭 가족은 진짜 친절했다. 역시, '친절 베풀기'는 쉬웠다.

나는 친절을 염두에 두고, 숙소에서 식사할 때마다 주방장 겸 설거지 담당인 미모세를 도와 설거지를 했다. 동네 식당에서 화장실 청소를 하겠다고 했을 때처럼 당혹스러운 일이 반복되지 않도록 내가 설거지를 돕든 돕지 않든 월급은 똑같이 받게 했다. 식사 시간에는 맨 마지막으로 줄을 섰고, 버스를 타러가야 할 때는 가장 먼저 준비를 마쳤다. 아이들과 더 많이 놀고, 패트릭에게는 점심시간보다 훨씬 일찍 점심을 사주었다. 사랑은 친절하다.

동물원에 간 친절

나와 함께 아이티에 온 팀에서 노트르메종 아이들과 함께 동물원에 가고 싶어 했다. 동물원이라고 해봐야 침례교아이티 선교회 땅에 작은 담장을 치고 공작 한 마리, 염소 두어 마리,

토끼와 기니피그, 뱀 두어 마리, 이구아나 한 마리, 지나치게 흥분한 원숭이 한 마리를 기르는 곳이었다. 그래도 매사추세츠 주 1.5배 크기에 인구는 거의 두 배인 이 나라에 하나밖에 없는 동물원이었다.

나는 잠시 멈칫했지만, 아이들을 잃어버릴 수도 있다는 두려움을 친절로 극복하고 일정을 잡았다. 유아에서 십대 후반까지, 이곳 아이들 대부분은 태어나자마자 수도에서 가장 큰 공공병원인 제너럴 병원 계단에 버려졌다. 서반구 최극빈 국가에서는 건강한 아이라도 키우기가 힘들고, 장애가 있는 아이는 더더욱 키우기 힘들기 때문이었다.

노트르메종의 원장 거트루드는 작은 방에 모여 살던 그 아이들을 찾아가기 시작했다. 아이들 대부분은 혼자 힘으로 미래를 헤쳐 나가야 했다. 거트루드는 음식을 가져갔고, 아이들에게 사랑을 주었다. 아이들이 살아남을 가능성이 거의 없다는 것을 알기에 떠날 때면 늘 눈물을 보이곤 했다. 그래서 그녀는 큰 집을 하나 빌려 아이들에게 집을 만들어주기로 했다. 그곳이 '노트르메종 고아원'이다. 거트루드는 친절한 사랑이 무엇인지 아는 사람이었다.

학교에 갈 수 있는 아이들이 학교에 간 사이, 나머지 아이들은 2층 건물을 둘러싼 콘크리트 블록 안에 남아 있다. 나와 함께 아이티를 처음 찾은 이 사람들이 사랑이 많고 친절하며 시간과 돈을 들여 아이들에게 인생 최고의 시간을 선물해준 것은 정말로 친절한 행위였다.

LOVE IS

아이들은 버스 여행에 열광했다. 어디든 밖에 나가는 일이 그만큼 드물었기 때문이다. 아이들은 흥분에 들떠서 지나가는 사람에게 손을 흔들기도 했고, 아무 이유 없이 크게 웃는가 하면, 푹신한 좌석에 앉아서 울퉁불퉁한 도로에서 차가 흔들릴 때마다 키득거리기도 했다. 버스를 타고 고작 한 블록을 왔을 뿐인데, 아이들은 디즈니월드라도 간 것처럼 좋아했다. 이 아이들에게 기억이라는 것이 남아 있는 한 잊지 못할 경험이 될 것이다.

아이티의 도로 형편과 교통 상황을 고려한다면, 월트 디즈니가 포르토프랭스에 왔다가 놀이기구 '미스터 토드의 와일드 라이드'(Mr. Toad's Wild Ride)의 영감을 얻었다고 해도 놀랍지 않을 것이다. 마치 디즈니 놀이공원의 아이티 버전 같은 것이라고 할 수 있었다.

방문팀의 각 사람이 한 아이씩 맡았다. 일대일로 짝을 지어주면 문제가 생길 여지가 줄어들었다. 하지만 이곳은 아이티였고, 아이티에서 그런 확률은 별 의미가 없다.

버스가 에피도르 앞에 정차하자 나는 온몸에서 친절을 물씬 풍기면서 미소를 지어 보였다. 에피도르는 햄버거와 감자튀김 같은 기름진 음식을 파는 패스트푸드 식당이었다. 빵이나 아이티 전통 음식도 있지만, 아이들과 튀김 요리의 유대감은 전 세계적으로 강력하다.

사람들의 시선이 우리에게 집중되었다. 외국인 여럿이 주위에서 보기 힘든 아이들과 손을 잡고 걸어 들어왔으니 말이다. 그중에는 걷는 모양새가 조금 우스꽝스러운 아이도 있고, 외모가 평범하지 않은 아이도 있었다. 병원 문 앞에 버려졌던 이 아이들은 식당에 오기는커녕 사람들의 주목을 받기 힘든 운명이었다. 집 밖을 나서는 일이 거의 없었다. 버스를 타는 일은 더더군다나 드물었다. 식당에서 밥을 먹는 일은 아마 대부분의 아이들에게 첫 경험이었을 것이다.

나는 아이들에게 어떻게 해야 하는지 설명해주었다.

"저기 가서 주문하고 음식값을 낸 다음에 영수증을 가지고 저쪽으로 가면 주문을 확인해줄 거예요. 그러고 나서 저 아래쪽으로 가서 음식을 기다리면 됩니다."

하필이면 가장 붐비는 점심시간이어서 주문하고 음식을 받고 자리를 찾는 사람들 틈바구니에서 정신이 하나도 없었지만, 다행히도 아이들은 제대로 줄을 섰고 우리가 잡아둔 자리로 잘 돌아왔다. 닭튀김과 감자튀김이 제일 인기가 많았고, 피자가 그 뒤를 바짝 뒤좇았다.

나이 많은 원생 중 하나인 주니어는 특별한 아이다. 문지기라고 해야 할까? 언제, 누가 고아원 정문을 드나들든 간에, 주니어는 카메론 디아즈처럼 전염성 강한 미소를 만면에 띠고 슬라이딩 철문을 잡고 서서는 양손 엄지를 위로 올리면서 인사를 건네거나 양손 엄지를 아래로 내리면서 잘 가라는 인사를 하곤 한다. 만 19세에 153센티미터의 작은 키. 말수는 적지만, 늘 즐거움이 충만한 청년이다.

주니어가 첫 번째 메뉴를 금세 먹어 치운 후에, 아이의 짝꿍인 데이브와 앤지 부부는 주니어가 더 먹고 싶어 하는 것을 알아차렸다. 데이브가 재빨리 주문과 계산을 끝내고 닭튀김과 감자튀김을 받으러 간 사이, 앤지와 주니어는 식탁에 나란히 앉아서 기다렸다.

　내가 어른 스무 명과 아동 스무 명을 동시에 살피느라 여념이 없는 사이에 어디선가 한바탕 소란이 일어났다. 크리올어로 웅성웅성 큰 소리가 나더니 한 남자가 내 팔을 잡고는 나무를 심어놓은 대형 화분 쪽으로 데려갔다. 나무는 이미 여럿 보았는데, 굳이 또 다른 나무를 보아야 하는 이유를 깨닫는 데 약간의 시간이 걸렸다. 이 나무가 다른 점이 있다면, 그 앞에 열아홉 살짜리 청년이 양손 검지를 치켜들고 서 있었다는 것이다. 사람들이 하나둘씩 모여들면서 웅성거리는 소리는 더 커졌다. 뭔가 불미스러운 일이 일어난 것 같아서 함께 온 사람들이 걱정되었다. 팔을 붙잡고 있던 사내가 내게 바닥을 보라고 가리켰다. 누가 초콜릿 푸딩을 쏟기라도 했는지 바닥에는 웬 갈색 물질이 떨어져 있었다. 그러고 보니 바로 그 옆에 주니어의 바지가 눈에 띄었는데, 그중 일부가 그 갈색 덩어리 위에 놓여 있었다. 주니어는 그냥 화분 앞에 서 있는 것이 아니었다. 나무에 거름이라도 주려는 듯이 엉거주춤 뒷걸음질을 치고 있었다. 이 장면이 다른 사람들의 식사를 어떻게 방해할지는 불을 보듯 뻔했다.

　통역사로 우리와 함께 일하는 클로디라는 친구가 급히 달려왔다. 그는 주니어의 어깨에 한 손을 올려놓고 다른 손으로 주니어의 바지를 움켜쥐고는 그를 화장실로 데려갔다.

주니어가 걸어가는 사이에도 사람들은 계속해서 소리를 질렀다. 나를 보고는 아마도 얼른 치우라고 소리를 지르는 것 같았다. 배설물과 토사물은 내 취향이 아니다. 물론, 다른 누구의 취향도 아닐 테지만, 내가 나섰다가는 역겨운 냄새가 나는 초콜릿케이크 반죽에 뭔가를 더하기만 할 것이다(속이 뒤틀려서 그 이름조차 차마 내뱉지 못하겠다). 다행히, 친절한 에피도르 직원이 슬며시 대걸레와 양동이를 들고 와서 나를 구해주었다. 나는 수습책을 떠올리느라 말없이 머릿속 수첩에 다음 사실을 나열해보았다.

1. 가여운 주니어는 아프다.
2. 우리에겐 여벌 바지가 없다.
3. 버스는 한 대뿐이다.
4. 조금 전까지만 해도 넉넉한 크기의 버스였지만 내 구역질 반사가 이제는 작은 밴으로 기억하는 차량에 탄다면, 내가 먹은 점심을 게워낼 것 같다.
5. 주니어의 기분보다 냄새를 더 걱정하는 것은 친절이 아니다. 사랑이 아니다.
6. 나는 리더이자 성인이니, 이 모든 문제를 즉시 해결해야 한다.
7. 벌써 7번까지 썼는데, 해결책 비슷한 것도 나오지 않았다.

바로 그때, 바지를 입은 주니어가 멋쩍어하면서 클로디와 함께 내 쪽으로 걸어왔다. 나는 클로디가 주니어의 바지 냄새를 어쩌지 못했을 거라는 걸 알고는 입으로만 숨을 쉬었다. 이건 친절하지 못한 행동일까? 문득 궁금해졌다.

"주니어가 아파요. 집에 데려가야 할 것 같아요."

클로디는 순식간에 통역사에서 의사로 역할을 바꾸었다.

아이들은 이미 아주 특별한 하루를 보내고 있었다. 소음이나 불안이나 냄새 따위에는 아무런 동요 없이, 아직 후식을 먹느라 여념이 없었다.

그때 클로디가 태초 이래 인류 역사상 가장 친절한 제안을 해왔다. 자기가 주니어를 데리고 집으로 갈 테니 다른 사람들과 동물원에 가라는 것이었다.

나는 속에서 더는 히스테리를 일으키지 않아도 된다는 데 안도하면서 클로디와 함께 밖으로 나와 '모토'를 세웠다. 모토는 내 남동생이 고등학교 1학년 때 몰던 것과 비슷한 크기의 오토바이를 가리킨다. 남동생이 타던 오토바이 정도면 아이티에서는 다섯 명까지 태울 수 있는 택시다.

맨 처음 우리 앞에 선 운전사는 주니어의 냄새를 쓱 맡더니 "아스타 라 비스타"(잘 가세요)라고 말했다. 시간은 자꾸 가는데 택시는 잡히지 않았다.

"값을 더 부르세요."

"얼마나요?"

나는 주머니에 있던 돈을 동전 하나까지 탈탈 털었다.

"얼마가 됐든요."

클로디가 몇몇 기사와 흥정하더니 드디어 택시를 잡을 수 있었다. 주니어가 중국산 125cc 오토바이 뒷좌석에 올라타는 동안, 클로디는 미국 돈 5달러가 채 되지 않는 500구르드를 불렀다. 그런 다음, 기사와 자기 사이에 주니어를 태우고 떠났다. 터미네이터의 코가 말짱했다면, 과연 얼마를 청구했을지 궁금해졌다.

다행히도 주니어의 기분은 최고였다. 알고 보니, 오토바이 뒤에 타는 것은 주니어가 가장 하고 싶었던 일이었다. 바로 그 순간, 그는 세상에서 가장 행복하고 가장 냄새가 고약한 청년이었다.

5달러로는 맥도날드에서 해피밀 세트도 사기 힘든데, 그 돈으로 주니어는 집으로 갈 길을 찾았다. 게다가, 들뜬 아이들은 다시 버스에 오르고 팀 리더들은 안도할 수 있었다. 클로디는 너무 친절한 사람이다. 사랑처럼.

대가를 바라지 않는 사랑

나 자신이 그렇게 실망스러울 수가 없었다. 나는 친절이 뭔지 알고 친절하게 행동하고 대체로 친절하다고 생각했지만, 실제로는 친절하게 '생각'하지 않았다. 나는 노트르메종으로 돌아가는 시간 동안은 말할 것도 없고, 잠시라도 주니어 가까이에 있고 싶지 않았다. 내가 친절을 실천하고, 친절로 숨 쉬고, 친절 그 자체라고 생각했는데, 상황이 힘들어지자 한순간에 엉망진창이 되어버렸다. 나는 친절하지 않았으니 사랑이 없거나 혹은 친절한 사랑의 의미를 완전히 놓쳐버린 셈이었다.

그제야 나는 실감했다. 친절이 식은 죽 먹기가 아니다. 나는 스스로를 의심하기 시작했고, 친절한 사랑이 무엇인지 도대체 알아낼 수 있을지 회의가 들었다.

그다음 날, 나는 크리스토퍼를 만났다. 크리스토퍼는 생후 3주 된 아기였다. 자비의 수녀회에서 아픈 아이들을 위해 마련한 시설에 있는 수많은 아기 침대에서 그 아이를 발견했다. 그곳은 빈곤과 지진으로 폐허가 된 동네 중심에 자리한 안식처였다. 아이가 입은 분홍색 우주복이 정맥 주사를 고정한 테이프를 가려주었다. 테레사 수녀회의 어느 상냥한 수녀가 놓아준 주사였다.

아주 작은 손톱이 있는 아주 작은 손가락이 소매 밖으로 나와 있었다. 정확한 비례로 붙어 있는 아이의 섬세한 이목구비는 거장들의 회화 작품에서 본 것과 비슷했다. 아이의 속눈썹은 무척 길었고, 작은 이마가 얼굴 위쪽에 자리해 있었다. 살짝 오래 데운 캐러멜색 같은 피부는 고급 비단처럼 부드러웠다. 새까만 머리카락이 두피를 덮고 있지만, 뺨 위의 반투명한 솜털보다 길이가 짧았다. 하트 모양을 한 옅은 초콜릿색 입과 반짝이는 짙은 초콜릿색 눈 사이를 투명 플라스틱 관이 가르고 있었다. 아이의 자그마한 콧구멍에 살포시 놓인, 보일 듯 말 듯 한 두 갈래가 폐에 산소를 주입하고 있었다. 나비잠 자세로 누워 있는 아이는 매트리스 속으로 녹아들 것처럼 아주 편안해 보였다. 아이는 평화롭고 아름답고 완벽했다.

몸을 숙여 아이의 손을 잡으려다가, 침대 끝 쪽에 서 있는 한 여자를 보았다. 150센티미터가 채 되지 않는 작은 키에 깡마른 몸집이었다. 굵은 머리카락을 뒤로 당겨 짧게 묶어 올렸고 얼굴에는 수심이 가득했다. 입고 있는 원피스에 그려진 웃는 얼굴들과는 전혀 어울리지 않는 분위기였다. 그녀의 눈동자는 크리스토퍼의 짙은 눈동자를 닮았다. 아니, 아이가 그녀를 닮았다고 해야 하나. 여자의 얼굴에는 두 가지가 섞여 있었다. 작렬하는 아이티의 태양 아래서 오랫동안 일하느라 닳고 지친 모습이 있는가 하면, 자신이 얼마나 예쁜지 알지 못하는 순진무구한 여학생 같은 부드러움과 사랑스러움도 있었다.

오전 시간이 지나면서, 나탈리와 크리스토퍼의 사연이 조금씩 알려졌다. 크리스토퍼는 나탈리의 방 한 칸짜리 집 지저분한 바닥에서 첫 숨을 내쉬었다. 크리스토퍼의 엄마는 나탈리의 외동딸이었는데, 출산 직후에 세상을 떠났다. 나탈리는 자신이 크리스토퍼의 엄마가 아니라서 크리스토퍼가 자꾸 우유를 토해낸다고 생각했다. 나탈리는 크리스토퍼의 몸이 한시라도 빨리 적응하기만을 바랐다. 하지만 크리스토퍼는 젖병에는 점점 더 흥미를 잃고 잠만 자려 했다.

나탈리는 크리스토퍼를 조심히 안고서 수녀회까지 먼 길을 걸어왔다. 도착했을 무렵, 아이는 혼수상태였고 숨쉬기도 힘들어했다. 수녀회에서는 기부받은 옷을 크리스토퍼에게 입혀

주었다. 미국 같은 곳에서 받을 수 있는 최상의 의료 서비스를 받으면서 깨끗한 병원에서 태어난 아이가 입던 옷이었을 것이다. 깨끗한 이불이 깔린 빈 침대가 크리스토퍼를 맞았고, 바닥에 있는 깨끗한 자리가 아이의 할머니를 맞이했다.

탈수증 때문에 정맥 주사를 놓고 호흡이 가늘어서 산소를 공급했다. 청진기 외에는 이렇다 할 의료 장비가 없어서, 복부 폐색증이 아닐까 추측할 따름이었다.

처음에 나탈리는 두려운 마음에, 온몸에 관과 바늘을 꽂은 손자에게 선뜻 손을 대지 못했다. 내가 크리스토퍼의 손을 잠깐 잡았다가 놓으니 그제야 나탈리도 팔을 펴서 아이 손을 잡았다.

시간이 흐르면서 우리의 유대감도 조금씩 깊어졌다. 여자와 여자, 엄마와 엄마, 할머니와 할머니 사이에 자연스럽게 찾아오는 유대감이었다. 우리는 서로 손을 꼭 잡고 크리스토퍼의 작은 손을 놓지 않았다.

나탈리의 고통을 이해할 것 같았다. 나도 네 살짜리 딸을 보러 응급실에 달려간 적이 있다. 발작을 막아주는 온갖 관이 아이를 거미줄처럼 둘러싸고 있었다. 우리 아들과 며느리가 2시간 30분의 짧은 삶을 마감한 아들을 안고 있을 때 나도 같이 눈물을 흘렸다. 5개월짜리 아들이 불치일 수도 있는 바이러스를 이겨 내도록 도와주는 산소 텐트에 나도 같이 들어가기도 했다. 임신 막달에 중환자실 의자에서 잠을 청한 적도 있었다. 그때 야간 당직 의사는 네 살짜리 우리 딸이 다시는 걷 거나 말하지 못할 수도 있다고 말해주었다.

나탈리처럼, 나도 울고 기도하고 하나님의 자비를 구했다. 나탈리처럼, 나도 괴로움과 고통과 슬픔을 안다. 나탈리처럼, 나도 속이 아프고 머리가 어질어질하고 가슴이 무너졌다.

하지만 나탈리와 달리, 우리 집 근처에는 현대식 병원이 있 고, 병원 전화번호가 단축 번호에 저장되어 있으며, 걸어서 약 국에 갈 수 있다. 나탈리와 달리, 우리 집은 수도꼭지를 틀면 깨끗한 물이 나오고, 냉장고에는 음식이 가득하며, 바닥에는 카펫도 깔려 있다. 나탈리와 달리, 병원에 가면 늘 가족이나 도움을 줄 친구들, 혹은 의료비 부담을 줄여주는 보험이 있었 다. 무엇보다 나탈리와 달리, 나는 하나밖에 없는 자식이 죽 는 모습은 지켜보지 않았다.

어느 순간, 크리스토퍼가 갑자기 숨을 멈췄고 덩달아 우리 도 숨이 멎는 듯했다. 허둥지둥하다가 산소관이 뒤틀린 것을 가까스로 발견했다. 관을 제대로 펴 주자 우리 모두 다시 숨 을 쉴 수 있었다.

네 시간이 지나서야 크리스토퍼의 유일한 희망은 수술밖에 없다는 것이 확실해졌다. 하지만, 인구가 200만이 넘는 이 도 시에 병원이라고는 손에 꼽았다. 내가 사는 미국에서라면, 경 험 많은 응급구조사들이 휴대용 산소 탱크를 들고 와서 아이 를 구급차로 이송하는 동안 주의 깊게 살폈을 것이다. 나탈리 의 고향에서는, 응급구조사나 구급차를 찾기란 모래사장에서 바늘 찾기나 마찬가지다. 나는 나탈리의 고향에서 휴대용 산소 탱크를 찾기란 바다에서 바늘 찾기나 마찬가지라는 사실을 곧 알게 되었다.

포르토프랭스에서 휴대용 산소 탱크를 어떻게 구할 수 있는지 알 만한 사람에게 다 연락해보았다. 대부분은 전혀 정보가 없었고, 그중 일부는 차를 몰고 함께 찾으러 다녀주었다. 하지만 도무지 구할 수가 없었다.

수술을 받지 못하면 크리스토퍼는 죽을 것이다. 산소가 없으면 크리스토퍼는 죽을 것이다. 가여운 할머니는 결단을 내려야 했다.

가장 가까운 병원에서 크리스토퍼를 받을 준비를 했다. 운전사가 엔진을 켜둔 채 가장 가까운 출구에 차를 세웠다. 차가 멈추자 한 수녀가 크리스토퍼의 수액을 들고 다른 한 수녀가 얼굴에서 산소를 치우고 아이를 팔로 들어 올렸다. 흰색 수녀복을 입은 수녀들과 크리스토퍼가 멀어져갔다.

나는 침대 쪽으로 돌아서서 나탈리를 보고 말했다.

"어서, 가세요!"

내 시선이 나탈리의 눈물과 손가락에서 맨발로 옮겨갔다. 신발을 신지 않고 병원에 들어갈 수 없다는 건 그녀도 잘 알았다. 나는 급히 샌들을 벗어 나탈리에게 건넸다. 두 손으로 나탈리를 잡고서 차 문이 닫히려는 찰나에 그녀를 길거리로 떠밀었다. 나탈리는 달려가서 문을 잡고는 차에 올라탔다.

그날 나탈리는 사랑하는 손자를 잃었다. 이렇게 말하는 내 가슴이 무너지는 것 같다. 이 이야기가 행복한 결말이기를 얼마나 바랐던가. 크리스토퍼가 우리 손주들과 같은 곳에서 태어났다면, 수술을 받을 수 있었을 텐데. 몇 년 후에는 해적 놀이도 하고, 장난감 트럭도 갖고 놀고, 개구리도 잡을 수 있었을 텐데. 해마다 생일을 축하하고, 자전거 타는 법도 배우고, 나뭇가지로 성도 쌓을 수 있었을 텐데. 몇 년이 더 지난 후에는 고등학교를 졸업하고, 그다음에는 대학교를 졸업하고, 어쩌면 의학 전문 대학원에 진학해서 자신과 같은 아이들을 도울 방법도 배울 수 있었을 텐데. 똑같은 지구인데 이렇게 다른 세상이라니.

친절한 사랑이 무엇인지 그날 확실해졌다. 친절한 사랑은 아무 대가를 바라지 않고 자신을 주는 것이다. 그 어떤 것도 바라지 않고. 감사하다는 인사도, 돌아오는 호의도, 고개를 끄덕이는 격려의 표시조차 없이. 친절한 사랑은 아무것도 받을 수 없다는 것을 알고도, 주고 도와주고 나누는 것이다.

그 점을 생각해봤다. 감사 인사조차 없다고 불평했던 때를 떠올려보기 시작했다. 힘들 때 도와주고 그 집 딸의 결혼식에 참석하고 아플 때는 음식을 가져다주었는데, 왜 우리 딸이 결혼할 때는 일언반구가 없나 싶었던 때. 나는 수많은 친절을 베풀었지만, 친절한 사랑을 보여주지는 못했다.

처음에는 현재에 온전히 집중하는 오래 참는 사랑이더니, 이제는 아무것도 기대하지 않는 친절한 사랑이라. 사랑은 쉽고 자연스러우면 안 되는 것인가?

나탈리에게 신발을 건네면서, 내 신발이나 그녀를 다시 볼 수 없다는 걸 알았다. 나는 친절한 사랑이 무엇인지 제대로 깨닫기도 전에 친절한 사랑을 보여준 셈이었다. 내 맨발 따위는 1,000분의 1초도 고려하지 않았다. 나탈리가 크리스토퍼를 다시 품에 안을 수만 있다면, 나는 남은 평생을 얼마든지 맨발로 살 수 있었다.

사랑은 친절하다. 친절을 실천하고, 친절을 살아내고, 친절을 준다. 사랑은 남은 동전 하나까지 다 털어주고, 오토바이에 태워 집으로 가고, 발에서 샌들을 벗어주는 것이다. 사랑은 친절하니까.

나탈리는 아마도 자기 인생에서 가장 힘겨웠을 시기에 마음을 열고 하나밖에 없는 손자 이야기를 나누어주었다. 나는 그녀의 친절을 잊지 못할 것이다. 크리스토퍼를 영원히 사랑할 것이다. 대가는 전혀 기대하지 않았지만, 나탈리는 신발한 켤레보다 훨씬 더 큰 것을 내게 주었다.

"주님, 제가 친절한 사랑을 실천할 수 있는 수많은 기회를 찾을 수 있도록 도와주세요. 그래서 그런 사랑이 제 천성이 되고, 기대감은 잊어버리게 해주세요."

chapter 3

사랑은,
시기하지 않는 것

사랑은 오래 참는다. 오래 참는 건 좋은 것이다. 사랑은 친절
하다. 친절은 좋은 것이다. 그리고 사랑은 시기하지 않는다
고 했는데, 시기는 어떻게 말하든지 아주 끔찍하게 들린다. 어
딘가 모르게 음험하고 부도덕하고 수상쩍은 느낌을 준다.

　시기는 질투와 다르다. 질투는 자기가 이미 가진 것을 꽉
붙잡는 것이다. 성경은 하나님이 질투하시는 분이시라고 한
다. 출애굽기, 민수기, 신명기가 다 그렇게 말한다. 하나님은
우리를 원하시고, 우리가 다른 신을 두는 것을 원치 않으신
다. 그러나 시기는 다른 사람의 성공과 부, 관계, 아름다움,
재능을 탐내며 분하게 여긴다. 다른 사람이 가진 것을 원하
고, 다른 누군가가 그것을 가지면 탐탁지 않게 여긴다.

　〈백조의 호수〉의 검은 백조나 〈미녀와 야수〉의 가스통,

〈오즈의 마법사〉의 서쪽 마녀 등, 시기는 이야기 속에서 훌륭한 악당을 만들어낸다. 시기 때문에 도둑이 탄생하기도 한다. 〈인어공주〉의 바다 마녀 우르술라는 인어공주의 목소리를 빼앗았으며, 〈스폰지밥〉의 플랭크톤은 샌드위치 조리법을 훔치려고 온갖 악랄한 짓을 다 한다. 시기 때문에 살인이 벌어지기도 한다. 살인! 〈스타워즈〉의 다스 베이더, 〈해리 포터〉의 볼드모트, 〈라이온 킹〉의 스카를 떠올려 보라.

소설 속 등장인물뿐만이 아니다. 살아 있는 사람은 살아 있는 시기를 느낀다. 가인은 하나님의 사랑을 원했다. 다윗은 남의 아내를 원했다. 아합의 시기 때문에 그의 아내 이세벨은 포도원 주인을 죽였다.

당연히, 사랑은 시기하지 않는다. 시기는 악하다. 시기는 탐욕, 탐식, 정욕 등과 함께 일곱 가지 대죄에 속한다. 그럼에도 사랑에서 굳이 시기를 언급할 필요가 있을까? 그건 마치 이런 말과 같다.

"사랑은 독이 든 사과를 건네지 않는다."

"사랑은 얼룩 강아지를 잡아서 코트를 만들지 않는다."

그런데 시기는 고린도전서에서 무엇이 사랑이고 무엇이 사랑이 아닌지를 묘사한 단어들에 포함될 정도로 너무 당연하면서도 중요해 보인다.

왜 하필 시기란 말인가?

나는 모든 사람에게 특별한 재능이 있다는 말을 수없이 들으면서, 내 선물은 과연 무엇일지 궁금해했다. 때로는 아주 뼈아프게, 내게 없는 재능이 무엇인지 알게 되었다. 할아버지 댁 거실에서 사촌들과 함께 장기 자랑을 했을 때, 나한테 없는 한 가지 재능이 극명하게 드러났다.

먼저, 열 살 난 매리 조가 '나 같은 죄인'을 살리신 '놀라운 은혜'를 노래하자 할머니는 입이 찢어질 정도로 크게 함박웃음을 지으셨다.

"와, 매리, 목소리가 너무 예쁘구나."

다음으로, 늘 명랑함이 넘치는 다섯 살 난 셰리가 무대를 이어받아 〈종이 장미〉(Paper Roses)라는 노래를 멋지게 소화했다. 할머니는 공연의 한 소절 한 소절을 귀 기울여 들으면서 천사 같은 손녀를 몹시도 자랑스러워하셨다.

"셰리는 어쩌면 그렇게 목소리가 예쁠까."

나는 신이 나서 공연장으로 변신한 주방 깔개에 올라섰다. 그러면서 내가 세상에서 가장 존경하는 사람, 의심할 것도 없이 정직하고 편견이 없는 사람의 입에서 똑같은 평가가 나오기를 기대했다. 〈모두가 내 세상〉(King of the Road)을 최선을 다해 큰 소리로 부르는 동안, 사방 벽이 흥겨움으로 진동했다. 바로 그 순간에 나는 노래 속 '아무것도 없는 사람'(가사의 일부—역자 주)이었다. 내 귀는 뛰어난 무대에 대한 환상적인 감상평을 들을 만반의 준비가 되어 있었다. 그때 할머니가 말씀하셨다.

"오, 킴, 넌 춤을 춰보면 어떻겠니?"

듣기 좋은 말은 아니었지만, 할머니는 모르는 게 없는 분이었다. 셰리와 매리는 할머니가 다니는 교회를 포함해서 온 동네 무대를 휩쓸 예정이었고, 나는 욕실에서 샤워기 물줄기를 관객 삼아 공연할 수준이었다. 내가 시기심에 불타오른 것도 당연하지 않은가?

그런데 하필이면 시기를 다루시다니? 이걸 이해할 수 있을지 확신은 없었지만, 하나님은 나름의 방법을 준비하고 계셨다.

올 것이 왔다

내 결심 때문인지, 혹은 누군가는 고집(이건 고린도전서 13장에 나오지 않는다)이라고 부를 만한 것 때문인지, 나는 계속해서 시기를 염두에 두고 있었다. 시기에 대해 찾아보고, 발견하려 애썼다. 그리고 결국에는 찾아냈다. 2014년 3월, 아이티에서.

아이티 사람들은 피부색이 하얀 사람이 부자라고 생각하는 경향이 있다. 미시간 주에서 포르토프랭스까지의 편도 항공료는 일반적으로 아이티인의 연봉보다 비싸다. 나는 미국 집에 돌아가면, 아이티의 태양 아래서 내 얼굴이 익어가는 동안 우리 집 냉장고에서 시들어버린 토마토를 버리기도 한다. 아이티 친구들이 가지고 있는 옷은 다 합쳐도 내 기내용 여행 가방에 담을 수 있을 정도다. 그러니 위장과 옷장처럼 지갑도 텅 빈 이들에게 비행기를 타고, 음식을 버리고, 작은 옷가게만큼이나 티셔츠가 많은 사람은 부자로 보일 것이다. 내가 여기서 시기를 찾을 수 있었던 건, 어쩌면 당연하리라.

일반석이 초과 예약되는 바람에, 단골에게 제공되는 특권으로 일등석에 앉게 되었다. 덕분에 나는 비행기가 이륙하기도 전에 토마토 주스를 마셨다. 이륙한 후에는 친절한 승무원이 손을 닦으라고 따뜻한 물수건을 건넸고, 작은 그릇에 담긴 견과류도 가져다주었다. 승무원은 식사와 함께 포도주를 따라주었다. 점심으로는 닭튀김을 얹은 파스타와 샐러드, 통통하고 싱싱한 과일이 나왔다. 승무원이 빈 그릇을 가져가는 사이에 쿠키 굽는 냄새가 나더니, 잠시 후 초콜릿이 녹아 흘러넘치는 달달한 후식이 등장했다.

　나는 등받이를 뒤로 젖히고 좌석에 기대어서 다리를 올려주는 버튼을 눌렀다. 무료로 제공되는 담요를 덮고, 역시 무료로 제공되는 무선 이어폰을 꽂고, 개인 스크린으로 영화를 감상했다. 파란색 커튼 뒤쪽에 앉아 있는 일반석 승객들이 콜라 반 캔과 봉지에 든 간식을 먹으면서 나를 부러워하고 있지는 않은지 궁금했다.

　짐 찾는 곳에 도착하자 도와주겠다는 짐꾼들이 나섰다. 크리올어를 하는 짐꾼들은 대부분 손님이 자기들 언어를 모른다고 짐작하고는 몸짓으로 말했다. 아이티를 처음 찾은 사람들은 아수라장 같은 이런 장면 앞에서 눈이 휘둥그레져서 지켜보고만 있었다. 그러다 항공사 로고가 새겨진 단추 달린 파란 셔츠를 입은 사내들이 가방을 집어 들자 "괜찮아요"라는 두려운 외침이 속출했다. 그들은 아이티에서는 누가 그들의 가방을 들고 도망갈 수도 있으니 각자 짐을 잘 챙기라는 경고를 받았을 것이다.

하지만 아이티에 와본 적이 있는 나는 이 사내들이 돈을 조금 받아서 자신과 가족을 먹여 살리려 애쓰는 중이라는 걸 알고 있었다. 모르는 사람의 휴대용 세면도구와 사적인 물건들이 가득 담긴 가방을 불법으로 반출하려는 이들은 아무도 없었다. 나는 아이티를 여러 번 드나들면서 파란 셔츠를 입은 이 사내 중 몇 명과 친구가 되었다. 그래서 나는 "괜찮아요"라고 말하는 경우가 드물었다.

"조던! 보고 싶었어요!"

조던도 내가 보고 싶었단다.

"잭슨! 잘 지냈어요?"

"그럼요, 별일 없죠?"

"저는 잘 지내요."

조던이나 잭슨에게 내 작은 가방을 맡기고 얼마 안 되는 돈을 챙겨주었다.

공항에서 만난 내 가장 좋은 친구는 세상에서 가장 행복한 사람이다. 공항 안쪽으로 들어올 수 없는 그는 내가 공항 밖으로 나서자마자 어디선가 홀연히 나타났다. 라미는 포르토프랭스 투생 뤼베르튀르 국제공항에서 팁을 구하는 사람 중에 유일한 청각장애인이다. 키가 180센티미터 정도(아이티에서는 꽤 큰 키다)인 그가 나를 붙잡고는 포옹한다. 그러고는 자기 눈을 가리켰다가 내 눈을 가리켰다.

'당신을 봤어요!'

그런 다음 자기 가슴을 가리켰다가 다시 나를 가리켰다.

'사랑합니다.'

마지막으로 그의 손가락이 하늘로 날아갔다.

'당신을 위해 기도했어요.'

나도 라미의 몸짓을 똑같이 따라 하고는 다시 한번 껴안았다. 라미는 한쪽 팔로는 내 여행 가방을 들고, 다른 팔로는 내 어깨를 감싸 안고는, 차에서 나를 기다리고 있는 패트릭에게 데려다주었다. 그는 만면에 미소를 머금고는 연신 자기 눈과 가슴과 하늘을 가리켰다. 우리는 몇 번 더 끌어안았다. 나는 그에게 돈을 조금 건넸고, 그는 기도하듯이 두 손을 모으고 머리를 살짝 숙였다.

'고마워요.'

'별말씀을요.'

나도 소리 내지 않고 말했다.

차를 타고 공항을 빠져나오면서 '시기'에 대해 생각했다. 시기하지 않는 사랑에 대해서 말이다. 나는 라미에게서 그런 사랑을 느꼈다. 나를 보는 것만으로 그저 행복한 사랑, 시기심 없는 순수한 행복. 그러면서 이번 여행이 나를 위대한 시기(혹은 시기심 없는)의 발견으로 이끌리라는 예감이 들었다.

오래전에 모리 포비치(Maury Povich)의 인터뷰를 보았다. 그는 내가 평생 잊을 수 없는 말을 남겼다.

"포비치 가족은 포비치 가족을 응원합니다."

그는 형제들과 자신을 비교하지 않았고, 그들의 성공과 성취를 진심으로 축하한다고 이야기했다. 서로가 최선의 삶을 살기를 진심으로 바란다는 것이다. 그들은 시기하지 않았고, 사랑했다. 사랑은 시기하지 않는다.

경쟁심이 센 집안 출신인 나에게는 그 말이 조금 낯설었다. "내가 장담하는데"라는 말은 우리 집에서 아주 흔하게 들을 수 있었다.

내가 장담하는데, 계단에서는 날 못 이길 거야.

내가 장담하는데, 내가 뛰기 전에 그만 뛰는 게 좋을 거야.

내가 장담하는데, 네가 먼저 눈을 깜빡일 거야.

우리는 가장 빠르고, 가장 똑똑하고, 가장 잘하는 사람이 되어야 했다. 가장 빠르지 못하고, 가장 똑똑하지 못하고, 가장 잘하지 못하는 사람은 그런 사람을 시기했다. 포비치 가족과는 정반대로, 우리는 사랑하지 못했고 서로 시기했다. 적어도 그때는 그랬다.

시기는 우리 집 밖에도 존재했다. 거기에는 가장 예쁜 여자애, 반에서 가장 머리가 좋은 애, 가장 훌륭한 운동선수가 있었다. 하지만 가장 예쁜 아이에게서는 냄새가 났고, 가장 머리가 좋은 아이는 시험을 볼 때 부정행위를 했으며, 가장 훌륭한 운동선수는 그저 운이 좋았을 뿐이다. 다들 그렇게 말했다. 하지만 그건 사실이 아니었다. 냄새나 부정행위나 행운은 없었다. 모두 추악한 시기에 불과했다.

"포비치 가족은 포비치 가족을 응원합니다"라는 말을 듣고

난 후 나는 다른 방법도 있다는 걸 깨달았다. 포르토프랭스에서 시기를 찾던 나는, 내가 정말로 시기하는 것들에 대해 내가 불평을 하고 있었다는 걸 알게 되었다.

여기서는 아무도 서두르지 않는다. 패트릭은 차를 타고 가던 길에(포르토프랭스의 복잡한 도로에서 운전이라는 게 가능하다면 말이다) 반대편 차선에서 오는 친구를 보았다. 물론, 우리는 도로 한복판에서 차를 멈추고 인사를 나누었다.

"잘 지내지?"

"물론이지."

앞쪽에도 차들이 있었고, 뒤쪽에도 트럭이 늘어서 있었다. 경적이 울리고 사람들은 소리를 질러댔지만, 그런 것쯤은 상관없었다. 패트릭은 미소를 띠면서 친구에게 어디 가느냐고 물었고, 친구는 "그냥 여기저기"라고 대답했다. 이후로도 서로 '가족'의 안부를 묻고 어느 팀이 월드컵에서 이길 것 같냐고 묻는 크리올어가 오갔다.

패트릭에게 그만하고 가자고 말하고 싶은 순간도 있었지만, 나는 그게 뭐든 간에 그저 이 흐름을 따라가야 한다는 걸 이미 배웠다. 그렇지 않으면 '그것'이 나를 미치게 만들 것이다. 드디어, 20분처럼 느껴졌지만 아마도 1-2분에 지나지 않았을 시간이 지나고, 우리는 다시 이동하기 시작했다.

패트릭이 "제 친구예요"라고 말했다.

"참 좋네요. 나도 도로 한복판에 차를 세우고 친구랑 이야기할 시간이 좀 있으면 좋겠네요."

내가 좀 예민하게 대꾸했다.

"무슨 말씀이세요?"

그때 이런 생각이 들었다. 정말로 차를 세우고 친구랑 대화할 시간이 있었으면 좋겠다고 말이다. 하지만 아무래도 도로 한복판보다는 갓길 쪽이 좋을 것 같다. 흠, 이것도 시기인가?

잠시 뒤 우리는 보도에서 콩을 파는 아름다운 여성을 지나쳐갔다. 잠에서 막 깬 쌩얼에 푸대 자루만 입어도 미인 경연대회에 초청될 만한 미모였다. 비달 사순이 내 머리를 만져주고, 바비 브라운이 화장을 해주고, 〈신데렐라〉의 요정이 근사한 의상을 마련해준다고 해도, 그녀처럼 아름다워질 수는 없을 것이다. 아, 시기심이란!

우리의 트럭은 검은색 대형 SUV 옆에 주차했다. 차 옆문에 대형 비영리단체 이름이 인쇄되어 있었다. 창문에는 짙은 색 썬팅이 되어 있어서 40도에 육박하는 무더위에도 끄떡없을 것 같았고, 차 안에서는 부드러운 가죽 시트의 냄새가 날 것만 같았다. 차량 내부는 시원한 에어컨 바람이 나와 쾌적할 것이다. 나는 숫자 뒤에 수많은 '0'이 붙어 있는 수표를 떠올리며 찢어진 내 시트를 내려다보았다. 투명한 앞 유리를 뚫고 작열하는 태양이 내리쬐고, 열린 창문으로는 열기가 쏟아져 들어왔다. 그 순간 나는, 물벼락을 맞고 흠뻑 젖어 녹아버린 서쪽 마녀와 함께 있었다.

그때 나는 좌석이 세 줄이나 되는 근사한 트럭에 앉아 있다는 상상을 해보았다. 원격 시동 장치에 컵 거치대, 자동 와이퍼, 어깨 위로 걸치는 안전벨트, 짝이 맞는 타이어, 맛있는 간식이 가득 든 소형 냉장고, 카푸치노/스무디 기계를 갖춘 그 트럭에서 돈더미를 깔고 앉아 있는 것이다. 아, 그 많은 돈으로 아이티에서 얼마나 큰 교육 사업을 할 수 있겠는가! 그 돈으로 바나나 스무디 망고는 사 먹지 않을 거다. 오케이, 하나 정도는 먹겠다. 이놈의 시기심.

녹색 눈의 추악한 괴물, 시기는 내 눈이 닿는 곳마다 있었다. 나는 오래 참는 사랑과 대가를 기대하지 않는 친절한 사랑을 연습했다. 그러는 사이, 시기심이 나를 사로잡고 내 사랑의 능력을 죽이고 있었다. 사랑은 시기하지 않으니, 나는 이 문제를 해결해야 했다.

나도 포비치 가문을 닮아서 패트릭이 절친과 안부를 주고받을 수 있게 흔쾌히 기다려주어야 했다. 그 아름다운 여성을 보면서는, 하나님이 창조하신 아름다움에 그저 감탄해야 한다. 그 비영리단체가 하는 일과 거기 기부하는 사람들에게 감사해야 한다. 우리 차가 말썽을 부리지 않고 다음 회의까지 상쾌한 기분으로 갈 수 있다면, 더 많은 일을 할 수 있다는 사실을 깨달아야 한다.

아이티에서 건축 프로젝트가 끝나자, 내가 '도미니카공화국의 아들'이라고 부르는 크리스티앙과 그의 동료들은 고향으로 돌아갔다. 나와 내 친구 톰과 토드가 그들이 남겨둔 트럭을 몰고 며칠 뒤에 도미니카공화국으로 가기로 했다. 도미니카공화국의 '라이트하우스 프로젝트'(Lighthouse Projects)에서 20리터짜리 물병들을 운반하는 데 사용된 그 트럭은 특대형 픽업트럭과 비슷했다. 앞쪽에는 벤치형 좌석이, 뒤쪽에는 낮은 가림막이 있는 침대가 있었다.

우리는 핸드폰도 터지지 않고 GPS도 사용할 수 없다는 걸 알고 있었기에 지도를 꺼내 들었다. 전에는 국경에서 아무 문제가 없었기 때문에 5시간 30분 정도 걸리는 여정이 별 탈 없을 것이라고 예상했다.

포르토프랭스에서 도미니카공화국 국경까지 가는 길은 아이티에서 가장 좋은 도로라고 할 수 있다. 잘 포장된 널찍한 도로 덕분에 우리의 여행은 쾌적하다. 예상대로, 국경까지 한 시간 반의 여정은 완벽했다. 일주일 내내 꽉 막히는 울퉁불퉁하고 지저분한 길만 다니다가, 매끄러운 노면을 달리니 비단 위를 운전하는 듯한 기분이었다.

이야기하고 웃다 보니 어느새 국경에 도착했다. 국경을 넘는다고 하면, 주변 사람들이 이런저런 조언을 많이 해준다.

"그 사람들한테 여권 주지 마세요."

"차를 세우려 하면 절대 멈추면 안 됩니다."

"한 건물에서 양쪽의 도장을 다 받으세요."

"다른 건 다 괜찮지만, 국경 게이트 앞에서는 절대 서지 마세요."

네네. 전에도 해봤거든요.

전에는 도미니카공화국에서 아이티로 넘어갔고, 반대로는 해본 적이 없지만 크게 다르지 않으리라고 생각했다. 우리는 늘 본관 앞으로 가서, 첫 번째 창구에서 여권에 도장을 받은 뒤에 도미니카공화국을 떠났다. 그리고 나서 조금 더 내려가면 아이티 입국 도장을 받을 수 있다. 똑같이, 반대로만 하면 될 것이다.

출입국 관리 사무소에서 몇 킬로미터만 벗어나면 풍경이 바뀌며 아이티에서 가장 큰 아주이 호수(Lake Azuei)가 숨이 멎을 듯한 광경을 펼쳐낸다. 언뜻 봐서는 여름이면 많은 사람이 휴가를 보내는 오자크 호수와 비슷해 보이지만, 이곳 사람들은 휴일에 아주이 호수를 찾지 않는다. 소금기 있는 호수의 물은 낚시에 적합하지 않기 때문이다. 오히려 이곳은 괴물이 출현하는 곳으로 유명하다. 이 괴물들 때문에 사람들은 깊은 곳으로 가서 물고기를 잡는다거나 보트를 타고 호수를 건넌다거나 호숫가 주변에 별장 짓기를 꺼린다. 물속에는 악어가 사는데, 최근 추정치로는 그 숫자가 400마리 정도라고 한다. 굶주린 악어가 이렇게 많으니, 아이들이나 반려견을 데리고 소풍 가기에도 적당한 장소는 아니었다. 하지만 풍경만큼은 정말 아름답다.

그런데 국경에 가까이 다가갈수록 내 기억과는 조금 다른 모습이 펼쳐졌다. 호수 가장자리가 범람해서 게이트 양쪽 도로를 뒤덮고 있었다. 우리 왼쪽으로는 영화 〈혹성 탈출〉(Planet of the Apes)의 금지 구역 비슷한 지역에서 물에 잠긴 학교, 죽은 나무와 큰 바위들, 적갈색 흙이 기울어진 땅을 뒤덮고 있는 광경을 보았다.

우리는 도로 상황보다 주변 풍경에 집중하고 있었던 터라, 갑자기 내 컴퓨터가 무릎에서 날아가 천장을 치고 내 몸과 토드의 몸에 부딪히자 깜짝 놀랐다. 이렇게 잘 닦인 도로에 커다란 구멍이 나 있다는 걸 깨닫기까지 약간의 시간이 걸렸다. 나와 컴퓨터는 말짱했지만, 토드는 무릎에 큰 상처가 났다. 톰은 핸들 덕분에 살았다.

사랑은 시기하지 않기에 몹시 아파 보이는 토드의 부상이 조금도 부럽지 않았다. 나는 그냥 이렇게 말했을 뿐이다.

"저런, 흉터가 남겠는데요."

큰 짐을 실은 대형 트럭들이 서 있었고, 꽉 들어찬 관광버스들에는 옷이나 다른 물건을 사러 가는 아이티 행상들이 타고 있었다. 오토바이 택시와 자가용 승용차도 몇 대 서 있었다. 수십 명이 도로에 줄을 서 있었는데, 그중 몇 명이 우리 트럭 뒤쪽에 올라타려 하자 부상당한 토드가 뒤쪽으로 가서 우리 물건을 지켰다. 도로의 인도 쪽으로는 건축 현장에서 사용하는 트레일러 같은 작은 임시 건물이 들어서 있었다.

우리는 관광버스 한 대 뒤쪽에 바짝 붙어 따라갔는데, 입구에서 엎어지면 코 닿을 곳에서 사람들이 우리 트럭을 공격하기 시작했다. 그들이 트럭 옆쪽을 두드리며 소리치는 동안, 우리의 시선과 바퀴는 오로지 앞만 바라보았다.

길을 점령한 강을 800미터 정도 운전해서 게이트에 도착했고, 거기서부터 반대쪽으로 조금 더 강을 통과했다. 내가 전에 국경을 건널 때 도장을 찍어준 사람이 있던 건물도 물에 잠겼다. 어디로 가야 할지 알려주는 표시가 없어서 톰은 일단 차를 세웠다.

세 사람이 밖에 서서 어떻게 할지 의논하고 있으려니 한 도미니카 청년이 다가왔다.

"여기서 뭐하십니까?"

"아무것도 아닌데요."

"서류 가지고 계십니까?"

"무슨 서류요?"

"아이티 쪽 서류요."

우리는 아까 보았던 작은 트레일러로 갔어야 했던 것이다. 표지판이 있으면 좋았으련만. 우리 트럭을 두드리며 소리를 지르던 남자들이 아마도 표지판 대신이었나 보다. 내가 여행 블로그에서 놓친 내용이 있었던 모양이다.

새로운 친구 루이스가 우리에게 돌아가야 한다고 말해주었다. 하지만 트럭은 탈 수 없다고 했다. 루이스는 우리가 오토바이를 타고 강을 통과해 돌아갈 수 있도록 운전사들과 가격을 흥정하는 것을 도와주었다. 톰은 트럭에 남아서 짐을 지키기로 했다.

이번에는 강을 통과해 돌아가면서 물의 깊이가 어느 정도인지 더 잘 알 수 있었다. 오토바이 뒷좌석에서 양발을 최대한 위로 들어 올리고 균형을 잡아야 할 정도였다. 넘어지지 않으려고 기사를 꼭 잡았는데 그의 기분이 썩 좋지 않아보였다. 엔진이 약한 오토바이들은 시동이 꺼지는 바람에 내려서 밀고 가야 했다. 나는 고성능 엔진을 달라고 기도했다. 나는 엔진이 약한 오토바이를 탄 사람들을 시기하지 않았다.

난리 북새통 속에 강을 통과하자 루이스가 우리 셋의 여권을 요구했다.

"여권이랑 돈을 저한테 주시면 됩니다."

나는 (고린도전서 13장을 미리 다 읽었기 때문에) 사랑은 모든 것을 믿는다는 것을 알지만, 아직 내가 실천하지 않은 내용이라서 곧장 머릿속에 떠오르지는 않았다.

"우리도 같이 가요."

"아닙니다."

우리는 약간 옥신각신하다가 그를 따라갔다.

마침내 줄 맨 앞쪽에 도달하니 세관원이 돈을 요구했다. 보통은 출국할 때 세관원에게 돈을 주지는 않는다. 나는 가격을 조금 깎은 후에 여권에 도장을 받고 다시 오토바이에 올라 물길을 헤치며 돌아왔다.

큰 망치를 들고 트럭 꼭대기에 앉아 있던 톰은 우리를 보고 안심했다. 우리가 떠나고 45분이나 지났는데 얼마나 더 트럭을 지켜야 하나 걱정하고 있었던 모양이었다. 토드와 내가 겪었을 지 모를 최악의 상황을 생각한다 해도 톰이 부럽지는 않았다.

이미 합의한 금액을 오토바이 운전사들에게 주려 했지만, 그들은 더 달라며 버텼다. 한두 번 비슷한 경험을 해본 나는, 나보다 훨씬 덩치 큰 세 남자를 화나게 하느니 빨리 포기하는 편이 낫다는 걸 알게 되었다.

토드와 나는 이쪽 국경 공무원들에게도 여권과 돈을 건넸다. 도미니카공화국에서 여권에 도장을 받기란 식은 죽 먹기였다. 톰이 트럭을 운전하고 우리 둘이 앞좌석에 탔다. 토드는 안전을 위해 뒤쪽에 올라탔고 루이스도 뒤쪽에 탔다. 어쩌면 루이스는 그저 차편이 필요했는지도 모른다.

도미니카공화국 출입국 관리 사무소와 각 지역을 연결해주는 지저분한 도로를 천천히 운전해서 내려오는데, 갑자기 토드가 고함을 지르기 시작했다.

"빨리! 빨리 가요!"

하지만 도로에 흙과 자갈이 많아서 톰은 속도를 그대로 유지했다.

"톰! 빨리! 더 빨리요!"

톰은 살짝 속도를 올렸지만, 뒤에 탄 사람들이 떨어질까 봐 걱정했다.

"어서! 어서! 어서! 빨리요, 빨리!"

그제야 트럭 뒤쪽으로, 우리가 제시한 요금에 속았다고 생각한 세 남자가 눈에 들어왔다. 오토바이 갱단이 던지는 자몽만 한 돌들이 트럭 아랫부분에 계속 부딪혔다. 톰은 가속 페달을 세게 밟고 방향을 꺾었다가 다시 똑바로 달렸다. 그러고 나서 속도를 줄이지 못해서 위험하기 짝이 없는 속도로 첫 번째 커브를 돌았다. 비디오 게임 속 운전자처럼 톰은 온통 도로에만 신경을 집중했다. 당시에는 이게 비디오 게임이면 얼마나 좋을까 싶었다. 나무를 들이받아도 그냥 다시 시작하면 되니까.

톰은 속도를 늦추지 않고 자동차 경주라도 하듯 곡예 운전을 했다. 오토바이 폭주족들은 우리를 맹렬히 추격했다. 트럭을 길 옆으로 밀어내려고 차량 옆으로 바짝 붙기도 하고, 차가 멈추면 앞좌석으로 모두 쏠리게 할 작정으로 뒤 범퍼 쪽에 바짝 붙기도 했다.

하지만 그들은 몇 킬로미터 못 가 포기하고 돌아갔다. 그들이 사람을 더 많이 끌고 돌아올까 봐 걱정한 톰은 속도를 늦추지 않고 트럭이 낼 수 있는 최대한의 속도로 달렸다.

"이런 미친 짓이 있나."

"그러게요."

"그쪽에서 얼마나 더 달라고 했어요?"

나는 약간 당황해서 대답했다.

"5달러요."

"5달러요? 고작 5달러 때문에 우리가 죽을 뻔한 거예요?"

"원칙이 그래요."

맞다. 그쪽에 돈을 건넸으면 자동차 경주는 안 해도 됐을 것이다. 이렇게 경험을 통해 배우는 거지 뭐.

저 멀리 들판에, 두 무리의 사람들이 보였다. 피곤에 절은 그들은 어깨에 총을 메고 줄을 맞춰 행진하고 있었다. 그 사람들은 다리를 높이 들면서 행진하고 있었고, 근처에는 부대처럼 보이는 곳이 없었기에 톰은 다시 가속 페달을 밟았다.

작은 마을에 들어서니, 다리를 높이 들며 행진하던 사람들과 똑같은 복장을 한 두 남자가 지나갔다. 둘 다 M16(내 추측이었다)을 들고 오토바이를 타고 있었다. 우리가 지나치자마자 그들은 눈을 번쩍 뜨더니 곧장 뒤쫓아왔다.

도대체 어찌 된 일인가? 처음에는 무법자들이, 이제는 제3제국이 우리를 뒤쫓다니.

"멈출까요?"

"안 돼요."

톰이 예리한 눈으로 대답했다.

"확실해요?"

"아이들을 다시 보고 싶지 않으세요?"

정곡을 찔렀다.

몇 킬로미터 더 가서, 카레이서 톰은 군 검문소를 그냥 통과해버렸다. 독일 군인처럼 생긴 사람들을 흙먼지 속에 남겨둔 채.

우리는 계속해서 엄청난 경주를 펼쳤지만, 길 아래쪽에서 무장한 군인 여덟 명이 기다리고 있었다. 나는 그들이 바주카포, 기관총, 총알 같은 무기를 군화 속에 숨기고, 주머니에는 수류탄을 가지고 있다고 상상했다. 아무래도 이번에는 멈추는 게 좋을 것 같았다.

아직 트럭이 완전히 서지도 않았는데, 루이스가 뒤쪽에서 뛰어내렸다. 곧이어 군복을 입은 사내들이 무기가 드러나는 것을 두려워하지도 않고 트럭을 에워쌌다. 사랑은 시기하지 않는다. 하지만 그 순간만큼은 토드와 톰을 제외한 세상 모든 사람이 부러웠다.

이제 통역사 역할을 맡은 루이스가 우리에게 말했다.

"트럭에서 내리랍니다."

아이고, 트럭에서 내리라니. 가속 페달을 밟고 줄행랑을 쳐서 후방 공격을 받을 것인가, 아니면 정면으로 총살 부대를 대면할 것인가? 말대꾸하지 말고 그냥 하라는 대로 하자. 그들은 우리를 줄지어 나란히 세웠다.

사령관은 무릎까지는 딱 달라붙고 허벅지 부분이 부푼 바지에, 훈장을 단 울 코트를 입고 있었다. 그는 한 손에 단장을 들고 우리 앞을 지나갔다. 표정이 썩 좋지 않은 것으로 보아 군화가 너무 꽉 쪼이는 게 틀림없었다.

그가 루이스에게 큰소리로 뭐라고 말하자 루이스가 대답했다. 두 사람이 말을 주고받는 사이, 나는 고등학교 때 스페인어를 수강하다 만 것을 후회했다.

"여권을 모아서 저 사람에게 주세요."

잠깐만. 안 될 말이다. 여권을 건네는 순간, 그가 우리를 죽이고 장기를 꺼낸 다음에 우리가 존재했다는 흔적을 완전히 불태울 것이다. 그런 일이 있어서는 안 된다. 우리는 각자 여권을 꺼내 들었다. 나는 다른 이들에게 속삭였다.

"절대 여권을 넘겨주면 안 돼요."

사령관이 뭐라고 또 소리쳤다.

나는 무작정 "노"(No, 아니오)라고 말했다. '노'는 내가 아는 스페인어 열두 개 중 하나다. 나머지 열한 개는 타코 메뉴 이름이다.

또다시 고성이 들렸다.

"노."

진짜 용감하거나 진짜 어리석거나 둘 중 하나였다. 둘 중 어느 쪽인지 아는 데는 그리 오래 걸리지 않을 터다. 루이스가 끼어들었다.

"그냥 여권을 건네주시지요."

"노."

"하지만요." 사령관이 내 얼굴 가까이에 대고 큰소리를 해댔다. 흠, 아침에 카페 콘레체(스페인에서 즐겨 마시는 '우유를 넣은 커피'-역자 주)와 빵을 먹었군. 루이스가 다시 재촉했다.

"사모님, 사모님, 그냥 주시죠."

"노."

여권은 잠시 잊고, 사령관이 질문을 퍼붓기 시작했다.

"어디서 왔습니까? 어디로 갑니까? 가족이 있습니까?"

마지막 질문은 그냥 내 머릿속에서 나왔는지도 모르겠다. 잠시 쉬었다가 그는 다른 명령을 내질렀다.

"트럭을 다 비우라고 하십니다."

이 사람, 권력에 굶주렸나? 좋다. 없으면 나를 이 나라에서 내쫓을 신분증보다는 차라리 내 더러운 옷가지들을 가져가라지. 모든 물건을 길에 늘어놓자, 여덟 사람 중에 넷이 가방과 연장통, 배낭을 일일이 검사했다. 더러워진 내 작업복들을 담은 쓰레기봉투를 열어본 사내에게 나는 시기하는 마음도, 안됐다는 마음도 들지 않았다.

루이스가 나를 한쪽으로 데려갔다.

"저 사람에게 돈을 주세요."

"뭐라고요? 왜요?"

"돈을 안 주면 풀어주지 않을 겁니다."

"저 사람은 내가 감당할 수 있어요."

"하지만 사모님."

"사모님은 무슨."

루이스와 뇌물과 '사모님' 소리에 지친 내가 비아냥거렸다.

드디어 수색이 끝나고 우리는 다시 트럭에 물건을 실을 수 있었다.

"루이스, 이제 다 됐으니 우리는 그만 가겠다고 말해요."

"사모님, 저는 그렇게 말 못 합니다."

아니, 갑자기 스페인어를 다 까먹기라도 했나?

"다 끝났으니 우리는 가 보겠다고 그냥 말씀하세요."

"저기, 사모님….."

"루이스, 당장 그렇게 말하세요."

루이스가 통역하니 사령관이 가까이 다가왔다. 나는 마치 〈쥬라기 공원〉 속 소녀가 된 것만 같았다. 티렉스가 소녀의 샴푸가 딸기향인지 벚꽃향인지 알아내려 하자, 앨런 그랜트(Alan Grant)는 소녀에게 "꼼짝 말고 있어"라고 말한다. 나는 그냥 사령관의 두 눈을 뚫어져라 쳐다보았다.

내가 눈싸움에서 이기자, 그는 가도 좋다는 뜻으로 손짓을 했다. 두 번 손짓할 필요도 없었다. 우리는 곧바로 차에 올라 떠났다. 루이스는 남았다. 사령관과 함께 도미노 게임을 할 사람이 필요했는지도 모른다.

차를 몰고 나오는 우리는 마치 감옥에서 20년 형을 살다 가석방된 기분이었다. 그때 트럭을 가득 채웠던 환희는 대형 체육관을 채우고도 남았을 것이다.

나중에 톰이 말했다.

"킴이 다시 이 일을 해주신다면, 저는 만 달러를 드릴 용의가 있습니다."

그는 난생처음 비행기에서 뛰어내렸을 때보다 열 배는 더 가슴이 뛰었다고 말했다. 나한테는 좋은 소식이다. 이제 스카이다이빙은 하지 않아도 될 것 같으니 말이다.

시기가 우리를 멘붕으로 만들고, 우리 길을 막고, 우리 목을 칠 뻔했다. 오토바이 택시 기사들은 돈을 더 원했고, 사령관은 뇌물을 기대했다. 나도 시기심이 들었다. 세상 모든 사람이 부러웠다. 지금 이 상황만 아니면 어디라도 좋을 것 같았다. 하지만 나는 사랑하고, 사랑은 시기하지 않는다. 나는 내가 부러워한 것들과 내 상황을 바꾸지 않을 것이다. 그렇게 되면, 나 대신 다른 사람들이 유괴나 그보다 더한 상황을 겪어야 하니 말이다.

나는 사랑한다. 그러니 다른 누구라도 그런 상황을 겪게 하고 싶지 않다. 시기하지 않는 사랑은 고통이 없는 사람을 부러워하느니 차라리 그 고통을 겪으려 한다.

시기하지 않는 사랑은 다른 사람의 성공을 순전히 기뻐하고 감탄하며 감사해한다. 진심으로 응원하고 함께 축하한다.

미담으로 위장한 시기

시기하지 않는 사랑을 배우려고 애쓰다 보니, 주변에서 온통 시기만 눈에 들어왔다. 내가 어떤 사람에 대한 흥미진진한 사실을 꺼내거나 가식적인 동정을 표현하면서 상대방의 단점이라고 간주한 것에 대해 내 의견을 제시하려 했을 때, 그것은 사랑과는 아무 상관이 없고 시기심에 불탄 행동에 불과했다.

어떤 소문은 정말로 시기심이 위장한 것이다. 흔히 커피를 마시면서 속닥이는 그 '비밀'이 이야기를 퍼뜨린다. 부러움을 애써 무시하면서 이야기를 살짝 수정하는 것을 정당화하면서 말이다.

"그 사람들 큰 집으로 이사한다는 소식 들었어요? 집이 커도 너무 크더라고. 누가 그 많은 방을 다 관리한담?"

당신과 나를 포함한 많은 사람들이 크고 멋진 집을 좋아할 것이다.

"그 집 아들이 하버드 대학교에 합격했다면서요? 고등학교 다닐 때 엄마가 온갖 숙제를 다 해줬다나 봐요."

개인적으로 하버드 측에 물어본 적은 없지만, 아마도 엄마가 지원 서류를 써줬다면 입학 허가는 받지 못했을 것이다.

"그 여자는 단 한 번도 제 시각에 나타난 적이 없어요."

진짜다. 사람들이 그녀를 얼마나 좋아하는지, 볼 때마다 붙잡고 말을 걸어서 그렇다.

"그 집은 휴가에 돈을 너무 많이 쓰는 것 같아요. 낭비도 그런 낭비가 없다니까요."

낭비라니? 아니다. 휴가는 매일 침대를 정리할 필요 없이 추억을 쌓는 것이다. 나는 열 살 때 우리 집 거실에 있던 소파는 기억나지 않지만, 가족들과 함께한 신나는 캘리포니아 여행은 똑똑히 기억한다. 나는 배우 아네트 푸니셀로(Annette Funicello)처럼 미키마우스 머리띠를 하고 디즈니랜드를 활보했다. 길거리 캐스팅이 될 것이라는 확신이 있었기 때문이다.

다른 사람의 성공과 재능, 인기를 부러워할 때 우리가 내뱉은 이야기들이 말로 상처를 만든다. 새로 뽑은 차, 자녀의 대학 입시를 도와준 부모, 승진 등은 모두 괴물 같은 시기심을 은폐하는 수다의 재료라고 할 수 있다. 포비치 가족이라면 그런 일은 하지 않을 것이다.

긴 다리, 튼튼한 모발, 높은 광대뼈처럼 사소한 것들을 시기하면, 내 사촌 셰리나 친구 킴벌리, 혹은 소피아 로렌(그녀는 알 리 없지만)을 온전히 사랑하지 못하게 방해할 수 있다. 명예나 재산, 권력처럼 중요한 것들을 향한 시기는 다른 사람들의 재능을 인정하지 못하게 막을 수 있다.

자유하게 하는 사랑

시기는 구속이다. 당신을 결박하고 억압한다. 시기는 행복을 빼앗고 만족을 앗아가는 괴물을 만든다. 시기하지 않는 사랑은 당신을 해방하여 온전히 사랑하게 만들어준다. 상대의 결점을 찾거나 바라지 않고, 다른 사람을 진심으로 사랑하고 인정하는 것이다.

시기하지 않는 사랑은 우리가 외모나 재산, 명예 같은 물리적인 것만 보게 만드는 덮개를 걷어내며 우리 눈을 열어서 내면과 마음, 생각과 영혼을 보게 해준다. 시기하지 않는 사랑은 다른 사람을 있는 모습 그대로 사랑한다. 특별하고, 독특하고, 가치 있는 존재 자체를 보게 해준다. 시기하지 않는 사랑은 당신이 가진 것, 곧 가족과 친구들, 당신의 진정한 보물에 만족한다.

"더도 말고 덜도 말고 자신의 모습 그대로 만족하는 너희는 복이 있다. 그때 너희는 돈으로 살 수 없는 모든 것의 당당한 주인이 된다"(마 5:5, 메시지).

시기하지 않는 사랑은 결점을 찾거나 망하기를 바라거나

잘못을 찾으려 하지 않고 진심으로 사랑한다. 순수하고 진정한 진짜 고린도전서 13장 사랑은 상대의 소유나 과거나 유튜브 팔로워 숫자에 상관없이 모든 사람을 사랑한다. 시기하지 않는 사랑은 단 하루도 그런 것들에 시간을 뺏기지 않는다. 시기하지 않는 사랑은 그저 사랑한다.

이것은 생각의 변화이고, 그것을 실천하는 것은 또 다른 문제다. 시기심이 내 길을 막고 관계를 망치며 내 삶의 궤적을 멈춘 적이 얼마나 많았던가?

나이를 먹을수록 시기심은 더 추해진다. 시기하지 않는 사랑은 앙심이나 악의를 품지 않고 인정하고 감탄한다.

연구에 따르면, 소셜 미디어를 많이 사용하는 사람일수록 자기 삶을 더 안 좋게 느끼는 경향이 있다고 한다. 소셜 미디어에서 친구의 성공이나 유유자적한 생활을 보면 기분이 가라앉는다. 쫙 가라앉는다. 그런 현상에는 한 가지 이유밖에 없다. 시기심이다. 시기심 없는 세상을 상상해보자. 페이스북 친구의 글과 사진을 보고 이렇게 생각한다고 상상해보자.

'나만 이게 뭐야' 대신에 '와! 정말 잘됐네'라고.

나는 좋은 일에는 한계가 없다고 생각한다. 친척 모임에 가면 모든 식구가 외숙모의 특별한 케이크를 먹고 싶어 한다. 하지만 줄을 늦게 서면 남는 게 없을 수도 있다. 후식과 달리, 선행이나 성공, 함께 축하할 순간에는 제한이 없다. 결혼해서 잘 사는 친구를 시기하면서 보면, 제한된 기회라는 관점에서는 멋진 결혼 생활이 하나 사라져 나한테는 손해일지 모른다.

그러나 시기는 우리를 속인다.

시기하지 않는 사랑은 자유를 준다. 그렇게 사랑하면, 이웃을 따라잡으려고 애쓰기보다 그들을 사랑하고 집에 초대하여 외숙모의 케이크를 나누어주게 된다. 누구도 시기하며 어울리고, 시기하며 휴가를 가고, 시기하며 축하하고 싶어 하지 않는다. 사람은 누구나 사랑받기 원한다.

사랑은 카세트테이프나 타자기처럼 한물간 것이 아니다. 사랑은 토머스 킨케이드(Thomas Kinkade)의 그림이나 험멜(Hummel)의 조각상처럼 번호를 매기지 않는다. 한정판도 아니고, 특별 제작품도 아니며, 금고에 보관하지도 않는다. 사랑은 끝이 없다. 시기하지 않는 사랑은 진품이다. 그 사랑의 찬사는 진심이고, 그 칭찬은 정당하다. 시기하지 않는 사랑은 순수하다. 그 사랑은 진실하고 신성하며 타당하다. 그것은 진짜 사랑이다.

"주님, 제가 시기심 때문에 조건 없이 온전히 사랑하지 못했습니다. 제 있는 모습 그대로에 만족하고, 모든 사람을 있는 모습 그대로 사랑하는 법을 가르쳐주세요."

Love is

A Yearlong Experiment of Living Out 1 Corinthians 13 Love

chapter 4

사랑은,
자랑하지 않는 것

자랑이라. 이번에도 그다지 좋게 들리지 않는 단어다. 솔직히 말해서, 어감이 아주 안 좋다. 그런데 자랑이 사랑과 무슨 관계가 있을까?

"소문난 잔치에 먹을 것 없다"라는 속담이 있다. 얼마나 우스우면서도 맞는 말인가! 자랑하고 떠벌리고 으스대고 뽐내고 과시하고 내세우고 자화자찬하고⋯. 아니, 안 그런 사람이 어디 있는가?

내 손주들 사진을 보고 싶다면? 얼마든지! 내 손주들이 그린 그림 사진은 어떤가? 그것도 얼마든. 당신에게 약간의 시간 여유가 있어서 코델리아가 첼로 켜는 소리를 듣거나 에바야가 그린 그림들을 모은 동영상을 보거나 로즈메리가 트램펄린에서 노는 멋진 모습을 보고 싶다고 하면, 난 그냥 핸드폰만 꺼내면 된다. 그렇게 해서 당신을 몇 시간이고 즐겁게 해줄 수 있다.

할머니가 된다는 것은 할머니들 모임을 전전한다는 뜻이다. 한 할머니가 핸드폰으로 손을 뻗는 순간, 다들 가방을 뒤적여 손바닥만 한 화면이 달린 장치를 꺼내 최대한 빨리 버튼을 누르기 시작한다. 다른 할머니들에게 뒤처지지 않기 위해서다. 우리 집안에는 손자 손녀가 많은 만큼 내 핸드폰에는 놀랍고 재미난 것들이 많이 저장되어 있다.

사랑은 자랑하지 않는다지만, 나는 자랑한다. 내 자식의 자식이나 새 차를 자랑하거나 최근에 한 똑똑한 투자에 대해 말하고 싶은 마음이 잘못은 아니지 않는가? 듣는 사람도 거기에 끼고 싶어 할지 모를 일이다. 자랑하는 내용이 현명하거나 연관이 있거나 강력하기만 하다면, 이것도 일종의 호의요 선물이요 나눔이지 않을까? 하지만 바울은 그것은 사랑이 아니라고 말한다.

자랑은 다른 사람을 깎아내린다

돈이 한정된 아이티에서는 부실 공사가 많았다. 건물에 필요한 양질의 철근이나 콘크리트, 다림줄이 부족했다. 2010년의 지진으로 그런 건물 중 다수가 35초 만에 무너져버렸는데, 거기에는 '예수님의 아이들 고아원'(Children of Jesus Orphanage) 건물도 두어 개 포함되어 있었다.

내 좋은 친구 레슬리 틸루스(Lesley Tilus)가 포르토프랭스

외곽 크루아 데 부케(Criox-des-Bouquet)에서 고아원 겸 학교를 운영하고 있다. 지진 이후로 큰 방수포가 아이들의 첫 쉼터가 되어주었는데, 얼마 못 가 비바람에 찢어져버렸다. 그다음에는 대형 군용 천막을 기부받아서 얼마간 사용했다.

"새는 조금씩 둥지를 짓는다"라는 아이티 속담처럼 레슬리는 조금씩 건물을 다시 짓기 시작했다. 맨 처음에는 돔 건물에 시멘트 벽돌을 쌓아 공간을 둘로 나누어서 한쪽에는 남자아이들을, 다른 한쪽에는 여자아이들을 재웠다. 그다음에는 합판에 못을 박아 교실을 짜 맞추었다.

하지만 비가 올 때마다 운동장이 침수되는 바람에 아이들이 놀 공간이 전혀 없자 트럭에 흙을 실어 와서 운동장에 채웠다. 그때 삽질하다가 얻은 흉터가 아직도 남아 있다. 내 크리올어 실력이 부족한 탓에 트럭 기사들에게 천천히 앞으로 이동하면서 흙을 내려달라고 말할 수가 없었다. 그랬으면 참 편했을 텐데 말이다. 쌓인 흙더미에서 아이들이 모래성 놀이를 하는 동안, 내 손의 물집은 점점 더 커졌다. 운동장에 흙을 쌓고 콘크리트를 부은 후에야 아이들에게 다시 놀 곳이 생겼다.

백 명 남짓한 아이들이 야외에서 밥을 먹었다. 식사 시간에 하늘을 나는 새들에게서 흰 덩어리가 떨어지는 일이 비일비재했는데, 밥과 콩 바로 위에 떨어지는 일도 적지 않았다. 아이들에게 편히 밥 먹을 공간을 마련해주는 것을 다음 프로젝트로 삼았다.

기금을 마련한 나는 미국에서 몇 분을 모셔왔다. 도미니카 공화국에서 지내던 내 아들 크리스티앙도 국경 너머에서 몇 명을 더 데려왔다. 새가 들어오지 못하도록 지붕을 얹은 다목적 공간을 짓기 위해서다.

도미니카공화국 라이트하우스 프로젝트의 크리스티앙 팀원들은 학교와 정수장, 주택, 담장 등을 지었다. 하나같이 튼튼한 건물이라서 대자연이 어떤 공격을 해와도 끄떡없다고 크리스티앙은 말한다. 하지만 그의 엄마인 나와 달리, 그는 자랑하는 것이 아니다.

지붕 짓기 프로젝트에 참여한 크리스티앙의 팀원 중에는 산토도밍고 외곽의 크리스티앙 집 가까이에 사는 아이티 사람 로바 목사도 있었다. 프랭클린과 현장 감독 펠릭스도 국경을 넘어 참여했다. 웬일인지 도미니카공화국에서 이 사람들을 내보내주었고, 아이티에서는 이들을 들여보내 주었다. 물론, 쉬운 일은 아니었다.

미국 스태프인 톰과 토드는 영어를 한다. 프랭클린과 펠릭스는 스페인어를 한다. 로바 목사는 스페인어와 크리올어를 하고, 크리스티앙은 스페인어와 영어에 능통하며, 레슬리는 프랑스어와 크리올어를 자유자재로 구사했다. 나는 영어와 약간의 라틴어를 한다.

자재가 도착한 후에 우리 팀은 계획을 세우기 시작했는데, 현장에 도착한 레슬리는 썩 만족스럽지 못한 듯했다. 그러더니 처음으로 토대에 시멘트를 부으려 할 때 레슬리가 소리쳤다.

"잠깐만요. 철근이 너무 많아요."

그의 크리올어를 로바 목사가 스페인어로 통역하고, 크리스티앙이 다시 영어로 통역했다.

"허?"

내 영어는 순식간에 스페인어와 크리올어로 전달되었다. 사실 "허?"는 모든 언어에서 거의 통하지 않는가.

"양이 너무 많습니다. 당신들이 건물 하나에 사용하려는 자재 정도면 우리는 건물 두 개를 올릴 수 있어요."

크리올어가 스페인어가 되고, 영어로도 간신히 전달되었다.

평소 크리스티앙은 스스로 준비가 철저하다고 말하고, 항상 옳다고 생각하는 편이다. 도미니카공화국의 건축 방식을 잘 알았던 그는 아무 거리낌 없이 레슬리가 틀렸다고 말했다.

레슬리에게 크리스티앙이 건축 전문가라는 것을 알려주려다 보니 스페인어가 많아지면서 점점 소리가 커졌고, 그 사이에 크리올어는 점점 더 빨라졌다. 나는 몇 초마다 끼어들어서 오가는 말을 확인했다.

"저 친구가 뭐라고 했나요? 지금 무슨 말씀을 하신 거죠? 잠깐만요, 뭐라고요?"

내게는 짤막한 답만 돌아왔다.

"자기가 뭘 하는지 모르는 것 같아요."

"저 사람이 지은 건물들이 무너졌대요."

"그냥 우리가 일하게 내버려 둬야 해요."

크리올어에서 스페인어로, 스페인어에서 크리올어로 말이

왔다 갔다 날아다니면서 분노가 치밀어 오르고 숨이 가빠진다. 닭싸움이 막 시작되려는 찰나, 내가 중간에 끼어들었다.

"그만! 도대체 무슨 일이에요?"

"레슬리가 우리가 생각하는 방법으로 건축하는 걸 원치 않는다네요. 저는 안 좋은 건물은 짓지 않습니다. 내 방식대로 하든지, 아니면 관두든지 하세요."

가끔은 통역사도 약간의 재량을 사용하여 원문을 토씨 하나까지 일일이 옮길 필요가 없을 때도 있다. 이 다정한 목사는 말의 속도를 따라가는 데 급급하여 그 말이 어떤 파장을 미칠지 생각할 틈이 없는 듯하다.

"도미니카공화국에서 그렇게 한다고 해서 그 방식이 꼭 옳다는 법은 없습니다."

레슬리가 반박했다.

싸움을 거는 말들이 오갔다. 크리스티앙은 〈벅스 버니〉(Bugs Bunny)의 요새미티 샘이 화를 낼 때처럼 얼굴이 빨개지면서 귀에서 연기가 나기 시작했다.

로바 목사가 레슬리의 말을 통역해주었다.

"나는 이 분야 전문가이고, 수많은 건물을 지었습니다. 당신들은 지금 내 나라, 내 땅에 있습니다."

좋은 지적이네요, 레슬리.

그 말을 들은 크리스티앙은 계속 연기를 내뿜으며 말했다.

"상관없습니다. 쓰레기 같은 건물을 올리느니 그 전에 집으로 돌아가겠습니다. 우리는 기술자가 만든 계획과 설계도대로 일합니다. 기술자가 건넨 목록에 기초해서 자재를 구매하고, 기술자가 기대하는 방식으로 건물을 짓습니다."

레슬리도 조금 열이 올라서 이렇게 말했다.

"제가 기술자입니다."

그 말에 모두 입을 꾹 다물었다.

아이고, 세상에. 도미니카인들과 미국인들이 서로 으스대면서 자신의 업적과 기술을 자랑하는 모습이라니. 그 와중에, 학사 학위를 지닌 친절하고 자상한 기술자 레슬리는 자신이 무슨 말을 하고 있는지 정확히 알고 있었다. 우리는 레슬리에게 사랑을 제대로 표현하지 못했다.

언젠가 마크 트웨인(Mark Twain)이 이렇게 말했다.

"암탉은 달걀 하나 낳고서 마치 소행성 하나를 낳은 것처럼 *꼬꼬댁거린다*."

크리스티앙의 *꼬꼬댁* 소리 때문에 하마터면 건물도 짓지 못하고 아이들은 계속해서 새들 밑에서 밥을 먹어야 했을 것이다. 뭔가 다른 접근법이 필요해 보였다.

우리가 레슬리에게 그가 받아 마땅한 사랑, 자랑하지 않는 사랑을 보여주었다면, 더 짧고 차분하게 대화를 진행할 수 있었을 것이다.

더 나은 게 아니라 다를 뿐이다

우리의 행동은 자랑처럼 보이지 않았다. 나쁜 종류의 자랑, 나머지 사람들의 기를 죽이는 자랑은 아닌 듯했다. 하지만 실은 그랬다. 그런 사람은 자랑으로 남보다 더 높아진다.

우리 아빠가 네 아빠보다 힘이 세다. 내 성적이 네 성적보다 높다. 내가 너보다 더 예쁘다(크게 떠벌리진 않지만).

당신이 더 힘세고 더 똑똑하고 더 예뻐지는 순간, 다른 사람은 더 약하고 더 멍청하고 더 평범해진다. 자랑 때문에 남들이, 다른 사람이 당신을 떠받들게 된다. 어떻게 그게 사랑일 수 있을까?

성경은 자랑에 대해 굉장히 많이 언급하는데, 대부분은 좋지 않은 내용이다. 예레미야는 자랑하는 사람을 어리석다고 하고, 에스겔은 자랑하는 사람은 악하기에 끌어내려야 한다고 말한다. 사람들은 대개 돈과 권력, 지위를 자랑한다. 지위라니! 모든 사람은 같은 지위를 지니지 않는가? 우리 모두는 하나님의 형상대로 창조되었고, 모두 동등하게 창조되었다. 토머스 제퍼슨(Thomas Jefferson)도 왕족으로 태어난 사람과 평민으로 태어난 사람이 따로 있다는 신념을 폐기하면서, 미국 독립선언문에 그 점을 지적했다. 지금 내 옆에 있는 사람보다 더 고귀한 사람은 아무도 없다. 모든 사람이 왕족이거나 모든 사람이 평민이다. 나라면 모두가 왕족이라고 생각하는 편을 택하겠지만 말이다.

성경을 읽으면 읽을수록 자랑은 더 추악하고 분열하는 양상을 띤다. 물론, 사랑은 자랑하지 않는다. 그 점은 너무 확실해졌다. 사랑은 모든 사람이 똑같은 가치를 지녔다고 믿는다. 사랑은 비교하지 않고 스스로 높이지 않는다. 자랑하지 않는 사랑은 겸손하다. 자랑하지 않는 사랑은 남보다 나은 게 아니라 그냥 다를 뿐이다. 이렇듯 차이를 인정하면 훨씬 더 양질의 대화와 인정과 인식이 가능하다.

열기가 잦아들자 우리는 아이티 사람들과 나란히 일하기 시작했다. 서로 배우고, 서로를 인정했다.

이후로 며칠 동안 건축보다 훨씬 더 큰 일이 벌어졌다. 도미니카 사람과 아이티 사람 사이에는 어떤 편견이 있었다. 아이티에는 일자리도, 학교도, 기회도 적기 때문에 많은 사람이 더 나은 삶을 찾아 국경을 넘는다. 도미니카공화국에서 가장 가난한 동네에 아이티 사람들이 산다. 아이티 사람들은 설탕 농장과 커피 농장에서 노예처럼 일한다. 도미니카 사람들은 아이티 사람들을 얕잡아보는 경향이 있었다.

그러나 그들은 함께 일하면서 서로의 언어를 조금이나마 배우고, 몸짓으로 의사소통하면서 인종차별의 벽을 무너뜨렸다. 펠릭스는 레슬리의 회사와 가족, 가장 좋아하는 축구팀과 그의 꿈에 대해 알게 되었다. 패트릭은 어쩌다 보니 아이티에서 태어났을 뿐, 우리와 똑같은 인간이라는 것을 알게 되었다. 펠릭스도 마찬가지였다. 사실 우리 모두가 그랬다.

자랑은 편을 가른다
자랑은 긴장을 불러온다. '다르다'가 '낫다'가 된다. 민주당 지지자와 공화당 지지자, 흑인과 백인, 도미니카인과 아이티인. 하지만 우리 각 사람은 이름과 어머니, 자기 인생, 좋아하는 것과 싫어하는 것, 열정과 신념을 지닌 개인이다. 우리의 정치 성향과 사는 동네, 피부색은 우리 개인의 이야기를 들려주지 않는다.

나는 누군가가 한 집단 전체를 멍청하다거나 추하다거나 그들을 남보다 못하다고 취급하는 무언가로 표현하는 소리를 들으면 온몸에 소름이 돋는다. 민주당 지지자들이 공화당 지지자들을 싸잡아 '멍청이'라고 몰아세우는 이야기를 얼마나 자주 듣는가? 공화당 지지자들이 민주당 지지자들을 모두 '바보 천치'라고 하는 경우는 어떤가? 한 사람도 예외 없이 모두를 가리켜 말이다.

그들은 인간성을 말살한다고 말한다. '그들'은 나쁘다, '그들'은 멍청하다, '그들'은 악하다. 하지만 그렇지 않다. '그들'이 아니다. '그들'이란 건 없다. 대니, 야켈, 앤, 나탈리가 있을 뿐이다. 똑같은 두 사람은 없다. 각자 부모가 붙여준 이름으로 불린다. 그 밖의 다른 단어는 모두 우리가 사람들에게 붙인 꼬리표다.

정치만 그런 것이 아니다. 나는 가톨릭 신자인 부모님과 침례교 신자인 친척들이 큰소리로 논쟁하는 소리를 들으면서 자랐다. 친척들은 우리 부모님이 '거듭나지' 못했기 때문에 두 사람의 영혼을 구원해야 한다는 일종의 의무감을 느꼈던 것 같다. 우리 부부는 몇 해 동안 순복음교회에 다녔고, 몇 해 동안 다른 교파 친구들에게 가톨릭 신앙을 변호하고 설명해야 했다. 우리는 모두 같은 하나님을 사랑한다. 같은 믿음을 가졌다. 예수님이 메시아요, 하나님의 아들이요, 삼위일체 하나님의 한 분이시라고 믿는다. 그런데도 부차적인 문제들을 놓고 언쟁을 벌이고, 공통의 진리보다 사소한 차이점들에만 집중하여 서로 오해하는 경우가 많다.

만일 하나님이 우리를 위하시면 누가 우리를 대적하겠는가? 바로 우리다! 그리스도인들 사이에 분열이 심각하다. 그 다음에 정치가 머리를 들이밀면, 이제는 진짜 가까이하기 어려운 사이가 된다. 특정 당에 표를 던지는 사람은 그리스도인이 아니라고 주장하는 그리스도인들이 생기는 것이다. 어떤 사람이 모든 진리와 의를 독점하고 있기 때문인가?

투표와 교단, 배우자 선택을 두고 가족 관계와 친구 사이가 깨진다. 의견이 달라도 서로 사랑할 수는 없을까? 수십 년간 유지한 관계가 다음 대통령보다 더 중요하지 않은가? 피부색이 유산과 역사 이상을 의미한다거나 멜라닌 색소 양이 그 사람의 지능이나 도덕, 가치를 결정한다는 사고는 얼마나 무지한가? 다르다는 것은 그냥 다른 거다. 한 사람이 다른 사람보다 낫지 않다. 차이를 허용하고 인정하고 찬양하는 것이 자랑을 물리친다.

온 세상 사람은 모두 사람일 뿐이다. 나는 무슬림을 두려워하는 사람들과 이야기해봤다. 하지만 무슬림은 나름의 신념을 가진 개인일 뿐이다. 그들 모두가 빈 라덴은 아니다. 그리스도인이 각자 나름의 신념을 지닌 개인인 것처럼 말이다.

그리스도인이라고 해서 모두 다 맹신자는 아니다.

특정 직업이나 국적을 가졌다고 해서 그들이 모두 온라인에서 유명해진 비디오에 등장하는 끔찍한 일을 저지른 사람이라고 가정하는 일을 멈춘다면, 우리는 비디오에 나온 사람이 일반적인 경우가 아니라 특별한 예외라는 것을 깨닫게 될 것이다.

우리가 아무 생각 없이 제시한 기준에 기초해 판단하지 않고, 상대를 이름으로, 개인적으로 알게 된다면 많은 것이 변할 것이다. 우리 모두가 한 걸음 더 나아가 다른 신념이나 관습, 문화유산을 가진 사람을 정말로 사랑하는 세상을 상상해보자.

하나님이 우리에게 말씀하시고, 지시하시고, 명령하신 대로 사랑하자. 사랑은 율법을 성취한다. 사랑이 있는 곳에 범죄가 없다. 사랑이 있는 곳에 인종차별이 없다. 사랑이 있는 곳에 귀천이 없다. 우리는 동등한 존재다. 아무도 높거나 낮은 이 없이 모두 하나님의 형상대로 창조되었다.

내 친구가 이런 말을 한 적이 있다.

"좋은 것도 아니고 나쁜 것도 아니야. 그냥 다를 뿐이지."

사랑이 자랑하지 않는 세상을 상상할 수 있는가? 차이라는 아름다움을 끌어안을 때 열린 의사소통과 대화가 가능해지는 세상, 아무런 판단과 비판 없이 사람들이 솔직하게 나눌 수 있는 그런 세상.

예수님이 '서로 사랑하라'라는 말씀 다음으로 가장 즐겨 하신 말씀은 '판단하지 말라'라는 것이었다. 자유를 이야기하라! 우리는 판사가 아니고, 배심원은 더더욱 아니다.

나는 유진 피터슨이 번역한 마태복음 7장 1-5절을 좋아한다.

"사람들의 흠을 들추어내거나, 실패를 꼬집거나, 잘못을 비난하지 말라. 너희도 똑같은 대우를 받고 싶지 않거든 말이다. 비판하는 마음은 부메랑이 되어 너희에게 되돌아올 것이다. 네 이웃의 얼굴에 묻은 얼룩은 보면서, 자칫 네 얼굴의 추한 비웃음은 그냥 지나치기 쉽다. 네 얼굴이 멸시로 일그러져 있는데, 어떻게 뻔뻔스럽게 '내가 네 얼굴을 씻어주겠다'고 말하겠느냐? 이 또한 동네방네에 쇼를 하겠다는 사고방식이며, 자기 역할에 충실하기보다는 남보다 거룩한 척 연기를 하는 것이다. 네 얼굴의 추한 비웃음부터 닦아 내라. 그러면 네 이웃에게 수건을 건네줄 만한 사람이 될지도 모른다."

우리가 할 일은 사랑하는 것뿐이다. 그리고 사랑은 자랑하지 않는다.

"주님, 제가 사람들을 있는 그대로 볼 수 있도록 도와주세요. 아름다운 차이점을 지닌 동등한 존재로 볼 수 있게 도와주세요. 내 손주들이나 업적을 너무 많이 자랑하지 않게 도와주세요."

chapter 5

사랑은,
잘난 체하지 않는 것

사랑은 잘난 체하지 않는다. 정말일까? 어쩌면 바울이 이 한 가지는 틀렸는지도 모른다. 사랑은 잘난 체한다. 나는 사랑하고 잘난 체한다. 나에게는 우리 아이들과 손주들, 카드놀이 실력에 대한 자부심이 있다. 내 친구들의 성취와 동료들의 성공, 내 옷 입는 취향에 대한 자부심이 있다. 배구 감독으로서의 기록과 우리 선수들, 내 운전 실력에 대한 자부심이 있다.

하지만 교만은 일곱 가지 대죄에서 1등을 차지한다. 어떤 사람들은 교만 때문에 죽고, 어떤 사람들은 교만을 삼켜버린다. 우리는 교만 때문에 다른 사람에게 사과하거나 도움을 청하려 하지 않는다. 교만은 천사들을 몰아낸다. 교만은 혐오스러운 것이며, 파멸로 이끈다. 교만은 불화에 불을 붙이고, 결혼 생활을 끝장내고, 가족을 갈라 세우며, 전쟁을 일으키는 연료다.

오만과 교만은 이란성 쌍둥이다. 둘은 꽤 가까이 지내는 터라 같은 구절에 등장하거나 사람들이 둘을 서로 혼동하는 때가 많다.

교만은 자랑처럼 다른 모든 죄를 부추긴다. 자랑이 없으면, 교만은 목소리를 내지 못할 것이다. 교만은 사람들의 마음을 엉클어뜨리고 사로잡는다. 대립하는 사상과 관점, 신념은 모두 교만으로 나타난다. 그리고 "나는 당신보다 더 똑똑하고 더 많이 알고 더 깨어 있다"라면서 자랑이 그 자리를 이어받는다. 논쟁이 이어지고 목소리가 커지면 사람들은 귀를 닫아버린다.

겸손은 교만의 반대다. 겸손은 입을 열기 전에 먼저 귀를 연다. 사람들은 겸손한 마음, 겸손한 태도에 귀를 기울인다. 겸손은 큰소리를 내거나 비난하지 않는다. 겸손은 온화하고 겸허하게 듣는다.

내 친구 짐 윌슨은 겸손이 흘러넘치는 사람이다. 그는 부지불식간에 인내하는 사랑의 전형으로 드러났다. 많이 똑똑하고 많이 알고 많이 깨어 있는 우리 집안에서는, 오래 산 사람일수록 더 귀를 기울이지 않는다. 짐 정도의 나이면 우리 집에서는 만물박사 수준이다.

짐은 항상 열린 마음의 소유자였다. 그에게는 신념, 강력한 신념과 의견과 경험이 있었다. 그런데도 그가 다른 사람의 이야기를 충분히 들은 다음에 말하는 동안, 그의 마음이나 생각이나 귀에서는 조금이라도 교만을 찾아볼 수 없었다.

짐은 몇 년 동안 십대선교회(Youth for Christ)와 함께 전 세계를 돌면서 사역한 후에, 기독교 인도주의 단체 케어포스를 시작했다. 자기 나라에서 어려움에 처한 이들을 도우려는 열정과 사명과 비전을 지닌 사람들과 동역하는 단체였다. 지역민이 해당 지역의 언어와 문화, 진짜 필요를 잘 안다고 믿는 케어포스에서는 자금, 물자, 계획 등 어떤 필요든지 그것을 돕는 일을 지원하면서 늘 자립을 목표로 했다.

나는 도미니카공화국을 처음 방문했을 때 케어포스와 접촉하게 되었다. 그들의 독특한 접근법이 인상적이었던 나는 미국으로 돌아오자마자 연락을 취했다. 일주일이 채 되지 않아 온타리오 주 벌링턴에 있는 그의 사무실에서 그를 직접 만날 수 있었다. 나는 바로 그날, 이사회에 합류했다.

이후로 짐과 그의 다정한 아내 플로와 함께 두어 나라를 방문하여 구호 작업을 할 기회가 생겼다. 짐과 함께 여행하면서 세계 곳곳의 협력 단체에 대한 그의 존중과 친절, 사랑을 목격했다. 그는 절대 "흠, 우리 캐나다에서는…"이라고 말하는 법 없이, 진심 어린 감탄과 존중을 표현했다. 늘 배우고, 늘 성장했다. 많은 경험과 지혜를 소유한 그는 다른 사람들과 나눌 것도 많고 또 기꺼이 나누었지만, 요청이 있을 때만 응했고 항상 조심스럽게 행동했다. 그는 자기 의견을 강요하거나 자기 방법을 밀어붙이지 않았다. 상대가 그의 생각이 더 낫다고 느끼게 하지 않고, 같은 목표에 도달하는 다른 방법이라고 생각하게 한다. 사실, 대부분은 그의 방식이 더 좋았다. 하지만 당신은 그가 그걸 안다는 낌새를 전혀 느낄 수 없었을 것이다.

1999년 12월 16일, 베네수엘라 바르가스주에 갑작스러운 폭우가 내려 홍수로 집이 수천 채 무너졌다. 수만 명이 발이 묶였다. 전기가 잘 들어오지 않는 지역에서 해가 진 이후에 폭풍우가 시작된 터라 미처 대비할 틈이 없었다. 어린아이들은 잠을 자다가 쓸려갔다. 엄청난 홍수가 엄마 품에서 아이들을 낚아챘고, 아이를 구하려다 엄마까지 파도에 휩쓸려가는 일들이 일어났다. 괴물이 그들을 물속에 빠뜨려 죽이려 한다는 것을 알지 못한 채 아버지들은 벽을 붙잡고 식구들을 붙잡았다. 수백만 리터의 물이 흙과 잔해더미를 쓸어가서 일부 지역에는 진흙이 3미터도 넘게 높이 쌓였다. 다리가 무너지고, 건물이 무너졌으며, 차와 시신들이 바다로 떠내려갔다.

사망자만 3만 명, 집을 잃은 사람은 수만 명에 달했고, 수많은 이산가족이 발생했다. 이들은 가족을 찾으려 했지만 영영 못 찾을까 봐 두려워했다.

나는 막내아들과 함께 임무를 띠고 베네수엘라의 수도 카라카스로 날아갔다. 내가 할 일은 어떤 필요가 있는지 살피고, 안전하게 그 필요를 전달할 방법을 찾아서, 실행하는 것이었다.

카라카스는 오성급 호텔과 일성급 거주지가 뒤섞인 복잡한 도시다. 가진 자들과 그렇지 못한 자들이 철저히 분리된 곳이다. 노아와 나는 못 가진 사람들을 멀리하고 가진 사람들이 가는 곳으로만 다니라는 경고를 들었다.

우리가 묵은 호텔과 방은 편안했다. 매리어트 호텔에서는 좀처럼 실망하는 일이 없다. 짐을 풀고 나서, 우리가 가야 할 곳을 찾기 위해 도심으로 나섰다. 하나님은 항상 길을 아시는 것 같다. 다행스럽게도 우리가 탄 택시 기사도 그랬다. 그가 구사하는 약간의 영어와 내가 구사하는 약간의 스페인어로 그럭저럭 말이 통했다. 이후로 며칠 동안 안드레스가 우리 운전사가 되어 이 복잡한 도시를 안내해주기로 했다. 맨 처음 갈 곳은 난민 수용소였다.

사랑은 경쟁하지 않는다

폴리에드로 데 카라카스(Poliedro de Caracas)는 2만 명을 수용한다. 콘서트, 공연, 스포츠 행사 등이 열리는 이 대형 경기장은 1974년에 완공되어, 첫 경기로 조지 포먼(George Foreman)과 켄 노턴(Ken Norton)의 권투 시합이 열렸다. 2회 만에 조지 포먼이 이겼다. 팬들에게는 너무 짧아서 아쉬운 경기였겠지만, 조지와 그의 아들들인 조지, 조지, 조지, 조지, 조지는 여전히 그날의 승리에 흥분을 느꼈다(그들 모두가 당시에 살아 있었다면, 틀림없이 그랬을 것이다).

경기장 주 출입구 바깥으로 나오자 창문과 전신주마다 이름을 적은 종이가 붙어 있었다. 명단과 이름들, 실종자 명단과 생존자 명단이 끝도 한도 없었다. 날마다 도시 곳곳에서 새로운 명단이 도착했다. 부모를 찾으려는 아이들이 가장 먼저 명단 주변을 에워쌌고, 그다음으로는 걱정에 가득 찬 엄마들이 자기 아이의 이름이 있기를 기도하면서 아이들을 뚫고 다가왔다. 그 장면을 생각만 해도 가슴이 메는 듯하다. 낯선 곳에서 낯선 사람들에 둘러싸인 채 10포인트 글자가 빽빽한 명단을 훑어야 하는 아이는 얼마나 끔찍할까. 속수무책으로 다음 명단이 도착하기만을 기다리는 엄마는 얼마나 고통스러울까.

명단은 산 사람과 죽은 사람으로 나뉘어 있었다. 다른 난민 수용소에서 온 명단이 있고, 시체를 매장하지 않고 신원이 확인된 시체 보관소에서 온 명단이 있었다. 눈물과 통곡, 웃음과 기쁨이 모두 우울한 한 노랫가락으로 섞여 들어갔다.

수많은 인파를 뚫고 노아와 내가 문으로 들어서자마자 누가 내 팔을 확 잡아당기는 바람에 바닥에 넘어질 뻔했다. 내 팔을 잡아당긴 아름다운 여성은 그윽하고 우울한 고동색 눈을 하고 있었다.

"미국 사람이세요?"

"맞아요."

"이쪽으로."

메리는 1층부터 시작해서 위쪽으로 고만고만한 공간을 우리에게 소개해주었다. 시멘트 바닥과 모든 벽장, 탈의실, 복도, 심지어 좌석 사이사이에도 매트리스가 촘촘하게 깔려 있었다. 임시로 비어 있는 매트리스가 몇 군데 있었고, 나머지 매트리스들은 의자, 소파, 놀이 공간, 아기 침대, 식탁 등 다용도 목적으로 사용되고 있었다. 매트리스에는 사용자들의 소지품이 놓여 있었다. 사람과 매트리스로 가득한 바닥에 빈 틈이라고는 전혀 없고, 기침하는 사람, 잠자는 사람, 너나 할 것 없이 모두 충격에 빠져 있었다.

노아가 카메라를 꺼내 사진을 찍었다. 그러고 나서 카메라를 돌려서 간이침대에 앉아 있는 세 남자아이에게 사진을 보여준 순간, 사람들을 혼란에 빠뜨린 무거운 안개와 힘겨운 짐이 조금 걷히기 시작했다. 좋아하는 가수를 만난 십대 소녀들처럼 어린아이들이 노아 주변에 몰려들었고, 노아는 계속해서 현대의 경이로운 사진 촬영 기술을 보여주었다. 얼마 안 있어 그곳은 웃음소리로 들썩이기 시작했다. 홍역처럼 전염성 강한 미소가 배꼽 웃음으로 변했다. 어른들도 아이들만큼이나 그 순간을 즐기고 있었다. 웃음은 정말로 영혼의 양약이다.

어떤 남자 혼자서 수천 명을 진료하느라 과로에 시달리고 있었다. 많은 사람이 공기와 물컵, 화장실을 공유하다 보니 스프링클러가 물을 뿜듯이 바이러스가 퍼져나갔다.

이 대단한 남자 곤잘레스 박사와 그의 가족은 다행히 홍수에서 목숨을 건졌지만, 친척 중에 실종자가 있었다. 간호사가 두 명뿐이라 인력이 너무 부족한데 의사는 사람을 구할 시간조차 없었다. 그가 나를 만날 시간을 내준 게 영광이었다.

"어떻게 도와드리면 좋을까요?"

"여기는 환자 말고는 아무것도 없습니다. 항생제, 아스피린, 감기약, 일회용 반창고조차 없네요."

"노력해볼게요."

나는 뭔가 약속하는 것을 아주 싫어한다. 내가 안다는 사실을 안다는 것을 알 때까지는 실제로는 모르는 것이고, 나는 그 사실을 가장 먼저 인정하는 사람이다.

물건을 보내도 부두에서 약탈당하면 아무 소용없다는 사실을 어렵게 터득한 나는 바다로 향했다. 메리가 합류했다. 메리는 택시 운전사보다 영어를 더 잘했고, 두 사람을 합치면 꽤 유창한 실력이 되었다.

피곤에 절은 사내들이 여러 건물 주변에 서 있었다. 항구만 다를 뿐 절차는 똑같다.

"여기 책임자가 누구죠?"

차창을 반쯤 내리고 내가 물었다.

"베 알리."

무슨 말인지는 몰라도 손가락으로 뭔가 가리킨다는 것은 알 수 있었다. 그래서 그쪽으로 갔다. 차창 밖으로 "여기 책임자가 누구죠?" 하고 묻자, 이번에도 뭐라고 하면서 손가락으로 가리켰다.

메리와 노아와 나는 그 손가락 끝에 있는 어딘가 중요해 보이는 건물 안으로 들어섰다. 거기에는 그 건물보다 더 인상적인 제복을 입은 한 남자가 책상 앞에 앉아 있었다.

"당신 상사를 만나고 싶습니다."

그는 어깨를 으쓱하더니 어딘가로 전화를 걸었고, 그의 윗사람의 윗사람의 윗사람이 인상적인 사무실에서 우리를 맞았다.

나는 난민 수용소에 필요한 것들을 설명하고 나서, 내가 할 수 있는 일을 설명했다.

"제가 이 물건들을 구할 수 있습니다. 하지만 그것들을 모두 펠리그로(Peligro)로 보낸다고 약속해주세요."

"그럼요, 그럼요."

그는 내 말을 못 믿는 것 같았다.

"그 의사분께 의약품을 보내겠다고 약속해주셔야만, 필요한 것들을 구할 수 있습니다."

"그럼요, 그럼요."

"아내 분과 아이들은 잘 있습니까?"

내가 슬쩍 떠보았다.

"그럼요, 그럼요."

"그라시아스 앤드 아디오스"(감사합니다. 안녕히 계세요).

우리는 다른 방법을 찾아야 했다. 호텔로 돌아온 우리는 우리 단체에서 그리 멀지 않은, 훨씬 더 큰 비영리 단체에서 온 두어 명과 마주쳤다. 인사를 주고받은 후에, 나는 이곳 사람들을 도울 가장 좋은 방법을 함께 찾아보자고 제안했다. 그

동안의 경과를 들려주는 사이, 그들의 눈은 점점 더 게슴츠레 풀렸다. 내가 이야기를 정말 못 하든가, 그쪽이 정말 피곤하든가 둘 중 하나였다. 공주와 용이 나오는 재밌는 모험담이 아니라는 건 알지만, 나라면 내가 그들에게 주고 있는 정보를 초기에 받았으면 좋았을 것 같다. 1단계와 2단계를 생략하고 3단계부터 시작했으면, 하루는 더 앞서갔을 테니 말이다. 그들은 내 이야기를 대수롭지 않게 여겼다.

흠, 잘난 체인가?

사랑은 교만하지 않다.

나는 그들에게서 사랑을 느끼지 못했다.

마침 우리 가까이에 있던 어떤 사람의 귀에 이 소득 없는 대화가 흘러 들어갔다. 하나님은 너무 멋진 분이시다.

"구호 활동을 오셨나요?"

"네."

"그럼 제 친구를 한번 만나보세요."

좋은 생각 같았다. 처음 만난 사람인데도, 나는 이미 그에게 사랑을 느끼고 있었다.

나는 주차장으로 걸어가면서, 그가 아무 표시가 없는 밴을 운전하고 있거나 차에 타기 전에 내게 사탕을 권한다면 그를 따라가지 않는 게 좋겠다고 결심했다. 하지만 그의 차는 멋진 BMW였고 사탕은 눈에 띄지 않았으므로 노아를 데리고 낯선 나라에서 낯선 사람의 차에 타면서도 매우 안전하다고 느꼈다.

남미의 최고급 호텔 앞에 차를 대는 동안, 그가 집으로 가는 길에 사탕을 권한다고 해도 일단은 따라가 보겠다고 결심했다.

호화로운 호텔 로비에서 우리를 기다리던 오마 비스켈 (Omar Vizquel)은 만면에 웃음과 행복이 넘쳤다. 우리는 마치 사람을 삼킬 듯한 굴 모양 의자에 자리를 잡고 앉았다. 자세를 조금 바꿔 앉으니 자그마한 아이가 아니라 좀 더 어른 같은 느낌이 들었다. 알고 보니 오마는 베네수엘라 출신 야구 선수로, 메이저리그에서 유격수로 뛰고 있었다.

오마는 메이저리그에서 뛰는 모든 남미 선수와 접촉해서 홍수 피해자들을 위한 기금을 모으기 위해 카라카스에서 열리는 소프트볼 게임에 참석해달라고 요청했다. 그러자 한 사람을 제외한 모두가 다 응했다고 한다. 그 한 사람은 이런 경기에 뛰기에는 자신이 너무 거물급이라고 생각했다. 자만. 나중에 그는 약물 복용으로 경기에서 좋은 성적을 낸 것이 발각되어 그의 자부심은 추락하고 말았다. 우리는 오랜 시간 대화를 나누었다. 오마는 전화번호를 건네면서 계속 연락하자고 했다.

집으로 돌아가는 길에 사탕을 주지는 않았다. 사탕을 주었다면 틀림없이 받았을 것이다. 너무 배가 고팠기 때문이다.

다음날에도 비슷한 일이 반복되었다. 메리와 안드레스의 안내로 난민 수용소와 관공서를 더 많이 방문하고 "그럼요"

라는 답변을 더 많이 들었다. 적절한 사람을 만날 수 있는 적절한 문을 찾아다니는 동안, 안드레스와 메리는 온종일 자기 이야기를 들려주었다.

안드레스는 아내와 아직 어린 네 자녀 이야기를 하면서 활짝 웃어 보였다. 그는 사랑에 빠진 남자였다. 둘은 고등학교 때 만나 열여덟에 결혼해서 곧바로 아이를 낳았다. 택시 운전은 안드레스가 가족을 돌볼 만큼 괜찮은 수입을 안겨주었다.

메리는 홍수 이후로 가족 이야기를 꺼낼 수 없었다. 그녀는 날마다 새로운 명단을 뒤졌다. 사망자 명단을 읽을 때는 숨을 죽였고, 다른 수용소의 생존자 명단을 읽으면서는 소리를 내어 기도했다. 홍수 전까지 메리는 여행사 직원으로 일했다. 자기 책상과 전화, 스테이플러가 있는 근사한 사무실에서 근무하는 괜찮은 직업이었다. 일하던 건물이 바다에 휩쓸려 가면서 그녀의 일도 사라져버렸다. 메리는 가족과 집, 수입, 옷 등을 하루 만에, 그 기나긴 끔찍한 하룻밤 사이에 모두 잃어버렸다.

방문한 곳마다 별다른 성과를 얻을 수는 없었지만, 노아와 나는 영원히 마음에 남을 새 친구들을 얻었다.

다음 날 아침까지도 별다른 희망이 보이지 않자 인내심이 바닥나기 시작했다. 집에서부터 이렇게 멀리까지 날아와 도움을 주려 했는데, 계속해서 걸림돌만 만났다.

정오쯤 되자 배가 고프고 짜증이 났다. 너무너무 배가 고팠는데 그것도 내 결심에 일조했다.

'주 예수님, 뭐라도 해야겠어요.'

"이만하면 됐어요. 궁으로 갑시다."

"궁이요?"

메리가 어리둥절해서 물었다.

"궁에는 왜요?"

"대통령을 만날 겁니다."

안드레스는 '이 여자가 미쳤군' 하는 표정으로 나를 보더니, 차를 돌려 대통령궁으로 향했다.

제복을 입고 총을 든 덩치 큰 사내가 입구에서 우리를 막아섰다. 근엄한 표정은 그다지 우리를 반기는 것 같지 않았다.

"킴 소렐이라고 합니다. 대통령을 만나러 왔다고 전해주세요."

통역을 통해 말이 오갔다. 무장한 사내가 경비 초소로 들어가 전화를 걸더니 출입구를 열어주었다.

대통령에게로 향하는 문

"하나님은 문을 닫으실 때 어딘가에 창문을 열어 두신다."

〈사운드 오브 뮤직〉에서 줄리 앤드루스(Julie Andrews)가 말한 대사다.

스페인어를 하는 우리 일행에게 어디에 주차하고 어느 문으로 들어가라는 명령이 떨어졌다. 안드레스가 살짝 떨기 시작했다. 나도 이해가 간다. 이렇게 많은 경비원과 총과 아마도 총알에 약간은 주눅이 들 것이다. 그는 여차하면 이곳을 뜰 수 있도록 시동을 걸어 두고 차에서 기다리기로 했다. 시간이 얼마 걸리지 않을 거라고 생각했던 것이다.

안으로 들어가니 낡은 책상 앞에 근육질 남자가 또 있었다. 너무 꽉 끼는 제복을 입고 있어서 가슴에 달린 단추가 터져 나오기 일보 직전이었다. 그도 우리가 무슨 일로 왔는지 물었다. 나는 마음을 단단히 하고, 제복 입은 사내의 눈을 똑바로 보면서 당당하게 말했다.

"킴 소렐이라고 합니다. 대통령을 뵈러 왔어요."

근육질 남자는 수화기를 들더니 뭐라고 말한 다음에 전화를 끊고서는 자기 뒤쪽 계단을 가리켰다.

계단 맨 위에 있는 기자회견장에 들어섰다. 수많은 조명과 카메라, 마이크가 우고 차베스(Hugo Chavez) 대통령에 집중되어 있었다. 조금 있다가 우리는 대형 사무실에 있는 탁자로 안내를 받아 자리에 앉았다. 아무도 입을 뻥끗하지 않았다. 그저 가만히 앉아 기도하면서 기다릴 뿐이었다.

몇 분 후, 세 사람이 방으로 들어와 합석했고 우리는 서로 인사를 주고받았다.

"안녕하세요, 저는 킴 소렐이고, 이쪽은 제 아들 노아, 친구 메리입니다."

"저는 국방부 장관이고, 이쪽이 대통령이십니다."

당연히, 3순위 인물은 소개할 필요가 없었다.

나는 '안녕하세요, 우고, 잘 지내십니까?' 하고 머릿속으로 말했다. 그리고 그에게 곤잘레스 선생과 난민 수용소 상황, 필요한 것들에 대해 이야기했다. 의약품과 의료 용품을 실은 컨테이너를 지금 당장이라도 선적할 수 있다고 말했다. 그런 다음, 대통령의 눈을 쳐다보면서 이렇게 말했다.

"이 물품이 전부 펠리그로의 곤잘레스 박사에게 간다는 것을 보장해주시지 않으면 물건을 내리지 않을 겁니다."

차베스 대통령도 내 눈을 똑바로 보면서 "좋습니다"라고 답했다. 그리고 나서 국방부 장관에게 무언가를 지시했다. 우리는 자리에서 일어나 악수하고 밖으로 나왔다.

호텔로 돌아오니 오마의 소프트볼 경기 초대권 두 장이 우리를 기다리고 있었다. 모레 아침 일찍 떠날 예정이어서 경기장으로 가는 길에 굳이 환전을 더 하지는 않았다. 우리는 더그아웃을 방문하고, 그날 아침 면도를 안 한 선수가 누구인지 알아볼 정도로 가까운 자리에 앉아서 장내 아나운서가 "킴 소렐"이라고 부르는 소리에 깜짝 놀라기도 했다. 대통령은 곧 도착할 의료품 소식을 공유해주었다.

이 선수들의 이름과 소속 팀, 수비 위치, 출신지, 타율 등을 속속들이 알고 있는 미국인들을 생각하니, 왠지 미안한 느낌이 들었다. 나는 오마가 굉장한 유명 인사이고 골든글러브를 수상한 유격수라는 사실을 나중에야 알았다. 야구에 얼마나 무지했던지, 골든글러브라고 해서 그가 권투 선수로도 활동하는 줄 알았다. 더그아웃에서 그 말을 꺼내지 않은 게 얼마나 다행인지 모르겠다.

페드로 마르티네즈(Pedro Martinez), 로베르토 알로마(Roberto Alomar), 매니 라미레즈(Manny Ramirez) 같은 이름이 프로그램을 채웠다. 차베스 대통령도 두어 이닝 동안 양 팀 투수 마운드에 올라 던졌다.

배는 고픈데 돈이 얼마 없어서 노아에게는 나초칩 한 봉지와 콜라를 사주었다. 껍질을 까지 않은 땅콩이 나초칩의 절반 가격이고 맥주가 콜라의 1/4 가격밖에 되지 않아서 남은 잔돈을 다 털었다. 이것이 지금까지도 내 인생 최고의 식사다. 오래 굶주렸다가 음식을 입에 넣었을 때 얼마나 맛있는지 모른다.

안드레스와 메리가 아침 일찍 와서 우리를 공항에 데려다주었다. 친구들과 작별 인사를 하면서 수중에 있는 미국 달러를 두 사람에게 나누어주었다. 노아는 안드레스에게 거의 모든 옷을 건넸고, 메리에게는 내 옷을 몽땅 주었다. 노아와 나는 거의 빈손으로, 하지만 마음만은 가득 차서 비행기에 올랐다.

9·11, 진주만, 존스타운, 허리케인 카트리나와 허리케인 마리아를 합친 것보다 더 많은 인명을 앗아간 이 끔찍한 홍수에 대해 잘 몰랐다. 재해가 발생한 이후로 전 세계에서 구호의 손길을 내밀었고, 여러 나라와 기관에서 돈과 물품을 보냈다. 처음에 차베스 대통령은 도움을 반겼지만, 얼마 못 가 다 내쫓아버리고 베네수엘라는 지원금이 필요 없다고 선언했다. 스스로 알아서 하겠다는 것이었다.

홍수 이전과 비슷한 모습이 돌아오기까지 거의 10년이 걸렸다. 수많은 이재민이 발생했고, 펠리그로를 비롯한 난민 수용소들은 여러 해가 지나도록 포화 상태였다. 자부심? 차베스 대통령이 국민을 사랑했다면, 자존심을 내세우지 않고 다른 나라의 도움을 받아 더 빨리 재건이 이루어졌을 것이다.

이전까지는 사람들이 그를 국민을 지극히 아끼는 어진 사람으로 생각했다. 그는 홍수 직후에 아내가 대통령궁 일부 공간에 난민 아동을 수용하도록 허락하기도 했다. 하지만 그가 세상을 떠날 무렵, 그를 칭송하는 사람은 많지 않았다. 그의 행동에는 사람들을 사랑하는 마음이 보이지 않았다.

사랑은 잘난 체하지 않는다. 방해하지 않는다. 도움을 받아들인다. 혼자서 항상 모든 일을 다 할 수는 없다는 것을 알기 때문이다. 사랑은 사람들이 사랑하는 마음에서 도와주고 싶어 한다는 것도 안다.

나에게 했던 차베스 대통령의 "좋습니다"라는 말은 진심이었다. 그는 자존심을 내려놓고 사랑을 보여주었으며, 우리 컨테이너가 도착하자마자 바로 통과시켜주었다. 한 걸음 더 나아가, 그는 항만에서 폴리에드로 데 카라카스까지 배송료를 지불했다. 반창고 한 개나 감기약 한 병까지 빠짐없이 모두 잘 전달되었다.

1년쯤 후, 독자적으로 움직이기로 했던 그 큰 단체로부터 전화를 한 통 받았다. 거기서 보낸 컨테이너는 아직 항만에 묶여 있었다. 그들은 자기들 물건도 좀 내릴 수 있도록 내 윗

선과 연락해줄 수 없겠느냐고 물었다. 하지만 무슨 이유인지 몰라도, 차베스 대통령은 내 전화를 받지 않았다. 난민을 돕느라 바쁜 모양이었다. 그놈의 자존심, 자만심, 교만.

선교 활동은 교만과 겸손으로 가득하다. 겸손한 사람들은 사랑하기 쉽다. 하지만 나는 확실히 사랑하기 힘든 교만한 사람 중 하나였다.

선교사들이 길거리에서 성경책을 두드리던 시대는 끝났다. 오늘날에는 선포보다 실천이 먼저다. 그게 이치에 맞는다. 며칠씩 굶주린 사람들에게 예수님이 생명의 떡이라고 말해봐야 무슨 소용인가? 가뭄에 시달리는 부르키나파소에서나, 병에 걸릴 것이 뻔한데도 아이들이 오염된 물을 마시는 모습을 지켜보면서 마르지 않는 생수에 대해 전하는 것은 또 어떤가?

예수님은 이렇게 말씀하셨다.

"내가 배고플 때 너희가 내게 먹을 것을 주었고 내가 목마를 때 너희가 내게 마실 것을 주었고 내가 집이 없을 때 너희가 내게 방을 내주었고 내가 떨고 있을 때 너희가 내게 옷을 주었고 내가 병들었을 때 너희가 내게 문병을 왔고 내가 감옥에 갇혔을 때 너희가 내게 면회를 왔다"(마 25:35-36, 메시지성경).

그리고 나서 사람들이 예수님께 언제 그런 일이 있었느냐고 여쭈었을 때 그분은 무시당하거나 남이 알아주지 않는 사람한테 너희가 그런 일 하나라도 하면 바로 나한테 한 것이라고 대답하셨다.

잘난 체하지 않는 사랑은 도움을 받아들여서, 다른 사람들이 사랑을 되돌려주게 한다. 겸손한 사랑은 남을 사랑하는 데 더 많이 신경 쓰고, 사람들이 어떻게 생각할지는 신경 쓰지 않는다. 그런 쓰레기는 바다에 내다 버린다. 그런 사랑은 약해 보이는 것이나 다 알지 못하는 것, 탁구에서 지는 것 따위는 신경 쓰지 않는다. 말하는 사람이 말을 채 끝내기도 전에 대답을 만들어내기보다는 사랑의 귀로 잘 들어준다.

잘난 체 하지 않는 사랑은 결승선에 집착하지 않는다. 우리가 모든 일에 진리와 의를 독점하고 있다고 믿지 않는다. 잘난 체하지 않는 사랑은 배움이나 성장을 멈추지 않는다. 부지런히 배우고 성장하면서도, 다른 사람의 마음을 당신에게 열어준다. 잘난 체하지 않는 사랑은 겸손하고, 겸손은 더 매력적이다.

"주님, 제가 교만하여 다른 사람을 제대로 사랑하지 못할 때 그것을 깨닫도록 도와주세요. 짐 윌슨처럼 겸손하고, 마더 테레사처럼 사랑하게 해주세요. 입을 열기 전에 귀를 먼저 열도록 저를 일깨워주세요."

chapter 6

사랑은,
무례히 행하지 않는 것

사랑은 무례하지 않다. 무례는 다른 사람을 존중하지 않고
믿지 않는다. 남의 의견을 듣지 않고 다른 사람의 지혜를 인정
하지 않는다. 우리가 마땅히 사랑해야 할 '타인'을 말이다.

무례는 단순히 존중의 반대말이 아니다. 우리가 말하는 무
례는 당신의 신념과 뛰어난 지혜와 노련한 경험을 강요하는
것, 그러니까 사람들에게 어떻게 행동하고 느끼고 믿어야 할
지를 필요 이상으로 일일이 알려주는 것을 가리킨다. 표현이
좀 장황하지만 정말 그렇다. 어떤 사람들은 어떻게 일을 처리
해야 하는지뿐 아니라, 왜, 언제, 어디서 해야 하는지까지 다
파악하고 있는 왕과 왕비요, 판사와 배심원처럼 행동한다.

너무 지나치면 모자란 것만 못하다

내 인생을 바꾼 《상호의존성이란 무엇인가》(Codependent No More)라는 책의 저자 멜로디 비티(Melody Beattie)는 '부탁받지 않은 조언'(unsolicited advice)이라는 개념을 소개하는데, 아주 간단하면서도 획기적이다. 조언을 마다할 사람이 누가 있겠는가? 훌륭한 조언은 시간과 돈을 절약해주고 결혼 생활을 구해준다. 사람들이 조언을 원치 않는다면, 닥터 필(Dr. Phil)과 데이브 램지(Dave Ramsey)와 오프라 윈프리(Oprah Winfrey) 같은 사람들은 다 일거리가 끊겼을 것이다.

나도 늘 조언을 구한다. 어떤 사람이 내가 모르는 것을 알거나 적어도 나보다 더 잘 안다면, 경험이나 지식이 더 많은 사람에게서 무료로 지혜를 전수받는 것을 마다하지 않는다.

하지만 부탁받지 않은 조언은 귀에 거슬린다. 만약 당신 친구가 초등학교 골목대장이나 중학생 일진이나 악몽 같은 이웃에 대한 사연을 늘어놓고는, 그 사람과 같은 이름을 사용하면 안 된다고 말한다고 하자. 당신은 태어날 아이를 위해 이미 그 이름을 골라두었는데 말이다. 어쩌다가 웨딩드레스를 고르는 날에 동행하게 된 예비 시어머니가 당신이 첫눈에 반한 웨딩드레스를 두고는 뚱뚱해 보인다고 말한다. 당신이 꿈에 부풀어 계약한 집을 본 부모님이 집이 너무 넓다는 둥, 지붕을 손봐야겠다는 둥, 실내 장식이 촌스럽다는 둥 트집을 잡는다. 사무실에 새로 온 직원이 이전 직장에서는 이렇게 저렇게 했다면서 사사건건 간섭한다. 이전 방식이 그렇게 좋았으면, 직장은 왜 옮겼을까?

조언을 요청하지도 않았는데, 온라인 데이트 서비스에서 만난 사람이 문자를 보냈을 때나 상사가 일을 추가로 떠넘길 때나 아이가 잠투정할 때 어떻게 반응해야 하는지 알려준다면, 이것은 나를 모욕하는 일이다. 당신이 관계나 일, 부모 노릇에 미숙하다고 알려주는 셈이니 말이다. 상대가 요청하지 않는 한, 함부로 조언을 입 밖에 내서는 안 된다.

부탁받지 않은 조언은 짜증을 유발한다. 그런 조언을 받은 사람은 똥고집을 부린다. 발로 찬다. 소리를 지른다. 내게 이래라저래라하지 말라고 한다. 이런 조언은 무례하고 관계를 망가뜨린다. 친구에게는 그저 잘 들어줄 사람이 필요할 뿐이다. 한바탕 부부싸움 끝에 남편을 소파에서 재운 친구를 만나 '남편은 정말 얼간이'라는 말에 맞장구를 쳐주었다가는, 두 사람이 화해한 다음에 당신에게 돌아올 역효과를 감당하기 힘들 것이다. 이제 당신은 친구 남편을 얼간이라고 한 사람이 되어, 어쩌면 더는 친구 관계를 유지하지 못할지도 모른다.

부탁받지 않은 무례한 조언은 다양한 형태를 띨 수 있다. '내가 너라면'이나 '이렇게 하셔야 합니다'처럼 분명한 형태가 있는가 하면, 대놓고 노골적이지는 않은 조언도 있다. 자신에게 필요한 조언을 남에게 하는 경우도 해롭기는 마찬가지다. 그래서 대놓고 하기보다는 남몰래 한다. 남몰래 무례한 말을 하는 경우도 해롭기는 마찬가지다.

원래 이야기는 그 주인공이 자리에 없으면 약간 다르게 흘러가는 경향이 있다. 어떤 친구가 아들이 공대를 졸업했다는 소식을 전하자 사람들이 축하 인사를 건넨다. 그중 한 사람이 다른 친구에게 이 소식을 전하는 것까지는 좋았는데, 마지막에 이런 말을 덧붙이고 말았다.

"흠, 그 친구가 아들이 중학교 다닐 때 숙제를 거의 다 해주다시피 했잖아."

이런 것이 무례한 말이다.

아주 대략적으로만 말하자면, 어떤 사람들이 과거 아이티에서의 내 사역을 두고 이런저런 의구심을 표했다. 우선, 미국에도 도움이 필요한 사람이 많으니까 남의 나라를 돕기 전에 내 나라부터 도와야 한다고 했다. 둘째로는, 아이티 사람들이 부두교를 믿으니 가난에서 벗어나지 못할 거라고 주장하는 사람들이 있었다. 둘 다 매우 무례한 언행이다. 물론, 도움이 필요한 사람은 어디에나 있다. 내가 사는 도시에도 집 없는 사람이 있고, 먹을 것이 필요한 가족이 있으며, 위기를 겪는 사람이 있다. 모두가 도움이 필요하다. 하지만 이런 식의 이의 제기는 구호 사역의 신빙성을 떨어뜨리고, 도울 대상에 대한 선택을 비하하며, 그 사람의 명예를 손상시킨다.

이들의 말에서 사랑을 찾아볼 수 있는가? 무슨 근거로 모든 아이티 사람들을 싸잡아 헐뜯고, 그들에 대한 학대와 기회 부족, 심각한 빈곤을 변명하는가? 주워들은 이야기 때문인가? 아니면, 부두 인형과 동물 제사가 등장하는 영화 장면 때문인가? 이런 태도는 그들을 진심으로 이해하는 것이 아니라, 수치스럽고 파괴적이며 사람들을 깎아내리는 가혹한 판단으로, 말하는 사람을 스스로 높이는 셈이다.

2018년 미국 국무부 추산에 따르면, 아이티 국민의 80퍼센트 이상이 그리스도인이고 부두교를 종교로 믿는 사람은 2.1퍼센트에 불과하다. 인구의 절반이 하루에 1달러가 못 되는 돈으로 살아가고, 80퍼센트가 2달러가 못 되는 돈으로 살아가는 나라에서 주기도를 드리며 일용할 양식을 구하는 그들의 마음은 절실할 수밖에 없을 것이다. 빵 한 덩이의 평균 가격이 1.66달러인 나라에서 주님의 공급하심을 구하는 기도는 마음속 깊은 곳에서 우러나오며 전혀 다른 차원의 믿음을 요구할 것이다.

알지 못해서 무례를 범하다

잘 알지 못하면 동정심이 부족하고 무례해질 수 있다. 사랑이 부족해질 수 있다. 누군가를 제대로 알지 못하여 오해하고 그 사람의 동기를 의심해도 무례를 범할 수 있다.

절대 잊을 수 없는 날이 있다. 지금은 내 남편이 된 남자친구를 위한 가족 모임에 생일 케이크를 가져오라는 말을 들었다. 그때 우리는 만나기 시작한 지 두어 달밖에 되지 않았고, 스티브의 부모님도 고작 두어 번 만났을 뿐이다. 열일곱 살밖에 되지 않은 요리 초보는 덜컥 겁이 났다. 그래도 나는 초콜릿케이크를 직접 만들어 가기로 했다.

케이크가 스티브 부모님의 기대에 미치지 못하면 어쩌나 걱정되는 마음에 스티브의 집이 가까워질수록 더 긴장되었다. 도착해서 주차하는데 스티브의 여동생이 쪼르르 달려 나왔다.

"엄마가 그러는데, 언니가 반조리 제품을 사서 대충 구워 왔을 거래요."

여덟 살 난 제니퍼가 말을 전했다.

이럴 수가! 반조리 제품이라니! 대충이라니!

사실 우리 집에서는 생일에 반조리 케이크를 구웠다. 케이크 믹스에 물과 약간의 기름, 달걀 두어 개만 있으면 생일과 결혼기념일, 학교 축제 분위기를 내기에 충분했다. 그렇게 매년 9월 내 생일에는 믹싱 볼에 시판 제품을 넣고 만들어 통조림 체리로 장식해 케이크를 만들었다. 그때 식탁에 올라왔던 딸기 케이크를 생각만 해도 군침이 돈다. 그게 정말 대충 구운 케이크란 말인가?

'스티브 어머니는 손수 모든 원재료를 다듬어서 요리하시는 게 틀림없어. 빵도 직접 굽고 파스타 소스도 집에서 만들고 가게에서 쿠키를 사는 일은 없으시겠지.'

그런 생각만으로도 머리가 빙빙 도는 것 같았다. 우리 집에서는 식빵도, 파스타 소스도, 곁들이는 음식도 완제품이나 반조리 제품을 사다 먹었다. 집에서 만든 음식이라고는 우리 아빠의 오트밀밖에 없었는데, 그마저도 유명 브랜드의 즉석 오트밀이었다.

'내가 이 사람과 결혼해서 라면을 사 먹으면 무슨 일이 벌어

질까?'

　그날 내가 반조리 케이크 믹스가 아니라 코코아와 밀가루, 설탕으로 케이크를 만든 게 얼마나 다행인지 몰랐다. 스티브에게 익숙한 미식 기준에 맞추어서 살아가려 애쓰는 모습을 상상만 해도, 내 배 속에 커다란 멜론 크기의 구덩이가 생긴 것만 같았지만. '대충 구운 케이크'라는 표현은, 스티브에게 어울리는 아내가 되려면 지금부터라도 열심히 요리를 배워야 한다는 충고나 마찬가지였다. 나는 그런 조언을 청한 적이 없었다. 그래서 그 순간, 내가 한없이 부족하고 모자라고 미약한 존재로 느껴졌다. 전혀 존중받지 못한 느낌이었다.

　나중에 우리 시어머니가 '금손'과는 거리가 멀다는 사실을 알고 난 후에야 그 구덩이는 사라졌다. 어머니는 모든 요리에 시판 소스를 사용하셨다. 그것만 있으면 햄버거 패티, 스테이크 소스, 미트볼 등 어떤 음식이든 가능했다. 성탄절에는 가게에서 바나나 빵을 사서 쿠킹호일로 싼 다음, 직접 만든 것처럼 이웃들에게 선물했다. 시어머니의 주방에서 직접 만든 음식이라고는 그린빈 캐서롤이 유일했는데, 그것도 직접 만들었다고 말할 수 있는지는 살짝 의문이다.

　시집 식구들과 나는 그 일을 두고 가끔 한바탕 웃곤 한다. 시어머니는 내가 그날 그 케이크를 직접 만들었다고는 절대 믿지 않았다. 하지만 사실이다, 진짜.

　미국인들은 아이티에서 온갖 종류의 부탁받지 않은 조언을 건네곤 한다. 우리는 우리 방식이 월등하고, 우리 가르침이 최고이며, 우리 지식이 타의 추종을 불허한다고 가정한다. 1940년대로 돌아간 듯한 아이티의 사회 기반 시설과 기술력을 보면 그렇게 생각하기 쉽다. 허버트 후버(Herbert Hoover) 대통령이 내건 "모든 냄비에 닭고기를, 모든 차고에 자가용을"이라는 슬로건을 도입하자는 건 아니지만, 깨끗한 식수와 음식을 날마다 먹을 수 있으면 좋을 것이다. 우리는 그런 간단한 것들을 잘 알고 있다. 그리고 우리가 더 똑똑하거나, 적어도 더 잘 아니까 우리가 건네는 조언은 타당할 뿐 아니라 환영받아야 한다고 생각한다. 하지만 실상은, 미국의 방식이 유일한 방식도 아닐뿐더러, 다른 문화권에서는 올바른 방식이 아닐 때도 많다.

무례와 조언 사이에서

미국 포트로더데일에서 연결 항공편을 기다리는 사이에 내 시선을 잡아끈 여자가 있었다. 그녀는 당황한 기색이 역력했다. 게이트에 있는 사람들은 다들 포르토프랭스로 가는 비행기를 기다리고 있었다. 피로에 지친 사람들, 양복을 입은 사업가들, 똑같은 티셔츠를 맞춰 입은 단체 여행객들, 집으로 돌아가거나 가족을 만나러 가는 아이티 사람들. 사람마다 여행하는 목적이 있었다. 그런데 그중 한 사람의 목적은 나머지 사람들과는 완전히 달랐다. 그 여자는 어디에도 해당하지 않았다.

양손에 전기다리미와 웨딩드레스를 들고 홀로 서 있던 여자는 유엔 경찰관이나 사업가로는 보이지 않았다. 하얀 피부에 금발, 미국인 가수 얼굴이 프린트된 티셔츠를 걸치고 있는 것으로 보아 아이티 사람은 아닌 것 같다고 판단했다.

"저기, 괜찮으세요?"

여자의 눈에 눈물이 고이기 시작했다.

카린은 대학에서 한 남자를 만나 그와 결혼하기 위해 아이티로 향하는 중이었다. 아이티는 사람들이 결혼식 장소로 선호하는 곳은 아니다. 바닷가에 리조트가 두어 개 있지만, "아이티 해변 백사장에서 꿈을 이루세요"라고 커플들을 유혹하는 광고는 본 적이 없다. 기관총을 들고 군용 차량 뒤편에 앉아 있는 유엔 아이티 안정화지원단이 지나가면서 "여기서 결혼하세요"라고 소리치지는 않는다.

"그 사람이 거기 발이 묶였어요! 여행사에서 돈을 다 훔쳐 갔대요!"

끔찍한 일이다. 가여운 사람, 이상형을 만나 결혼하게 되어 행복했지만 잘못된 여행사를 만나 일이 틀어져버렸다. 약혼자의 계획이 엉클어지자 카린이 발 벗고 나섰다. 그녀는 포르토프랭스에 도착하면 택시를 잡아타고 가까운 홀리데이인익스프레스로 가서 그가 일을 다 해결할 때까지 기다릴 작정이었다.

하지만 '산이 많은 땅' 아이티에서 그 계획을 달성하려면 한두 가지 사소한 장애물을 넘어야 할지도 모르겠다.

첫째는, 택시다. 다행히 택시는 많다. 가려는 곳에 무사히 도착할 수도 있을 것이다. 여행 가방과 지갑까지 무사할 수도 있다. 택시가 출발하기 전에 값을 흥정하지 않으면, 엄청난 바가지를 쓸 것이다. 난폭한 운전 덕분에 목숨이 왔다 갔다 하는 모습을 적어도 세 번은 목격할 것이다. 택시에 앉자마자 택시에 탄 것을 후회하게 될 것이다.

두 번째로, 호텔이다. 호텔이 없는 건 아니다. 공항에서 그리 멀지 않은 곳에도 호텔 체인이 몇몇 있다. 호텔에 빈 방이 있을 수도 있지만, 프랑스어나 크리올어를 모르면 방을 얻기 힘들 것이다. 이를 닦고 수돗물로 헹궜다가는 몇 시간 후에 입이나 코에서 이상한 뭔가가 흘러나올지도 모른다. 화장지는 뭐를 닦았든지 간에 변기에 넣고 물을 내리면 안 되고, 옆에 있는 휴지통에 버려야 한다. 전기도 자주 끊어진다. 냉방장치가 없는 곳도 많다. 게다가 마요네즈 피부색을 한 여자가 한 손에는 웨딩드레스, 한 손에는 전기다리미를 들었다면, 조금은 수상쩍은 사업의 목표 대상이 될 가능성이 크다. 뭐, 아닐 수도 있고.

카린은 나를 따라 우리 그룹에 합류했다. 단체 티셔츠를 맞춰 입지 않은 유일한 집단이었다.

"카린은 우리랑 같이 갈 거예요."

부탁받지 않은 내 조언을 듣고 택시를 그냥 보낸다면, 그녀의 생명, 적어도 그녀의 여행 가방은 구할 수 있을 것이다. 몇 사람이 당황한 표정을 지으면서 고개를 갸웃했다. 우리 팀은 다들 벌써 비행기에 탑승한 모양이었다.

두 시간의 비행 동안, 카린은 자기 이야기를 더 털어놓았다. 워싱턴 주 스포케인 출신인 그녀는 전문대학에서 만난 한 남자와 결혼하려고 십대인 세 아이만 집에 두고 떠나왔다. 대학에서 첫 번째 팀 과제를 하면서 두 사람의 관계가 사랑으로 발전한 것이다. 그런데 카린의 약혼자, 아이사 스네이크는 비자가 만료되어 미국을 떠나야 했다. 나이지리아 출신이지만 에콰도르로 건너간 그는 거기서 여행사에 사기를 당하는 바람에 카린이 은행을 통해 보내준 돈을 모두 털렸다. 세 번이나. 한 번도 아니고, 두 번도 아니고, 무려 세 번씩이나.

"여행사를 바꾸는 게 좋겠어요."

부탁받지 않은 조언이지만, 당연한 말이었다.

이야기는 계속되었다. 카린은 세 아이를 함께 키운 남편과 헤어지고 아이사에게 갔다.

미국인은 전 세계 195개 나라 중에 159개국을 비자 없이 여행할 수 있지만 나이지리아인은 26개국만 가능하다. 선택의 폭이 좁아서 결혼식과 3주간의 신혼 여행지로 아이티를 골랐다고 한다.

카린의 큰아이보다 고작 세 살 많고 운전면허증도 이제 막 딴 아이사는 왕족인데 음반 회사를 운영하고 무역업을 한다고 했다. 머리도 좋고 잘생긴 데다 매력이 넘치는 가련한 스네이크 왕자님은 부패한 나이지리아 정권의 희생양이 되었단다. 그들은 말도 안 되는 정치적인 이유로 왕족의 자금줄을 묶어두었다. 그가 받은 막대한 유산을 미국 계좌로 이체해서 출금해야 하는데, 미국 은행에서는 터무니없는 이유로 지불을 유예하고 있었다. 둘이 합법적인 부부가 되어 워싱턴으로 돌아가면 손쉽게 바로잡을 수 있는 단순 실수라고 했다. 논리적으로는, 카린 앞에 돈벼락이 떨어질 예정이었다.

"그래서, 어디서 묵을 작정이었어요?"

카린이 또다시 눈물을 글썽인다.

"바닷가에 있는 고급 리조트요."

리조트 이름은 물어볼 필요도 없었다. 종류별로 다양한 레스토랑, 결혼 서약의 완벽한 배경이 되어줄 카리브 해안의 아름다운 정자, 옷장에는 안락한 가운과 슬리퍼가 놓여 있고, 침대 위에는 하트 모양의 장미꽃잎이 장식되어 있으며, 커플 마사지를 즐길 수 있는 이국적인 스파, 탁구대를 갖춘 리조트? 아이티 해변에 그런 고급 리조트가 있다는 이야기는 들어본 적이 없었다. 내가 3주씩이나 묵고 싶은 그런 해안가 리조트는 아무리 생각해봐도 없었다.

'지금이야말로 그 어느 때보다도 더 무례히 행하지 않는 사랑을 실천해야 할 때다. 어떻게 그 사랑을 존중해야 할까? 어떻게 내가 수년에 걸쳐 쌓아온 지혜의 경험을 나누지 않을 수 있는가?'

나는 그녀를 구할 수 있었다. 그녀가 빛을 보게 도울 수 있었다. 사람들을 빛으로 인도하는 것, 그게 바로 우리가 해야 할 일이 아닌가? 내 빛은 상향등이고, 카린의 빛은 배터리가 떨어졌다. 사랑은 버릇없이 행동하지 않는다. 나는 내 방법이 더 낫다고 생각하지 않으려 애썼다. 그녀가 의식하지 못하고 있는 곤경에서 벗어나게 해줄 나의 길이 절벽으로 이어지는 그녀의 가시밭길보다 낫다고 생각하지 않으려 애썼다.

'이건 뜻밖의 행운이야. 우리는 만나게 되어 있었다고. 그녀는 아직 모르겠지만, 시간이 지나면 내가 그녀에게 얼마나 필요했는지 알게 될 거야. 내가 희생을 감수해야지. 내가 그녀의 캡틴 아메리카가 될 거야. 그보다는 조금 왜소하고, 체질량 지수가 조금 높긴 할 테지만.'

비행기가 착륙하여 세관과 출입국 관리소를 통과한 후에(그녀가 그 상황에서 뭘 할 수 있었겠는가?), 우리는 짐을 찾아서 호객하는 택시 기사들과 짐꾼들을 통과하여 패트릭이 '마차'를 대고 기다리는 곳까지 무사히 도착했다.

'마차'는 아주 후한 표현이다. 아이티의 '탑탑'은 작은 픽업트럭 뒤쪽에 나무 벤치를 놓고 양철 지붕을 얹은 것이다. 미국에서 탑탑을 탄다면 여덟 명이 앉겠지만, 아이티에서는 스물한 명은 족히 태울 수 있다.

소형차에 광대 21명이 타기라도 한 것처럼, 우리 팀 12명, 보안 요원 1명, 배낭 11개, 여행 가방 13개, 웨딩드레스 1개, 전기다리미 1개가 탑탑을 꽉 채웠다. 숨 막힐 정도로 뜨거운 열기, 요란한 경적, 개 짖는 소리, 뿌연 공기, 교통 체증이 우리를 반겼다.

숙소에는 에어컨도, 텔레비전도 없고, 전기도 거의 들어오지 않았다. 그러나 만면에 미소를 머금은 40명의 환영 인사가 안락한 방, 작은 샴푸 병, 커피 메이커를 능가했다.

우리를 마중 나온 사람들과 반갑게 인사를 나누고 있는데, 누가 나를 잡아당기는 듯한 느낌이 들었다. 예비 신부가 내 셔츠를 잡아당기고 있었다. 카린은 약혼자에게 어서 이메일을 보내야 한다고 했다. 하지만 전기가 들어오지 않으니 인터넷도 안 된다는 사실을 알고 카린은 또다시 눈물을 글썽였다.

카린이 탈진할까 봐 걱정이 된 나는 그녀를 고아원 2층으로 데려갔다. 손님 30명이 침실 5개와 화장실 2개를 나눠 쓰는 곳이었다. 아마도 그녀가 첫날밤을 생각하며 꿈꾸던 근사한 침실과는 거리가 멀었을 것이다.

나는 다시 한번 다짐했다. (그가 어디 출신이든) 스무 살 대학생 때문에 남편을 떠나기로 한 그녀의 결정에 의구심을 품어서 무례하게 행하지 않기로 말이다. 어쩌면 카린의 남편이 정말 형편없는 사람이고, 스무 살 대학생이 정말 훌륭한 사람일 수도 있으니까. 혹은 그녀는 5,500킬로미터를 날아서 헛소동만 했다는 걸 알게 될 수도 있을 것이다.

하지만 나는 카린을 사랑했다. 그게 내가 마땅히 해야 할 일이니 그녀를 존중하기로 했다. 게다가, 지금은 그녀에게 현실을 일깨워주기에 적당하지 않은 타이밍이었다. 도둑놈 같은 여행사만 아니었다면, 카린은 지금쯤 스네이크 군의 아내가 되어 있었을 테니 말이다. 그 대신 그녀는 고급 리조트의 안내 책자와는 전혀 딴판인, 시끄럽고 먼지가 풀풀 날리는 이 더운 나라에 와서 낯선 사람들과 방을 같이 쓰고 있었다.

아침에 가장 먼저 일어나는 사람은 대개 나였다. 다음 날 아침에 일어난 나는 카린이 식당에서 컴퓨터 화면을 뚫어져라 보고 있어서 깜짝 놀랐다. 그녀가 얼마나 집중하고 있었던지, 내가 커피잔을 찾는 소리에 화들짝 놀란 눈치였다. 전기가 들어왔다. 그건 늘 좋은 징조다.

내가 "잘 잤어요?"라고 인사하려고 '잘'이라는 말을 입에서 채 꺼내기도 전에, 그녀가 말했다.

"지금 당장 은행에 가야겠어요."

스네이크에게 돈을 더 보내고 싶은 모양이다. 그때 전기 회사에서 휙 하고 다시 플러그를 잡아당겼다. 전기가 나가서 다행이라고 생각한 것은 난생처음이었다. 목욕을 하려면 양수기가 돌아가는 동안 조금 더 기다려야 하겠지만, 그래도 괜찮았다. 적당한 말을 찾아 그녀에게 사기를 당했다고 알려줄 시간을 벌 수 있어서 정말 다행이었다.

그런데 사랑은 무례하지 않다는 말씀이 다시 떠올랐다. 카린은 그 남자를 알지만, 나는 몰랐다. 어쩌면 내가 너무 냉소적인지도 몰랐다. 그렇다. 일행이 모두 일어나 나갈 준비를 마치자 카린은 침실로 돌아갔다.

자비의 수녀회에서 온종일 봉사하고 돌아오니 41명이 활짝 미소를 띠며 맞아주었다. 하지만 그중에서 카린보다 더 크게 미소 지은 사람은 없었다.

"지금 당장 은행에 가야겠어요."

집에 온 게 실감났다. 사랑이 넘치는 표정을 짓기는 힘들었다. 몇 시간 동안 사람들의 발을 씻기고 머리와 손톱을 단장해주는 일에 지쳐서 피곤한 상태에서 "지금 당장 은행에 가요"라는 말은 정말 듣고 싶지 않았다. "오늘 저녁밥은 없어요"나 "잔고가 부족해요"라는 말과 함께, 가장 듣기 싫은 말에 손꼽힐 만했다.

"은행 문 닫았어요."

혹시라도, 아마도, 바라기는, 사실이다. 사랑, 친절한 사랑, 오래 참는 사랑. 지혜와 연륜이 넘치는 우리 팀원들은 내가 부탁한 조언을 건넸다. 내게는 조언이 필요했다. 내가 그녀를 데려왔으니, 그녀를 도울 최선을 찾는 것도 내 몫이었다. 팀원들은 내가 카린을 진실로 인도해야 한다고 입을 모았다. 말은 쉽지만, 그녀를 직접 끌고 가야 할 사람은 나였다. 그래서 팀원들과 회의를 마친 후에 카린을 만났다.

"비행기표를 찾았어요. 지금 당장 아이사에게 돈을 보내야 한다고요."

"표는 여기서도 살 수 있어요. 그러면 은행 수수료를 내지 않아도 되고, 그 사람은 바로 공항에 가서 비행기를 타기만 하면 돼요."

부탁받지 않은 조언이지만, 현명한 조언이었다. 살짝 간을 본다. 그 사람이 정말로 올 생각이 있는지 알아보기 위해서 말이다. 하지만 나는 그녀를 설득하지 못했다.

카린은 다음 날 밤에도 컴퓨터에 매달렸고, 은행에 데려다

달라고 졸랐다. 우리 일행은 아침 일찍 떠나서 밤이 깊어 돌아왔다. 나는 뭔가 수상쩍은 일이 벌어지고 있다는 암시를 두어 차례 흘렸다. 무례하지 않으려고 부단히도 애를 쓰면서, '어떤 여자'의 가슴 아픈 사연을 들려주었다. 그 여자가 자기보다 훨씬 어린 아이티 남자와 사랑에 빠져 결혼했는데 알고 보니 영주권 때문이었다는 식이었다.

"끔찍하네요!"

"그렇죠. 너무 가슴이 아파요. 그런데 젊은 남자가 나이 든 여자를 이용하는 일은 주변에서 흔히 볼 수 있답니다."

"네. 너무 바보 같아요. 여자는 왜 그걸 못 봤을까요?"

뭐라고요? 사돈 남 말 하시네요?

내가 물었다.

"그런 사람 본 적 있어요?"

아마도 거울 속에 보이는 그녀?

"아뇨."

카린은 내가 그녀를 구해주려 한다는 사실을 깨닫지 못했다. 나중에는 고마워할지도 모르겠다. 하지만 "그러게, 내가 뭐랬어요"라는 말은 참을 작정이다.

다시 아침이다.

"지금 당장 은행에 가야겠어요."

또다시, "아직 안 열었어요."

또다시, "지금 당장 은행에 가야겠어요."

또다시, "은행 문 닫았어요."

나흘째 아침저녁으로 똑같은 상황이다. 무례하지 않는 사랑에 대한 내 이해심이 줄어드는 사이, 카린의 짜증은 점점 더 커져갔다. 기도 응답을 구하면서 계속 하나님께 여쭈었다.

"주님, 제가 어떻게 해야 할까요? 제가 간섭할 일은 아니지만, 카린이 여기 있으니까요. 제 눈에는 불 보듯 뻔하지만, 어쩌면 제 생각이 틀릴 수도 있겠죠."

닷새째.

"공항에 가야겠어요."

"공항 문 아직 안 열어서 기다려야 해요. 근데 무슨 일로요?"

"말씀하신 대로 비행기표를 샀어요."

"아이사가 이리로 오는 건가요?"

"제가 에콰도르로 가려고요."

내가 한 말 때문에, 내가 무슨 말을 하더라도, 카린은 두어 시간 내에 여기를 떠서 36시간 후에 에콰도르의 수도 키토에 도착할 것이다. 이미 표를 샀으니.

시카고에서 포트로더데일까지는 포르토프랭스에서 키토까지 거리와 비슷하다. 시카고에서 포트로더데일까지 비행기로는 대략 두 시간 반 정도 걸리지만, 차로 가면 스무 시간 정도 걸린다. 그런데 36시간 비행이라니, 어안이 벙벙했다. 아이사가 카린을 골탕 먹이려는 것인가?

"36시간이요?"

"네. 우선 포트로더데일로 가서, 그다음에 뉴욕으로 갈 거예요. 거기서 밤을 지내고 마이애미를 거쳐 에콰도르로 갈 예정입니다."

비행기표를 사라고 한 사람은 나였다. 나는 카린에게 계속 연락하자고 말하면서, 결혼식 사진도 올려달라고 했다.

며칠 뒤 전기가 들어왔고 카린이 페이스북에 올린 사진을 봤다. 카린은 활짝 웃고 있었다. 왕자님도 행복해 보였다. 그녀는 스포케인에서 포트로더데일, 포르토프랭스에서 다시 포트로더데일, 뉴욕, 마이애미를 거쳐 키토까지 공수해간 하얀 웨딩드레스를 입고 있었다. 전기다리미를 들고 간 건 신의 한 수였다.

그로부터 한 달 반 후에 카린에게서 다시 소식이 왔다. 카린은 윌의 결혼 여부를 묻는 메시지를 보내왔다. 윌은 아이티에서 가장 힘세고 잘생긴 소방관이다.

"내가 알기로는 윌은 아직 결혼 안 했어요. 그런데 그건 왜 물어요?"

"안 믿기시겠지만, 아이사는 가짜였어요!"

"그래요?"

누가 이 일을 예상했더라?

두 사람은 결혼식 내내 행복에 겨웠지만, 결혼한 이유는 달랐다. 카린은 완벽한 왕자님과 결혼해서 행복했지만, 아이사는 미국에 살게 되어서 행복했다. 그는 사랑해서가 아니라, 영주권 때문에 결혼한 것이었다!

샴페인과 초콜릿을 끼얹은 딸기, 영원한 사랑의 속삭임으로 가득한 낭만적인 첫날밤 대신, 카린은 아이사가 다른 여자의 방을 기웃거리는 사이에 혼자 잠자리에 들어야 했다. 그제야 속았다는 생각이 들었다고 했다.

'주님, 제가 어찌했어야 할까요?'

사랑은 무례히 행하지 않는다고 해서 입을 꾹 다물었는데, 그녀는 비행기표를 사고 말았다. 난 어떻게 생각해야 할지 몰랐던 것 같다. 하지만 이제는 안다.

나는 그때 카린보다 내가 더 낫고 훌륭하고 똑똑하고 그녀와는 차원이 다르다고 믿었다. 무례히 행하지 않는 사랑을 보여주지 못한 셈이었다. 내가 낫다고 생각하면 그녀는 모자란 사람이 되어버리는데, 그게 잘못된 생각이었다. 거기에는 사랑이 빠졌다. 비행기표는 내가 더 많이 예약해봤을지 모르겠다. 거짓으로 시작된 결혼 생활이 가슴 아프게 끝나는 경우도 많이 보았다.

나도 남에게 이용당한 경험이 한두 번쯤 있다. 어떤 사람이 어려워 보여서 돈을 보내주었는데, 그 돈으로 월세를 내지 않고 비싼 운동화를 산 것을 알게 되었다. 교육이든 돈이든 재산이든 뭐가 조금 더 있다고 해서 인류라는 사다리에서 더 높이 위치하는 것은 아니다. 우리는 다 같은 단계에 있다.

만일 내가 카린에게 솔직하게 말했다면, 가슴 아플 일도 없고 큰돈을 허비하지도 않았을 것이다. 물론, 그랬더라도 그녀는 36시간 동안 비행기를 타고 남미로 날아갔을지 모른다. 아닐 수도 있고.

아마도 알맹이를 뺀 막연한 힌트만 주지 않고 제대로 된 방식으로 그녀를 돕는 게 진정한 사랑이었을 것이다. 그녀를 사랑했다면, 나와 같은 사다리에 있는 사람을 사랑했다면, 그녀가 보지 못하는 것을 알려주었어야 했다. 그녀는 사랑에 눈이 멀어 있었고, 나는 안경을 끼고 있었다. 그녀에게 알려주지 않은 것은 무례하지 않은 사랑과는 아무 상관이 없었다.

다른 사람을 존중하기

경험이나 지식, 통찰을 나누는 것은 조언(부탁받지 않은 조언이든, 부탁받은 조언이든)이 아니다. 사랑은 당신이 사랑하는 사람이 재앙은 피하고, 성공 확률은 높이며, 관계가 깊어지도록 돕기 위해 진실을 '공유'한다. 충고하지 않고 공유하는 것이 요령이다. 조언은 대개 어떤 사람의 행동을 유도하기 위한 추천의 형태를 갖춘 '의견'이다. 조언을 받는 사람이 그 의견에 귀를 기울여 계획했던 행동의 방향을 바꾸리라고 기대하면서 주는 책망, 경고, 주의, 인도, 촉구다.

무례히 행하지 않는 사랑은, 당신이 사랑하는 사람이 당신의 선택이 아니라 스스로의 선택을 따라 행동할 것을 알면서도 아무런 기대 없이 자신의 것을 나누어준다.

나는 부탁을 받았을 때는 조언해도 괜찮다는 것도 알게 되었다. '부탁받았다'는 부분을 전제하는 한에서 말이다. 하지만 설령 부탁을 받았더라도 조언은 여전히 하나의 의견에 지나지 않는다. 의견에 대해 말하는 속담을 찾아봤더니 아주 많았는데, 그 많은 속담들이 다 똑같은 이야기를 하고 있었다.

의견이라는 것은 동전과 같아서 흔하지만 별 값어치가 없다, 그것을 소원을 비는 우물에 던져서 영원히 물속에 있게 하는 편이 제일 좋다, 당신이 나누는 의견이 상대가 남의 의견에 귀를 기울이도록 문을 열어주는 역할을 해야 한다, 당신 의견이 옳고 그것만 옳다고 생각한다면 상대를 존중하는 사랑이 아니다 등.

인내심을 품고 잘 들어주어라. 사람들이 당신 의견이 더 낫고 좋고 훌륭하다고 생각하게 하지 말고, 다른 의견을 제시할 수 있게 허용해주어야 한다. 무례히 행하지 않는 사랑은 특정 정당 사람이 다 멍청이라고 말하지 않는다. 어떤 사람이 특정한 당에 투표하거나, 다른 교회에 다니거나 아예 교회에 다니지 않거나, 옷을 다르게 입거나 다르게 살거나, 머리 색이 다르거나 문신이나 피어싱이 다르다고 해서 비난한다면, 당신은 그들에게 무례를 저지르는 셈이다. 그들을 아래 두고 당신을 높이는 것이다. 무례하지 않은 사랑은 외면을 보지 않고 내면을 알려고 한다.

부부가 서로 다른 당에 투표하면서 가정이 깨지기도 한다. 고작 종잇장에 찍는 도장 때문에. 저녁 식탁에 정치나 종교 이야기가 나와서 명절 가족 모임이 엉망진창이 되는 경우가 얼마나 많은가? 양쪽 다 분을 식히지 못하고 가족을 등질 것이다. 자기가 옳고 더 똑똑하며, 상대는 틀렸고 멍청하다고 생각하면서 말이다. 대화와 대치는 다르다. 전혀 별개다. 당신의 신념이나 의견, 지혜를 누군가에게 주장하고 밀어붙이는 것은 대화가 아니다. 혈압이 오르고 호르몬 수치가 이상해지면서 당신도 모르는 사이에 돌이킬 수 없는 상황이 되어버린다.

상대를 존중하는 사랑은 대화하고 경청하며 상대가 나와 다르게 생각할 수도 있다고 인정한다. 나와 생각이 다르다고 해서 나보다 못한 사람은 아니다. 우리가 상대의 이름을 부르며 존중하다가 그를 욕하게 되는 일이 얼마나 자주 있는가? 무례를 범하는 경우가 얼마나 많은가?

"주님, 우리가 다 똑같지는 않지만 모두 평등하다는 사실을 제가 잘 듣고 인정하고 깨닫도록 도와주세요. 어떤 기대를 품고 정보를 공유하거나 조언할 때 그것을 알아차릴 수 있는 분별력을 주세요. 말해야 할 때와 그냥 들어야 할 때를 구분하게 도와주세요. 어떤 이유에서든 제가 다른 누구보다 낫지 않다는 사실을 매일 일깨워주세요. 우리가 모든 사람을 평등하게 사랑해야 하듯이, 우리 모두 하나님의 형상으로 창조되었고, 주님이 우리 모두를 사랑하신다는 사실을 날마다 깨닫게 해주세요. 무례히 행하지 않는 사랑으로 다른 사람들을 사랑하게 도와주세요."

chapter 7

사랑은,
자기의 유익을 구하지 않는 것

자기의 유익을 구하는 것과 이기적인 것은 다르다. 이기적인 사람은 쉽게 가려낼 수 있다. 사무실에서 커피를 내리면서 한 잔만 만드는 남자, 화장실 앞의 긴 줄을 무시하고 빈칸이 나면 곧장 그리로 들어가는 여자, 게임을 하면서 친구에게 절대 차례를 양보하지 않는 아이, 이런 것들이 이기심이다.

어릴 적 주일학교 교리 문답 시간에 들은 이야기가 기억난다. 어떤 남자아이가 있었다. 아이는 케이크를 먹을 때면 늘 가장 큰 조각을 차지하고, 쉬는 시간에는 제일 좋은 그네를 타려고 다른 아이들을 밀치고, 자기가 좋아하는 장난감을 항상 감춰 두곤 했다. 무엇이든 사이 좋게 나누는 법이 없고, 다른 누구도 신경 쓰지 않았다.

아이를 바로잡고자 했던 엄마는 어느 날 맛있는 슈크림을 만들었다. 푹신푹신한 페이스트리에 부드러운 크림을 가득 채우고 초콜릿 가나슈를 올린 최고의 후식이었다. 천상의 음식, 진정한 예술 작품이라고 해야 할까?

엄마는 그중에 한 개를 일부러 더 크게 만들어서 발효시킨 연어 머리와 양 내장, 소와 돼지 내장을 크림으로 만들어 넣었다. 슈크림이 담긴 접시를 돌리자 아이는 당연히 가장 큰 것을 집어 들고는 달콤한 맛을 기대하며 크게 한입 베어 물었다. 그런데 입안에 괴이한 맛이 느껴지자 아이의 눈이 휘둥그레지더니 눈물이 차오르기 시작했다. 다들 맛있게 후식을 먹고 있는 사이, 아이는 급하게 화장실로 달려갔다. 거기서 무슨 일이 벌어졌는지는 모르겠지만, 아이는 틀림없이 교훈을 얻었을 것이다. 그날 이후, 그 아이도 나도 더는 감히 큰 조각을 집어 들지 않게 되었다. 이 아이는 이기적이었다.

교묘한 속임수

자기의 유익을 구하는 것은 이기심보다 훨씬 더 강력하다. 자신이 원하는 것을 냄새 맡고는 자신의 유익과 행복을 끝까지 맹렬하게 쫓는다. 때로는 다른 사람의 희생을 요구하면서까지 자신의 이익을 확장하고, 자신의 목표를 내세운다. 이기적인 사람은 눈에 띄게 짜증을 유발하는 반면, 자기의 유익을 구하는 사람은 교묘하게 엉큼하다.

아이티에서 지진이 발생한 지 몇 년이 지난 후, 어느 작은 자선단체의 미국인 대표가 자신과 자기 고아원 아이들을 위해 도움을 요청해왔다. 포르토프랭스 전역에서 총격 사건이 벌어졌다는 것이다. 갱단이 집집마다 돌아다니면서 약탈을 일삼고, 무고한 사람들에게 해를 입히며 살인까지 자행한다는 것이었다. 갱단의 고함과 발포 소리가 가까워지면서, 아이들이 위험하다고 판단한 그녀는 피난을 선택할 수밖에 없었다. 안전한 낮까지 기다릴 수 없어서 그녀는 용기를 내어 아이들을 모아 고아원을 탈출했다.

달빛만이 길을 비춰주는 컴컴한 어둠 속을 뚫고 이 작은 무리는 미국 대사관까지 기나긴 여정에 올랐다. 어둠 속에 옹기종기 모여 앉아서 대사관 직원과 도움의 손길이 나타나기를 기다렸다. 기부금으로는 새 보금자리를 마련할 예정이었다. 위험하고 혼란스러운 포르토프랭스와 멀찍이 떨어져서, 아름다운 이 고아들을 위해 안전한 천국을 세울 것이었다. 용맹한 이 여성은 자기를 희생하여 자기 목숨을 내놓고 이 작은 천사들의 생명을 구했다.

이 자선단체의 미국 사서함과 은행 계좌로 곧장 돈이 들어오기 시작했다. 아니, 돈이 콸콸 쏟아졌다는 표현이 더 어울리겠다. 아이들 이야기에 감동한 마음 좋은 사람들은 수표를 쓰거나 온라인 결제 버튼을 누를 수밖에 없었다. 소파 주변을 뒤져 떨어진 동전을 모으거나 점심값을 아껴서 보낸 사람도 있을 것이다. 아이들을 구출할 수만 있다면 무슨 일이든 했을 것이다.

내 메일함에는 이렇게 위험한 도시를 떠나 안전하게 숨을 곳을 찾아달라는 요청이 답지했다. 당시에 나는 이 자선단체의 웹사이트와 페이스북 페이지에서 끊임없는 범죄 행위의 진원지로 묘사되고 있는 곳과 그리 멀지 않은 곳에 머물고 있었지만, 갱단이 총을 들고 도시를 위협하고 있다는 소식은 들어본 적이 없었다. 주변에 물어봐도 총소리를 들었다거나 죽은 사람을 안다는 사람은 없었다. 가난한 나라의 도심에 살면서 흔히 겪는 위험 이외에 다른 위협을 느꼈다는 사람은 찾아볼 수 없었다.

이 끔찍한 사연이 전해지고 나서 며칠 후, 내 친구가 포르토프랭스에서 분쟁이 있었다는 그 지역에서 이 단체 대표를 우연히 만났다. 친구는 그녀가 인터넷에 올린 이야기는 들어보지 못했다고 전하고, 갱단에 대해 더 자세히 알고 싶다고 했다. 그랬더니 그녀는 비웃음을 흘리면서 자기는 그냥 어떻게 돈을 모아야 할지 몰랐다고 했다는 것이다.

이게 자기 유익을 구하는 것이다. 다른 사람들을 깡그리 무시한 채 자신의 이익을 더 많이 챙길 방안을 추구하는 것, 자신의 욕구에만 오롯이 관심을 두는 것 말이다.

이 소식이 전해지자 갱단을 두려워한 한 의료팀은 그다음 주에 예정되어 있었던 아이티행을 취소했다. 그 때문에 도움을 받지 못한 사람들을 생각하면 지금도 마음이 아프다. 여행 계획을 바꾼 사람들은 그들만이 아니었다. 이게 다 한 사람이 자기 유익을 구했기 때문이다.

이것은 사랑이 아니다. 사랑은 자기의 유익을 구하지 않으니까. 자기의 유익을 구하지 않는 사랑은 자기보다 다른 모든 사람을 앞세운다. 물론, 말은 쉬워도 실천은 어려운 법이다.

자기를 희생하는 사랑

자기 유익을 구하지 않는 사랑에 집중하는 기간에 장거리 비행을 한 적이 있다. 비행시간이 길어서 이코노미석인데도 식사가 나왔다. 내 좌석은 뒤쪽이었고 복도 건너편에 딱 한 사람이 앉아 있었다. 오후 4시에 출발하는 비행기인데 아침 식사 이후로 아무것도 먹지 못해서 굉장히 배가 고팠다. 시간이 빠듯해서 공항에서 따로 먹을 것을 살 시간이 없었다. 그래서 기내식으로 무슨 음식이 나오든 맛있게 먹을 준비가 되어 있었다. 승무원이 앞좌석 승객들에게 기내식을 준비해주는 데 몇 시간이 걸리는 것처럼 느껴졌다.

승무원이 뒤쪽으로 가까이 왔을 무렵, 승객들은 우리에 갇혀 울부짖는 짐승 소리에 주변을 둘러보았다. 울부짖는 동물은 우리에 갇힌 게 아니라, 내 배 속에 있었다.

남색 치마와 상의를 입고 목에 붉은 스카프를 두른 아름다운 여성이 드디어 뒷좌석에 도착했다. 승무원이 (늦었지만 안 주는 것보다는 나은) 쟁반 하나를 들고 우리 둘을 쳐다보았다. 그녀가 미소 지으며 말했다.

"죄송하지만, 식사가 하나밖에 없네요."

눈에 눈물이 고이고 심장이 뛰기 시작했다.

'주님, 제가 이 떠돌이 여행객을 정말 사랑해야 하나요? 아마 이 사람은 비행기에 타기 전에도 어마어마하게 큰 치즈버거를 먹었고, 배낭에는 간식이 한가득일 텐데요. 저는 온종일 아무것도 먹지 못했고, 사탕 세 알과 껌 한 개가 전부인 데도요?'

사랑은 자기 유익을 구하지 않는다. 나는 이 사람과 그의 간식을 포함한 모든 것을 사랑해야 한다.

"저분께 주세요."

머릿속으로는 이렇게 말했다. 하지만 입으로도 이렇게 말한 게 틀림없었다. 촉촉하게 젖은 내 눈에, 남은 식사 하나, 그러니까 앞으로 남은 몇 시간의 비행을 견딜 유일한 희망인 식사가 내 앞을 지나 다른 사람 테이블 위에 놓이는 모습이 보였기 때문이다. 나는 그 여행자를 사랑했다.

자기의 유익을 구하지 않는 사랑은 때로 아프다는 것을 알게 되었다. 그런 사랑이 늘 쉽지만은 않다. 다른 모든 사람을 자신보다 앞세우는 것을 배우는 일은 큰 도전이다. 하나밖에 남지 않은 식사를 자녀에게 양보하기는 쉬울지 몰라도, 모르는 사람에게 내주기란 조금 더 힘들 것이다.

팜스프링스행 비행기에서 자기 유익을 구하지 않는 사랑이 이렇듯 고통스러울 수 있다는 것을 배우면서, 아이티에서는 어떤 고통이 나를 기다리고 있을지 사뭇 두려워졌다.

'아이티안 타임'이라는 말이 있다. 이 말은 대개 핸드폰이 가리키는 시간보다 20분에서 3시간 후를 뜻한다. 아이티에서 "3시에 데리러 갈게요"라고 하면, 흔히들 이렇게 묻는다.

"미국 시각이요, 아이티 시각이요?"

"하, 하, 하!"

이번 아이티 방문에서는 새로운 정의를 발견했다.

둘째 날도 첫째 날과 별반 다를 게 없었다. 푹 자고 나서 새로운 전망, 새로운 에너지, 새로운 인내심을 충전했지만, 8시 30분에 나를 태우러 오기로 한 차가 나타나지 않으면 그 새로움이란 것도 점차 사라지기 시작했다. 9시가 되면서 아이티안 타임에 짜증 나기 시작했고, 10시가 가까워지면 충전한 새 힘은 다 사라지고 없었다. 탑탑 노선에서 멀리 떨어진 곳은 다른 교통수단을 찾기도 마땅치 않아서 나는 오전 11시 34분이 되어서야 창고에 도착했다. 직원과 그의 아내, 몇 안 되는 일꾼들에게 점심을 사줘야 할 시간이었다.

창고는 상자를 옮기는 사람들로 부산스러웠고, 트럭 옆에는 사람들이 대기하고 있었다. 미국에서 보낸 물건들은 아이티에서는 구하기 힘들거나 아예 구할 수 없는 것들이라서 다들 기대에 차 있었다. 인터넷도 전기도 들어오지 않고, 뜨거운 태양을 피할 그늘도 없었지만, 오랜 친구들의 미소 짓는 얼굴을 보니 몹시 반가웠다(이 친구들은 인터넷도 전기도 들어오지 않고, 뜨거운 태양을 피할 그늘도 없는 곳에서 살고 있다).

할 일은 많은데 좀처럼 줄어들 기미가 보이지 않았다. 상자를 나르는 일은 오늘 내가 할 일에는 없었지만, 어쩌다 보니 거들고 있었다.

드디어 오후 5시 35분, 어둠이 조금씩 내려앉았고, 7시 회의를 시작으로 콘퍼런스가 시작되자 창고 문을 걸어 잠갔다.

나는 회의 장소와 가까운 게스트하우스에 방을 예약했다. 아이티에는 도로 표지판이 거의 없고 건물에 번지수가 적힌 곳은 더 드물었다. 게스트하우스를 찾는 것부터가 난관이었다. 두 번째 난관은 예약 사이트의 정보가 정확하지 않다는 것이었다. '회의 장소에서 걸어갈 수 있는 조용한 주거 지역'이라고 했지만, 실제로는 '회의 장소에서 1.5킬로미터 떨어져 있는 복잡한 상업 지구'였다. 할 수 없이 훨씬 더 비싼 컨퍼런스 센터 호텔에 묵으려 했지만, 방이 없다는 대답이 세 번째 난관이었다. 야구 경기였다면 나는 아웃이었다.

그런데 차를 타고 숙소를 찾아다니면서 대화 주제가 바뀌었고, 따라서 내 계획도 바뀌었다.

패트릭이 포르토프랭스 외곽 지역 단체들을 위해 통역을 하고 있다고 했다. 패트릭은 '희망의 빛'에서 정직원으로 일하고 있기 때문에 나는 조금 더 캐보기로 했다.

"통역 일은 언제 해요?"

"그쪽에서 필요로 할 때요."

"하루나 이틀 정도?"

"아뇨, 한두 주 정도요?"

"그러면 다른 지역에서 지내야겠네요?"

"네."

흠, 패트릭은 정규직 급여를 받으면서 일한다. 꽤 괜찮은 월급이다. 할 일이 없다는 건 말이 안 된다.

"이 일은 얼마나 오래 했어요?"

"1년쯤요."

1년이라고? 갑자기 온몸에서 힘이 쭉 빠져나가는 느낌이었다. 사랑은 어떻게든 버티고 있는 것 같았지만, 인내심은 사라져 가고 있었다.

"그러니까, 그동안 한두 주 정도 한 거예요?"

한두 주 정도면 괜찮다. 그 정도면 나도 허용할 수 있고, 패트릭과 잘 이야기하면 될 일이었다. 왜 이것이 합법이 아닌지 설명할 수 있을 것이다.

"아니요."

"그러면 삼 주?"

"아니요."

혈압이 오르면서 목소리도 같이 올라가기 시작했다.

"도대체 몇 주요?"

"정확히는 모르겠지만 12주, 15주 정도요."

12주나 15주라니? 머릿속에서 총성이 난무하는 사이에, 심호흡을 크게 해보려고 애썼다. 모든 게 내게서부터 시작된 것을 알기에 그를 제대로 훈련했는지 의구심이 들었다. 내 기대를 명확하게 설명해주었는가? 그가 할 일을 분명하게 점검해주었는가? 월급을 받으면서 정직원으로 일하는 것에 대해 구체적으로 이야기해주었는가? 물론이다, 물론이다, 물론이다! 게다가, 그에게 추가로 돈을 벌 수 있는 다른 기회가 생기면 알려달라고까지 했다. 어떻게 일을 조절할 수 있을지 함께 살펴볼 수 있도록 말이다. 그런데 1년에 넉 달이나? 도대체 그는 무슨 생각을 했던 것일까? 그 사람들은 또 무슨 생각을 했던 것일까?

"패트릭, 당신은 나를 위해 일해야 할 시간에 그 사람들을 위해 일한 거예요. 아시겠어요?"

"네, 하지만 그 사람들에게서는 돈을 한 푼도 받지 않았습니다."

그들이 돈도 주지 않았다고! 때로는 일주일씩 집을 떠나 그 사람들을 위해 통역해주었는데, 돈도 주지 않았단 말인가! 그랬겠지. 내가 월급을 주니 그쪽에서는 줄 필요가 없었을 것이다.

나는 이를 악물다 못해 부득부득 갈면서 말했다.

"패트릭, 이건 좀 아닌 것 같네요. 내가 월급을 주니 나를 위해서 일해야죠."

"하지만 그쪽에는 내가 필요해요."

패트릭은 항상 남을 도와주려 한다(그의 순진한 마음씨를 탓해야지). 누구를 위해서든 무슨 일이든 할 사람이다. 남의 비위를 맞춰주고 모든 사람을 행복하게 해주려고 애쓴다. 패트릭이 어떤 일을 해낼 방법을 찾을 수만 있다면 하고야 말 것이다. 그는 모든 사람과 사랑을 주고받는다. 그의 성격은 주변 사람들에게 전염되고, 그가 미소 지으면 모두가 즐거워하고, 그의 마음은 아이티만큼이나 광활하다.

패트릭이 내게 월급을 받으면서 다른 사람을 위해 일했다는 사실을 알고 나서 짜증이 하늘을 찌를 정도였다. 하지만 패트릭의 관점에서는 이해할 만한 일이었다. 그는 우리가 함께하는 일이 끝이 없다는 걸 안다. 마감 시점이 확실한 일을 해주고 다시 평소 하던 일로 돌아가는 것은 그에게 아무 문제가 없었을 것이다. 나는 아니었다. 어떤 미국인도 그렇게 생각하지 않을 것이다. 내가 패트릭에게 소개해주었고 그의 고용 상황을 잘 알고 있던 그들도 그랬어야 한다.

부글부글 끓어오르는 마음을 애써 억누른 채, 패트릭(이 아니라 그의 직업을 위태롭게 만든 그 사람들)을 뚫어져라 쳐다보며 내가 말했다.

"전화 좀 주세요. 피터랑 통화해야겠어요."

내 단체에서 사람을 빼 간 피터는 이제 패트릭을 해고해야 할 것이다.

"운전 중이라 못 받을 거예요."

"운전하고 있는지 어떻게 알아요?"

"그 사람들이랑 북쪽에 있다가 당신을 태워야 해서 온 거니까요."

나를 태워야 해서 왔다고요? 당신에게 월급 주는 사람을 태우기 위해서 당신에게 동전 한 푼 주지 않는 사람을 두고 와야 했다고요? 패트릭에게 그 사람에게 지금 당장 전화를 걸라고 해서 가능한 한 빨리 그쪽을 봐야겠다고 말해야 했다. 피터는 내가 무슨 생각을 하고 있는지 전혀 몰랐다. 그 생각이 '마음'과 '손'을 떠나지 않도록 확실히 하기 위해서, 패트릭에게 타이어 수리 도구를 잘 숨겨 두라고 말해두었다.

저녁 7시, 회의에 참석한 사람들과 근사한 와인 한잔 즐기고 있어야 할 시간인데. 사르트(Sarthe)의 어느 옥상에 앉아, 내 인내심을 갉아먹으려고 안달이 난 사람들을 만나고 있었다. 사랑해야지. 시기하지 않고 자랑하지 않고 교만하지 않은 사랑이 나와 한 배를 탔다. 오래 참고 온유하며 성내지 아니하는 사랑은 이미 바다에 뛰어내렸다.

"이렇게 뵙게 되어 반갑습니다."

이 문제를 꼭 해결해야 했으니 거짓말은 아니었다. 나는 본론으로 바로 들어갔다.

"패트릭이 우리 단체에서 상근으로 일하는 건 알고 계시죠?"

이구동성으로 "예"라고 답했다.

"그러면 우리가 정직원 월급을 주는 것도 아시겠네요."

이번에도 대답은 "예"였다.

"그런데 패트릭이 작년에 12주 넘게 우리가 아니라 그쪽을 위해 일했다는 걸 이제 막 알게 되었습니다."

"그래서요?"

내게는 이 문제가 아주 분명한데, 왜 그쪽에는 그렇지 않은 걸까? 초록 불빛이 들어오면 "식기세척기 안에 그릇들이 다 씻어진 거예요, 아니에요?" 하고 주방에서 큰 소리로 묻던 남편과 비슷한 상황인 걸까?

"우리가 월급 주는 걸 아시면서도 그쪽을 위해 일하게 하신 겁니까?"

진짜로? 이건 자기의 유익을 구하는 일이지, 사랑과는 전혀 거리가 멀어 보였다.

"물론이죠. 다 알고 있습니다. 패트릭이 남는 시간에 무슨 일을 하든 그쪽이 상관할 일은 아니죠."

아니, 남는 시간이라니? 내가 상관할 일이 아니라니? 패트릭이 '남는 시간'에 가족 문제로 돈을 빌려야 한다면 그건 내 일이 된다. 패트릭이 '남는 시간'에 텐트에서 집으로 이사할 돈을 구해야 했을 때 그건 내 일이었다. 패트릭이나 그의 가족이 '남는 시간'에 나와 다른 사람들에게 돈을 받아 병원에 가서 진찰하고 치료했을 때 그건 확실히 내 일처럼 보였다. 그런데 그가 '남는 시간'에 12주 동안 우리 단체에서 월급을 받으면서 그쪽 단체를 위해 통역한 것은 내가 상관할 일이 아니라니.

'심호흡 크게 하자. 사랑하자. 할 말을 하자.'

"우리는 패트릭에게 정직원 월급을 줍니다. 1년, 52주 동안요."

"킴, 이 책 좀 읽어보세요."

뭐라고요? 어째서 "그쪽이 우리 사역에서 사람을 빼 가고 있어요?"에서 "이 책 한번 읽어 봐요"로 이야기가 넘어가는 거지? 무슨 책? 그쪽 때문에 한껏 올라온 짜증을 잠재우기 위해서 《틱낫한 명상》(The Miracle of Mindfulness)이라도 봐야 할까? 아니면, 《달라이 라마의 행복론》(The Art of Happiness)을 읽고 정신없이 행복해지기라도 해야 할까? 아니면 성경? "네 이웃의 직원을 부당하게 이용하여 네 이웃을 착취하라"라는 말씀은 읽은 기억이 없는데. 패트릭에게 이게 다 괜찮다고 가르치면서 이 부도덕한 행위를 정당화할 수 있는 책은 도대체 무슨 책일까?

"모든 건 성과 중심이에요. 패트릭이 일주일에 5시간을 일하든 50시간을 일하든, 그게 무슨 상관입니까?"

그러면서 계속해서 그 목사는 자신이 일주일에 10시간 일할 때도 있고 어떤 때는 밤 9시까지 전화를 받아야 할 때도 있다고 했다. 업무만 확실히 처리하면 근무 시간은 중요하지 않다는 것이다. 국제 선교단체의 프로그램 담당자 입에서 이런 말이 나오다니. 내가 컨테이너의 짐을 부리는 동안, 그가 전 세계 모든 불의를 해결하고, 온 세상 사람을 먹이고 입히고 재워주고 치료해주기라도 했다는 말인가? CNN과 BBC에서 그 사연을 서로 취재하려고 난리라도 났나 보다.

지금은 뉘우치고 있지만, 그 순간에는 이 사람에게서 사업상의 조언을 받기는 힘들 것 같다는 생각이 들었다. 그가 훌륭한 목회자일지는 모르겠다. 신학 학위가 있고 머리도 꽤 똑똑할 것이다. 그는 안 가본 곳이 없었다. 훌륭한 남편이자 아버지일 거라고 믿는다. 내가 사랑하는 예수님을 그도 똑같이 사랑한다. 책도 많이 읽는다. 사실, 그는 경영학 책을 한 권 읽었을 뿐이다. 나는 얼룩말을 집어삼키는 사자처럼 경제 경영서들을 탐독한다. 그리고 바로 그때, 내 안의 사자가 그 사람 안의 얼룩말을 덮치고 싶어 했다.

"목사님, 그런 직업이 있기는 하죠."

눈에서 단도가 튀어나오면서 차분하게 말하는 것이 가능한지는 모르겠지만, 아무튼 나는 최대한 참을성 있게 말했다.

"날마다 어떤 장치를 500개 만들어야 하는 직업이 있다면, 그 일이 5시간이 걸리든 8시간이 걸리든 상관이 없겠죠. 500개 장치를 완성하자마자 자유롭게 퇴근하면 됩니다. 하지만 제가 하는 일은 다르답니다. 저는 잠자리에 들면서 오늘 할 일을 다 했다고 생각해본 적이 단 한 번도 없습니다. 늘 해야 할 일이 남아 있죠. 두둑한 급여를 받는 패트릭의 일도 마찬가지입니다."

"킴, 일단 그 책 좀 읽어보세요. 그런 다음에 미국에 돌아가서 다시 이야기합시다."

나는 크게 심호흡을 하고 눈살을 찌푸리지 않으려 애쓰면서 말했다.

"이렇게 하면 어떨까요."

참아야 한다. 사랑은 오래 참고 온유하니까.

"저희는 패트릭의 급여를 깎고 우리 일을 할 때만 급여를 줄

테니 목사님은 그쪽 일을 할 때 급여를 주세요."

"오, 킴, 킴, 킴. 화가 많이 나신 것 같네요. 지금 당장은 아무 결정도 내리지 맙시다. 미국에 돌아가서 안정을 좀 취하고 나서 그때 다시 통화하도록 하죠."

'맙시다'라니? 이게 함께 결정해야 하는 사안인 줄 미처 몰랐다. 나는 그에게 조언이나 지혜를 구하지도 않았다. 안정을 좀 취하고 나서? 땡볕에서 온종일 무거운 상자를 옮긴 꼴을 하고 있다고 해서 내가 안정을 취하지 못했다는 뜻은 아니었다. 나는 아이티 커피와 아드레날린이 충만하여 완전히 정신이 말똥말똥한 상태였다.

"저 화 안 났어요."

물론, 아침 식사 이후로 아무것도 못 먹었으니 배가 고파서 살짝 화가 났을 수는 있다!

"괜찮습니다."

"이봐요, 킴. 부부 싸움할 때 꼭 제 아내 같아요. 아내가 항상 그러거든요. 괜찮다고."

더는 참기 힘들었다. 절벽 가까이 다가가고 있는데 피터의 말은 낙하산도 없이 나를 내려보냈다. 나는 당신 아내가 아니다. 괜찮지 않다. 사랑을 실천하는 한 해를 살고 있는데(오래 참고 온유한 사랑에서는 이미 노란띠를 땄고, '자기의 유익을 구하지 않는 사랑'을 실천하는 중이다), 당신이 나를 방해하고 있다. 내 직원을 빼 가면서도 그의 남는 시간을 얼마든지 사용해도 괜찮다고 생각하는 당신을 어떻게 사랑할 수 있을까? 한두 주도 아니고 12주나 그를 차출하여 상근 고용을 엉망진창으로 만들고도 나를 가르치려 드는 당신을! 사랑하라고?

속에서 들끓는 분노를 어느 정도 가라앉히고 나서 내가 말했다.

"괜히 왔나봅니다. 패트릭과 해결하면 될 일인데요."

그가 의기양양해서는 고개를 가로젓더니 이렇게 말했다.

"킴, 킴, 킴."

그의 눈에는 뭐든 세 개로 보이는 걸까?

"좀 진정하세요."

그는 마치 내가 악마로 변한 개이고, 그는 내게서 광견병을 내쫓으려 애쓰는 사람처럼 말했다. 진정할 테니 걱정 마시라. 가능한 한 여기서 멀찍이 떨어진 아무도 모르는 모처의 침대에 누워 진정할 것이다. 나는 야외 탁자에 양 손바닥을 올려놓고 기대면서 일어나 말했다.

"당신은 세상에서 가장 광신적이고 오만하고 자기밖에 모르는 #$@&%*에요!"라고 말하고 싶었지만, 사랑해야지. 그래서 그냥 조용히 일어나서 이렇게 말하고 말았다.

"안녕히 가세요, 여러분."

"킴, 좀 안정되면 꼭 전화하세요."

'주님, 정말요? 이 사람을 사랑해야 한다고요? 아주 싫어하면서 동시에 사랑하는 게 가능할까요? 잠깐만 시간을 내서서 '모든 사람'을 재고해주실 수는 없을까요? 도저히 사랑하기 힘든 그런 사람도 있잖아요? 만약 그런 부류가 있다면, 이 사

람이 그중에 최고라고요.'

피터의 리더십 스타일과 자신의 선택에 대한 헌신, 남을 깎아내리는 태도 등으로 미루어보건대, 그는 '자기 유익 구하기 기초' 수업에서 수석을 차지했을 것이다.

하지만 나는 이 사람을 사랑했다. 아니, 적어도 두어 시간 전에는 그랬다. 이제는 그 사랑을 다시 거두어들여야겠다. 이 상황에서 그의 행동이 전혀 마음에 들지 않았다. 그래도 나는 그를 사랑하기로 했다. 그때는 사랑을 표현하기가 '조금' 힘들었다. 뉴욕에서 로스앤젤레스까지 운전하기가 '조금' 힘들다고 할 때의 그 '조금'이라는 의미에서 말이다. 그를 사랑해야지.

깊은 심호흡이 '조금' 도움이 되었다. 어쩌면 '정화 호흡'(cleansing breath)이라는 게 내가 예전에 생각했던 것보다 더 효과가 있는지 모른다. 아무리 오염된 공기라 해도, 공기를 들이마셔서 폐에서부터 발끝까지 채우면 영혼도 차분해지고 머리도 맑아지는 느낌이다.

코로 들이마시고 입으로 내쉬고, 한 번 더 반복. 불을 내뿜지 않았으니, 그걸로 됐다.

그날 밤 샤워는 정말 기분 좋았다. 하지만 운전기사가 내 짐을 싣고 갔다가 다음 날 아침에야 돌아왔으므로 샤워 시간은 예상보다 늦어졌다. 그래도 샤워는 늘 기분 좋다.

우리의 필요를 하나님께 맡기기

자기의 유익을 구하지 않는 사랑은 모든 사람을 생각하고, 모든 사람의 필요를 자신의 필요보다 앞세운다는 것을 알게 되었다. 자기 유익만 생각하지 않고 그것을 하나님께 맡기면, 하나님이 우리에게 원하시는 일을 할 수 있게 된다.

자기의 유익을 구하지 않으면, 나머지 모든 사람의 유익을 구하게 되는 것이다. 다른 사람들의 유익과 복을 구하라. 다른 사람들의 평안과 편안함, 기쁨을 구하라. 그들이 성공하도록 도울 방법을 찾으라. 당신이 최근에 구하는 것들을 생각해보고, 다른 사람들을 위해서도 같은 것을 구하라.

자기의 유익을 구하지 않는다고 해서 자신의 필요를 무시하라는 뜻은 아니다. 자신이 가진 것들을 잘 돌보지 못하면, 어쩔 수 없이 자신을 최우선에 두는 상황이 발생할 수 있다. 엔진오일을 제때 교환하지 않아서 차가 망가지면, 가족 휴가를 위해 저축해둔 돈을 사용할 수밖에 없다. 자기 몸을 잘 돌보지 않으면, 디즈니 여행 경비를 의료비로 지출해야 할 뿐 아니라, 다른 사람이 당신을 돌봐야 하는 이기적인 상황이 발생하게 된다.

어디서든, 누구와 함께든, 직장에서나 집에서나, 독서 모임이나 학부모회를 가리지 않고, 자기 유익을 구하지 않는 사랑은 예수님처럼 이끈다. 종의 리더십이다. 다른 사람이 기쁨을 발견하고 성장하고 잘되게 도울 방법을 찾는다. 사람들이 금세 당신의 본보기를 따라 그 일에 동참하는 모습에 놀랄 것이다.

쉽게 전염되는 사랑

내가 아는 단체의 지도자들을 생각해보면, 자기의 유익을 구하지 않는 사랑을 나보다 먼저 실천한 이들이 있었다. 그중에서 가장 먼저 꼽을 사람이 셸리다.

십여 년 전, 셸리는 24시간 전기가 들어오고 골목마다 커피숍이 즐비한 안락한 미국을 떠나 가족과 함께 아이티로 이주했다. 셸리는 고아원 아이들에게 대부분 부모가 있지만, 연평균 소득이 450달러밖에 되지 않는 나라에서 하루에 고작 1.23달러로 가족의 의식주를 해결하기란 불가능하다는 것을 알게 되었다. 셸리는 집을 하나 빌려서 엄마들에게 장신구 만드는 법을 가르쳤다. 이렇게 '어페어런트 프로젝트'(Apparent Project)가 시작되고, 부모들이 자녀를 집으로 데려갈 수 있게 되었다.

거실 한쪽에서 시작한 보석 가게가 이제는 건물 한 채가 되었다. 도자기 빚는 사람, 바느질하는 사람, 제본하는 사람, 종이 만드는 사람, 보석 세공사들이 이 건물에 모여 생활비를 번다. 셸리의 영향력은 엄청나다. 지역사회 개발, 산전 관리, 의료 구호 등 다른 사람들의 유익을 구하는 일의 목록은 끝이 없다. 그가 가난에서 벗어나도록 도움의 손길을 주어 변화된 인생은 그 수를 헤아리기 힘들 정도다. 셸리는 자기 유익을 구하지 않는 사랑을 안다.

자기의 유익을 구하지 않는 사랑은 자란다! 주변에 전염된다. 즐겁다. 자신을 위해 모든 것을 구하지 않고, 모든 사람을 위해 모든 것을 구하는 것은 진정 행복한 삶의 방식이다.

나는 내가 얼마나 자기 유익을 구하고 있었는지 미처 몰랐다. 패트릭이 우리 단체에서 하는 일에만 신경 쓰느라, 그에게 최선이 무엇인지 생각하지 못했다. 그는 재능 있고 친절하고 사람들의 존경을 받는다. 자기 유익을 구하지 않는 사랑을 늘 실천하면서, 마지막 동전 한 푼까지 나누어주고 옷까지 벗어줄 위인이다. 언제든, 누구를 위해서든 자유로이 일할 자유가 생겨서 새로운 기회의 문이 열린다면, 한 단체를 위해서만 일하는 것보다 훨씬 더 큰 도움이 될 것이다.

자기의 유익을 구하지 않는 사랑은 때로 아프다는 것을 알게 되었다. 늘 쉽지만은 않다. 자신보다 먼저 다른 (모든) 사람을 생각하는 법을 배우는 것은 큰 도전이다. 다른 사람의 유익을 구하는 것이 사랑의 핵심이라는 것을 깨달을 때 사랑은 어떤 느낌이나 감정이 아니라 행동의 문제가 된다. 자기의 유익을 구하지 않는 사랑에는 발이 달려서 행동으로 증명한다. 자기의 유익을 구하지 않는 사랑은 진심으로 축하하고, 다른 사람의 성공을 전적으로 바라며, 정말로 기뻐해준다. 자기의 유익을 구하지 않는 사랑은 마지막 기내식을 건네고, 긴 줄에서 자리를 내주고, 자유의 문을 열어주며, 하나 남은 자리를 양보하고, 차선을 바꾸도록 기다려주고, 가장 큰 슈크림을 내준다.

"주 예수님, 제가 성공과 쾌락을 좇으면서, 때로는 다른 사람들에게 해를 입히면서까지 여러 면에서 자기 유익을 구했던 것을 고백합니다. 자기의 유익을 구하지 않는 사랑을 실천할 수 있도록 도와주세요. 제 눈을 열어주셔서 다른 사람들을 위해 정의를 추구하게 해주세요. 저는 모든 사람을 진심으로 사랑하기 때문입니다."

Love is

A Yearlong Experiment of Living Out 1 Corinthians 13 Love

chapter 8

사랑은,
성내지 않는 것

사랑은 쉽게 화를 내지 않는다. 맞는 말 같지만, 나는 화를
내기도 한다.

그날, 우리만을 위해 태양이 떠오르는 사이에 온 세상이 흐
릿해졌다. 내가 행복의 구름을 타고 완벽한 화음에 맞추어 교
회 복도를 흘러 내려오는 사이, 우리 모습을 보려고 숲속 생
물들은 창가 자리를 두고 다투고 왜가리들은 목을 길게 뺐다.
스티브와 나는 두 눈과 마음을 닫아걸고는 아주 깊은 곳에
열쇠를 던져버렸다.

"맹세합니다."

이토록 완벽한 날에 어울리는 완벽한 말이었다. 이전과 이
후로도 영원히, 이렇게 사랑하는 두 사람은 없었을 것이다.

하지만 신혼여행이 끝나자 스티브는 내 꿈을 팔아 악몽 같

은 도시로 가는 표로 바꿔버렸다. 그는 치약 뚜껑을 닫을 줄도 모르고, 양말을 세탁기에 넣거나 그릇을 싱크대에 갖다놓는 법도 몰랐다. 지저분한 신발로 카펫을 엉망으로 만들고, 물건은 아무 데나 놓았으며, 화장실은… 그는 그 오랜 세월동안 목표물을 조준하는 법을 습득하지 못했단 말인가?

그중에서도 내 혈압을 머리끝까지 오르게 한 일은 따로 있었다. 그는 요리와 청소, 빨래 같은 나의 이타심의 발현을 의도적으로 무시했다. 전혀 알아차리지 못했다. 그의 무의식적인 망각에 비례하여 나의 분노 수은주는 올라갔다. 신데렐라가 엉뚱한 왕자와 결혼한 셈이었다.

나는 남편에게 한 번 더 기회를 주기로 했다. 일찍 퇴근하여 남편이 제일 좋아하는 라자냐와 독일식 초콜릿케이크를 준비했다. 결혼 선물로 받은 양초와 매트로 식탁을 예쁘게 장식하고, 배리 매닐로우의 음악으로 분위기를 잡았다. 오븐에 음식을 다 넣고 나서 고대기와 마스카라, 몸에 딱 붙는 옷을 꺼냈다. 이 정도 마술이면 그를 망각의 땅에서 *끄집어내기* 충분할 것이다.

남편이 도착하기 직전, 캘빈 클라인 향수를 살짝 뿌렸다. 나는 도발적인 미소를 흘리면서 가운을 약간 잡아 내려 어깨를 드러냈다. 남편은 "다녀왔어"라고 인사하며 내 뺨에 입을 맞추더니 옷을 갈아입으러 방으로 들어갔다. 시작은 괜찮다.

나나 초는 그다지 의식하지 못한 듯, 그는 식탁에 앉아 곧

장 음식을 먹기 시작했다. 그가 이야기를 꺼낼 만한 시간을
충분히 주고 나서 내가 입을 열었다.

"맛이 어때요?"

이걸 굳이 물어야 하나?

"음, 맛있어요."

맛있다고? 주방에서 세 시간이나 고생했는데 고작 그뿐인
가? 식사가 끝날 무렵, 나는 분노에 사로잡힌 채 후식을 내놓
았다. 정성껏 꾸민 외모나 음식에 대해 아무 말도 하지 않는
것에 미치도록 화가 났다. 그러다가 예전에 나를 데리러 오기
로 해놓고 잊어버렸던 일, 어느 해인가 밸런타인데이를 챙기지
않은 일까지 떠올라서 분노의 화염을 부채질했다.

"왜 아무 말도 안 하는 거예요!"

결국 분노가 폭발하고 말았다.

"도대체 무슨 말을 원하는 거요?"

"'근사한 저녁 식사네요'라든지 '오늘 너무 예쁜데'는 어때
요? 아니면 '정말 고마워요'라도요!""왜 그렇게 나한테 화가
나 있죠?"

아니, 그걸 몰라서 묻나?

내가 뭐라고 소리치니 그도 받아쳤다. 그가 고래고래 소리
를 지르는 동안 나도 소리를 질렀다. 우리 둘 다 한바탕 쏟아
냈다. 한참 후에 발언권을 얻은 남편이 내가 평생 잊지 못할
한마디를 던졌다.

"그게 내 잘못은 아니잖아요. 당신이 화가 난 건 당신의 기

대감 때문이라고요."

나는 포크를 싱크대에 던져 넣고, 우당탕 밖으로 나오면서 소리쳤다.

"오늘 밤엔 소파에서 자요!"

불같이 화가 났다. 우선, 남편은 마땅히 해야 할 말은 한마디도 하지 않고, '당신의 기대감'이라는 말로 응수했다. 이게다 '내' 잘못이란다. 그는 '나'를 비난하고 있다. 이게 무슨 거지 같은 상황인가. 내 기대감이라니! 진정? 내 기대감. 흠, 그러니까, 내 기대감 때문이란 말이지. 제기랄, 남편 말이 옳았다. 그 순간에는 더 분노가 치밀어 올랐지만, 하루가 지나니 내 태도가 다시 바뀌었다. '얼간이 같은 남편'에서 '참 잘생겼단 말이지'로. 나도 성낼 때가 있다.

화내지 않고 참기

사랑의 의미를 더 깊이 탐색해보기 위해 애쓰면서, '쉽게 성내지 않는' 사랑을 시험해보기로 했다.

케어포스 인터내셔널 본사가 있는 캐나다 온타리오 주 벌링턴을 오가는 길은 이미 아주 익숙했다. 출발하기 전에 기름만 가득 채워놓으면, 중간에 주유소나 화장실에 들르지 않고 5시간 내내 쉼 없이 운전할 수 있었다.

캐나다에서는 대마초는 합법이지만 처방된 약을 버리는 것은 범죄. 케어포스는 전부 다 가져가야 한다는 조건으로 의약품을 기부받았다. 서아프리카 부르키나파소 수도 와가두구에서 꼭 필요한 의약품들이었다. 그 '전부'에는 유통기한이 지난 약도 일부 포함되어 있었다. 미국에서는 무엇을 버리든 상관없었기 때문에 나는 약이 든 상자를 차 트렁크에 싣고 집으로 출발했다. 일이 늦어져서 국경에 도착한 시간이 자정 무렵이었으니 새벽 3시는 되어야 잠자리에 들 수 있을 것이다.

국경을 넘는 일은 늘 비슷했다. 늘 같은 순찰대, 같은 질문, 같은 대답. 조금이라도 빨리 베개에 눕고 싶은 마음에 예정보다 조금 일찍 차를 주차했다.

"어디서 오십니까?"

"벌링턴에 있는 친구들을 만나고 왔습니다."

100퍼센트 사실은 아니지만, 거짓말도 아니다. 거기서 일한다고 말하는 순간, 국경에 머무는 시간이 5분에서 한 시간으로 늘어날지도 모른다.

"친구들은 무슨 일을 합니까?"

"대부분 자선단체에서 일해요."

"어디로 가십니까?"

"그랜드래피즈요."

"무슨 일로요?"

"거기 살아요."

"신고할 물건은 없으십니까?"

"없습니다."

평소처럼 "알겠습니다. 안녕히 가십시오"라는 말을 기대하고 차에 시동을 걸었다. 그런데 "트렁크 좀 열어주십시오"라고 말하는 게 아닌가?

빌어먹을. 약 상자를 깜빡했다. 무조건 다 가져가야 한다는 조건으로 받은 의료품 40상자를 신고 대상으로 생각하지는 않겠지? 머릿속으로는 크게 걱정하지 않았는데, 내 몸에도 그 이야기를 전하는 것을 잊어버렸다. 심장이 두근거리고, 어디서 나왔는지 모를 땀이 이마에 맺히기 시작하더니, 왼쪽 눈이 떨리기 시작했다. "이런, 저 사람이 내가 윙크하는 줄 알겠는데" 하고 중얼거리는 사이, 창밖에서 목을 가다듬는 소리가 들렸다.

"트렁크에 뭐가 들었습니까?"

"유통기한이 지난 약품인데, 기부받은 거예요. 내 친구들이, 자선단체에서 일하는 친구들이 받은 거요. 캐나다에서는 마리화나는 합법이지만, 오래된 약은 그냥 버리면 안 되거든요. 그래서 의약품을 받으려면 어쩔 수 없이 무조건 다 가져와야 했다고요. 어쩌고저쩌고…."

사랑은 쉽게 성내지 않는다. 나는 기부한 사람들에게 화내지 않을 거다. 그들을 사랑하고, 그들의 인정 많은 기부에 감사할 것이다. 하지만 나는 횡설수설한 덕에 빨리 빠져나갈 기회를 놓쳐버렸다.

"여기에 주차하시고 차량에서 내리세요."

그냥 '차'라고 하면 될 것을 굳이 '차량'이라고 하는 이유는 뭘까?

"제가 설명할게요."

그는 코웃음을 치며 차 키와 핸드폰을 가져갔다.

"그만하시죠."

왜? 내가 도대체 뭘 그만둬야 하는 것일까? 잊지 말자. 사랑은 쉽게 성내지 않는다. 나는 이 사내를 사랑한다. 모든 사람을 사랑한다.

"잠시만 시간을 내주시면⋯."

"안으로 들어가세요."

안으로 들어가라니? 내가 왜? 마약 거래상이나 밀수업자, 연쇄 살인범이나 안에 들어가는 법이다. 안쪽은 아마도 잿빛에, 엄청 지저분하고 형편없을 것이다. 나처럼 무고하고 사상이 순수하며 믿을 만하고 친절한 사람이 있을 곳이 아니다. 나로 말할 것 같으면 간다나 다름없지 않은가.

이름을 물어보려고 그의 얼굴을 보니, 활짝 웃다 못해 상기된 표정에 몹시 들떠 있었다. 아, 이제 알겠다. 전혀 의심하지 못하는 사람들에게 계획적으로 장난을 치는 몰래카메라 프로그램이 틀림없다. 파란 원피스를 입고 올 걸 그랬다. 그랬으면 내 눈동자 색과도 잘 어울리고, 외모도 훨씬 돋보였을 것이다. 눈 밑에 다크서클을 어쩌나. 잠시 실례한다고 말하고 화장을 고쳐야 할 것 같다. 텔레비전 화면에는 정말로 5킬로그램이나 더 살쪄 보이게 나올까? 파란 원피스를 입었다면 5킬로그램 정도는 아무 문제 없었을 텐데, 이 트위드 옷은 좀 아니다. 요즘 누가 트위드 옷을 입는다고. 도대체 무슨 생각을 한 건가? 전국 방송에 트위드 옷을 입고 나가다니. 어처구니가 없다.

"앉으시죠."

"그 전에 화장실 좀 다녀올 수 있을까요?"

"안 됩니다."

안 된다고? 앉으라더니, 그다음에는 "안 돼"란다. 나는 개가 아니란 말이다. 지금 장난치는 거죠? 알았어요. 앉을게요.

나란히 놓인 세 의자 중에 가운데 의자가 비었다. 어쩌면 이 의자에는 아직 연쇄 살인자의 DNA가 남아 있을지도 모른다. 양옆에 앉은 사람들도 몰래카메라 출연자인지 궁금하다. 틀림없이 그럴 것이다. 극장 스크린에서 막 튀어나온 것처럼 의상이 멋지다. 사람들과 농담을 주고받으면서 "그쪽은 왜 들어왔어요?"라고 묻고 싶었지만, 그만하라고 했으니 가만히 있었다. 나는 화내지 않는다.

카메라도, 애쉬튼 커쳐도, 깜짝 놀라는 연기도 없이 20분이 흘렀다. 어쩌면 몰래카메라가 아닐 수도 있다는 생각이 들면서 살짝 두려운 마음이 엄습하기 시작했다. 더는 기다리기 힘들었다. 트위드 차림이어도 좋으니 몰래카메라이기만을 마음속으로 간절히 바랐다.

방 건너편에 제복을 입은 사람들이 몸을 웅크리고 모여 있었다. 수군거리는 대화 내용이 잘 들리지 않았다. 금방이라도 그들이 작전타임을 끝내고 흩어지는 농구 선수들처럼 허공에

골 넣는 시늉을 할 것만 같았지만, 아니었다. 한참 후에야 그들은 흩어졌다.

아직 나와 통성명하지 않은 그 사내가 손수레를 가지고 밖으로 나가더니, 잠시 후에 상자를 싣고 돌아왔다. 거기 있던 모두가 들뜬 눈치였다. 그 사람들의 교대 근무가 끝나 가든지, 아니면 그중 한 사람이 이사해서 정말로 상자가 필요하기라도 했던 모양이다.

사람들은 그 사내의 등을 두드리거나 하이파이브를 하면서 "잘했어"라고 말해주었다. 너도나도 핸드폰을 꺼내더니 자세를 잡기 시작했다. 한 사람씩 돌아가면서 상자를 배경으로 사진을 찍었다. 한 발은 수레에, 다른 한 발은 땅에 딛고는, 팔짱을 끼고 총을 으스대며 근엄한 표정을 지어 보였다. 이 사람들이 정신이 좀 이상한 건 아닌지 궁금해졌다. 이건 신디 크로포드나 나오미 캠벨 같은 모델이 아니라, 갈색 골판지 상자란 말이다!

이 사진들은 모든 조치를 취하는 텍사스로 보내졌다. 이런 말들이 들렸다.

"지금껏 중에 가장 큰 건수가 틀림없어."

가장 큰 건수라니? 나한테는 여태 아무 말도 안 해줬는데. 내가 아는 한, 나는 어린이용 아스피린 때문에 체포될 수도 있는 상황이었다. 사랑은 쉽게 성내지 않는다.

"갑시다."

나는 예의 그 사내를 따라 작은 방으로 들어갔다. 방에는 제복을 입은 한 여성이 나를 기다리고 있었다. 알몸 수색을 받지는 않았지만, 우선 서로 조금 알아가는 시간이 있었으면 더 좋았을 것이다. 가방을 뒤지니 껌 포장지, 영수증, 화장지, 종이 클립, 뭔가 끈적거리는 것, 캐나다 동전 두어 개가 나왔다. 그러고 나서 나를 다시 의자로 돌려보냈다.

잠시 다녀온 사이, 옆자리 동료가 바뀌어 있었다. 이번에는 "그래서 댁들은 무슨 일로 들어왔어요?"라고 물어보았다.

스무 살쯤 되어 보이는, 녹색 모자를 쓴 남자가 먼저 대답했다.

"씨앗이요."

"무슨 씨앗이요? 양귀비 씨앗?"

새벽 2시에 이런 농담을 주고받다니 참 우습다.

"마리화나요."

어휴, 소아용 아스피린보다 훨씬 더 세네.

나와 같은 의자에 앉아 있던 수염이 지저분한 남자 쪽으로 고개를 돌렸다.

"서류요."

"서류요?"

"네."

씨앗. 서류. 둘 다 남과 말을 잘 섞을 유형은 아니었다. 두 사람에게는 천만다행으로, 내가 대화의 양 끝을 잘 이어줄 수 있다.

"그쪽은요?"

"어린이용 아스피린요."

나는 녹색 모자를 쓴 남자에게 그의 엄마가 별로 좋아하지 않을 거라고, 카우보이가 그려진 벽지를 한참 동안 보고 있어야 할지도 모른다고 말해주었다. 경찰복 입은 사람이 나타나더니 씨앗 청년에게 차 키를 던졌다.

"다시는 그러시면 안 됩니다."

너무 놀라 경황이 없어서 청년이 나가는 모습을 놓쳐버렸다. 나는 아무 이유 없이 몇 시간째 갇혀 있는데 마약 청년은 아주 가벼운 처벌만 주고 집으로 보낸다고? 도대체 이런 법규는 누가 만들었는가? 사랑해야지, 사랑해야지, 사랑해야지.

이제 나도 참을 만큼 참았다. 156센티미터짜리 사람이 할 수 있는 한 당당하게 서서 이렇게 물었다.

"제가 여기서 뭐 하고 있는 거죠?"

사람들이 웃음을 터뜨렸다. 왜 늘 그렇지 않은가. 웃기려는 의도가 전혀 없었는데, 사람들은 당신이 웃기려 했다고 생각한다. 내 담당 사내가 여왕처럼 손을 흔들기에 그를 따라오라는 신호로 알고 따라나섰다. 아까와는 다른 작은 방에, 콧수염을 기른 남자가 책상 앞에 앉아 있다가 고개를 들어 나를 쳐다봤다.

"참 곤란하게 됐네요, 작은 아가씨."

작은 아가씨라니, 여기는 도대체 어디인가? 서부 개척 시대의 오케이 목장이라도 되나?

"왜요?"

어린이용 아스피린이 아니라, 처방 약 베나드릴(Benadryl)이 문제였다. 내가 사는 곳의 남쪽 마을에서는 베나드릴로 마약을 대량 생산한다. 지금 그들 손에 사람을 몽롱한 상태로 만드는 걸 도와주는 약이 있다. 불법 약물. '가장 큰 건수'란 마약 단속을 가리키는 것이었다.

내게 "그만하시죠"라고 말했던 맨 처음 경찰에게 상황을 설명해보려 했다. 하지만 콧수염 사내는 내가 조금 더 입을 다물고 있었으면 했다.

이제 문제가 드러나자 관계자들은 이 악명 높은 날에 대해 이야기하기 시작했다. 씨앗과 서류 문제로 사람들을 연행한 날이 있다면, 마약이 가득한 짐칸은 수백만 달러 복권에 당첨된 것과 같을 것이다.

"정말 몰랐어요."

"하!"

여기 사람들은 다들 외마디 말과 소음밖에 낼 줄 모르나?

"정말이에요. 다 버리려고 했다고요."

갈수록 상황이 더 꼬였다. 코미디언들이 무대에서 남을 웃기려 할 때 이런 기분이지 않을까 싶다. 내가 말을 하면 할수록 사람들은 더 크게 웃었다. 얼마 안 있어, 사람들은 너무 웃긴 나머지 배꼽을 잡고 허리를 접은 채 상대방 등을 두드려 댔다.

내 담당자가 떠날 수 있도록 터널을 만들고 있는 게 틀림없었다. 그의 냉정한 눈길이 내 눈과 마주쳤다.

"유치장에 잠시 계실 겁니다. 오늘이 금요일 밤이니까 월요일 아침까지는 나오기 힘들 겁니다."

사랑은 성내지 않는다.

나는 진이 다 빠지고 방광이 터지기 일보 직전이었다. 그리고 좋은 책이 한 권 있었다. 유치장도 괜찮을 것 같았다. 주말에 온천 없는 온천에 가는 기분이랄까.

수염이 지저분한 사내와는 꽤 친해졌다. 아내와 어여쁜 삼남매, 래브라도 리트리버 한 마리가 그를 기다리고 있었다. 그는 무슨 이유에서인지 출생증명서를 깜빡해서 이 괴기스러운 곳에 더 머물게 되었다. 그의 신부는 아침까지 밤새도록 기다려야 했다. 그의 트럭은 토요일 오후에 도착 예정이었는데, 그 덕에 그를 기다리던 사람은 주말을 쉬게 되었다.

이 털북숭이 사내에게서 두어 가지 정보를 더 알아냈다. 베나드릴이 마약 조제 성분이기도 하지만, 내 '범죄'가 "미국 국토안보부가 감당하기 힘든 대형 사건'이라는 것이었다. 그래서 디트로이트에서 더 높은 사람들이 올 때까지 기다려야 했다.

그의 말이 맞았다. 그는 이곳을 여러 차례 드나든 것 같았다.

새벽 6시 18분, 존 웨인(John Wayne) 같은 사람이 들어왔다. 이번에도 여왕처럼 손을 흔드는 그를 따라나섰다. 도대체 이 여왕 같은 손짓은 무엇일까? 디즈니랜드 직원들이 손가락 두 개로 방향을 표시해주는 것과 비슷한 것인가? 그런 손짓이 당연하게 자리 잡기까지 얼마나 많은 연습이 필요했을지 문득 궁금해졌다.

내 가방과 서류 가방이 우리보다 먼저 콧수염 사내의 사무실에 도착해 있었다. 바니(《앤디 그리피스 쇼》에 등장하는 보안관—역자 주)가 가슴에 달린 주머니 속 총알을 만지작거리면서 말했다.

"아주 큰 건을 하나 잡았습니다."

"아, 바니, 너무 속단하지는 말게."

"비 아주머니께 전화해서 우리가 파이 먹으러 좀 늦을 거라고 전해주게나."

내가 잠을 못 자서 환각에 빠졌나 보다. 더는 잠자코 있어서는 안 될 것 같았다.

"보안관님, 이제 제 이야기 좀 들어주시죠."

내가 자초지종을 다 설명했다. 버려야 할 약까지 몽땅 기부받았다, 메이플 시럽의 나라에서는 그 약을 버릴 수가 없었다, 미국에서는 상관하지 않는다, 우리는 기독교 인도주의 단체다. 나는 마약 제조상이 아니라 선교사다. 트위드 옷을 입고 그런 걸 운반하다니 말이 안 되지 않는가? 꼭 그런 단어를 사용하지는 않았다.

"순진한 게 죄라면 죄겠지요."

"당신 말을 믿습니다."

주님, 감사합니다. 보안관님이 이제야 좀 알아들은 것 같네요.

"그래도 상자는 저희가 맡아야겠습니다."

이런, 내 쓰레기통을 비우면 아무 의미가 없는데. 우쭐하기도 하고 기진맥진하기도 한 채 두 팔에 소지품을 가득 들고 사무실을 나섰다. 키가 족히 7-8센티미터는 커진 것 같았다.

"숙녀분께 차 키 내드려라."

하이에나로 돌변했던 환호하던 전사들이 그 자리에 굳어버렸다. 나를 담당했던 사내가 차 키를 가지고 있었는데 아무도 키가 어디에 있는지 모르는 것 같았다. 그 사람은 몇 시간 전에 퇴근해버렸다. 그는 그냥 집으로 간 게 아니라, 주말을 보내려고 북쪽으로 가고 있었다. 북쪽으로, 어쩌면 내 차 키를 가지고, 주말을 보내려고.

이제는 화가 난다. 그래도 쉽게 성내지는 않았다. 시간이 좀 걸렸다.

전화해보니 그 사람에게는 키가 없었고, 수색이 시작되었다. 전에 발레파킹을 해본 적이 있다. 널찍한 판에 작은 고리가 달려 있어서 거기 열쇠를 걸어놓고 차량 주인이 돌아오기를 기다린다. 여기에 그런 판 하나 마련하는 게 그렇게 힘든 일일까?

지저분하게 수염을 기른 남자와 새로 온 남자 사이에 다시 자리를 잡고 앉았다. 이 남자는 수상쩍은 물병 아니면 말도 안 되는 다른 어떤 이유로 이곳에 들어왔다. 나처럼! 말도 안 돼. 진짜 말도 안 된다. 그렇다, 나는 화가 불같이 났다.

정확히 23분 하고도 37초 후에 열쇠를 '찾았다'. 나는 파란 옷을 입은 그 청년을 붙잡고 얼굴에 입을 맞추고 가지고 있던 돈을 다 건네고 싶은 심정이었다.

빨리 그곳을 벗어나고 싶었는데 그럴 수가 없었다. 차를 타고 출발하자마자 바짝 말랐던 두 눈에서 눈물이 흘러내리면서 큰 소리로 울기 시작했다. 오랜 시간 억눌려 있던 온갖 감정이 한꺼번에 터져 나왔다. 무섭고 겁나고 화가 났다. 분노가 가장 컸다. 그러다가 전화벨이 다섯 번 울리고 나서 잠자던 아들이 전화를 받자 안도감이 몰려왔다.

"내가 무슨 일을 당했는지 알면 깜짝 놀랄 거야!"

"누구세요?"

"누구긴 누구야, 엄마지. 엄마가 감옥에 갈 뻔했다니까. 엄청난 약물을 싣고 국경을 넘다가 적발됐지 뭐니. 방금 수용소에서 석방됐어."

"엄마, 그 약 좀 챙겼어요?"

해와 달이 모두 무단이탈한 상태에서 적대적인 비가 내리고 엔진오일처럼 걸쭉한 안개가 끼더니, 갑작스럽게 쿵, 쿵, 쿵 소리가 시작되었다.

"지금 이 엄마 놀리는 거니!"

"엄마, 차 세우세요."

사람들이 상대를 설득할 때 사용하는 어조였다.

트렁크가 텅 비어서 이젠 아무짝에도 쓸모없는 차를 육식성 포식자가 득실거리는 덤불 앞에 세웠다. 아무짝에도 쓸모없는 문을 열고 반항하듯이 밖으로 나와 불길한 어둠 속에 발을 내디뎠다. 하늘을 향해 얼굴을 쳐들고 허공에 주먹질해댔다.

"주님, 안식년이라도 가셨나요?"

비에 흠뻑 젖어 잔뜩 분노한 채 똥 무더기 위를 저벅저벅 걸어다녔다. 타이어도 하나씩 걷어찼다. 운전석 쪽에 있는 두 타이어부터 시작했다. 나쁜 놈은 진짜 어두운 쪽, 악마로 변한 개와 벨로키랍토르들 가까이에 있었다. 뒤쪽 타이어를 얼마나 세게 발로 걷어찼던지, 이미 펑크가 나 있지 않았더라면 내 돌려차기로 무찔렀을 거라고 믿었을 것이다. 하지만 아니었다. 그렇다면 오른쪽 앞쪽인가. 나는 내가 그 끔찍한 고무 덩어리를 굶주린 악어들에게 먹이기 전에 그것을 고문할 온갖 방법을 생각하면서 몸서리를 치며 다가갔다.

또다시 세게 타이어를 찼다가 그것이 되받아쳐서 깜짝 놀랐다. 그것은 단단하고 온전하고 흠 하나 없었다. 나는 다시 한번 하늘을 바라보았다.

"죄송합니다, 다 제 잘못이에요."

차에 올라 서서히 출발하니 다 괜찮아진 것 같았다. 하지만 1킬로미터도 채 못 가서 쿵, 쿵, 쿵, 쿵 하는 소리가 다시 들렸다. 그제야 내가 길 한가운데 있는 울퉁불퉁한 반사등 위를 달리고 있는 것을 알게 되었다.

더딘 분노와 의사소통

사랑은 쉽게 성내지 않지만, 나는 쉽게 화를 냈다. 밤새 그 의자에 앉아 있으면서 생각할 시간이 많았다. 구약성경에는 하나님이 분노하시는 장면이 여럿 등장한다. 대개는 노예제도와 인종차별, 학대 같은 불의에 진노하신다. 하지만 하나님이 가장 크게 분노하신 때는 알 만한 사람들이 불의를 행하는 경우였다. 무엇이 잘못인지 아는 사람에게는 그렇게 하지 않으리라는 기대가 따른다. 독심술이 따로 필요 없는 타당한 기대감이다. 하나님은 사람들을 사랑하시기에 더디 분노하셨다. 하나님은 "아버지가 집에 갈 때까지 기다려라" 같은 전략을 사용하셔서 훨씬 더 빨리 나를 벌 주셨을 수도 있다. 저녁 식사 시간에 진노가 집 안으로 들이닥쳐 당신을 호되게 나무란 후에 당신은 쫄쫄 굶으며 잠자리에 들 것이다. 하지만 사랑하신다.

쉽게 성내지 않는 사랑은 서로 대화한다. 나는 포크를 집어 던지기 전에 스티브에게 내가 왜 힘든지 말했어야 했다. 물론, 내가 끓어 넘치기까지 시간이 좀 걸렸지만, 찻주전자가 홀라당 불에 타지 않게 할 수는 있었을 것이다.

화르르 타오르는 분노는 사랑을 잊어버린 채 잘못 반응하기 쉽다. 당신과 당신의 미용사만 아는 서서히 쌓이는 분노는 사랑을 벌세운다. 제대로 된 사랑, 곧 쉽게 성내지 않는 사랑은 갑자기 폭발하거나 점점 쌓여서 산더미처럼 되지 않는다. 쉽게 성내지 않는 사랑은 대화하고, 귀 기울이고, 지켜보고, 심박수를 낮춰 주며, 크게 심호흡을 하고 반응하며, 이야기 전체를 다 듣고, 이야기 전체를 다 살핀다. 쉽게 성내지 않는 사랑은 분노보다 사랑을 앞세우기 때문에 사랑을 잊어버리지 않는다. 그런 사랑을 손주들에게 베풀기는 쉽지만, 자녀에게는 쉽지 않다. 특히나 힘든 하루를 보냈다면 말이다.

분노는 범퍼에 태우고 사랑은 운전석을 지켜야 한다. 분노가 뒷유리창으로 몰래 들어오려 하면, 두말없이 전속력으로 페달을 밟아야 한다. 분노가 따라올 수는 있지만, 사랑은 분노를 편하게 만들어주어서는 안 된다.

먼저 사랑하라. 조용히 사랑하라. 사랑을 사랑하라.

"주님, 제가 사랑하지 않고 화를 낸 적이 얼마나 많았는지요. 용서해주세요. 제가 크게 심호흡을 하고 평정을 잃지 않고 사랑할 수 있게, 정말로 사랑할 수 있게 도와주세요."

chapter 9

사랑은,
악한 것을 생각하지 않는 것

나는 '사랑은 악한 것을 생각하지 않는다'라는 항목이 가장
무서웠다. 그래서 '참는다', '믿는다', '바란다'처럼 조금 더 쉬
운 표현을 앞세운 채 계속 미루었다. 이 항목을 하고 싶지 않
았던 까닭은 "당신이 ~한 걸 기억하세요"라는 길로 다시는 갈
수 없다는 것을 알았기 때문이다. 내가 부당하게 대우받은 일
을 이야기하거나, 상대에게 그가 잘못한 일을 일깨워주거나,
사람들이 내게 잘못한 온갖 경우를 떠올리며 자기 연민에 빠
져 있어도 안 될 것이다. 잘잘못을 기록한 장부를 불태우고,
기억을 지우고, "그 사람이 뭐랬다고?" 같은 대화에 참여해서
도 안 될 것이다. 무엇보다도, 내가 이 항목을 피하려 했던 이
유는 이 이야기를 다시 할 수 없을 것 같아서였다.

무슨 상황이지?

아이티를 처음 방문하는 미주리 주 목회자들이 가이드를 부탁했다. 그들은 내가 관여하고 있는 식수 프로젝트에 관심이 있었다.

세계보건기구(World Health Organization)에 따르면, 수인성 질병으로 매년 3천4백만 명이 사망한다. 오염된 물이 사망 원인 1위인 것이다. 2010년 아이티의 주요 식수 공급원이 콜레라균에 감염되면서, 수인성 질병의 하나인 콜레라로 인해 지금까지 만 명 가까이 사망하고 80만이 넘는 아이티 사람들이 그 영향을 받았다.

세계은행(World Bank)에 따르면, 아이티 시골 인구의 24퍼센트만이 깨끗한 물을 마실 수 있다. 76퍼센트는 오염된 물을 마실 수밖에 없다. 어른들은 직장에 못 나가고, 아이들은 학교에 못 가고, 갓난아기들은 목숨을 잃는다. 사람들은 욕조, 세탁기, 화장실, 쓰레기 처리장, 가축용 웅덩이, 수영장에 사용하는 것과 같은 강에서 식수를 얻는다. 그래서 목사들이 내게 도와줄 수 있느냐고 물었을 때, 나는 흔쾌히 응했다.

미주리 사람 일곱 명, 아이티 친구 두 명과 나는 낮 12시 전에 수도 북쪽 지역 아카하이에(Arcahaie)에 도착했다. 아카하이에 해변에 근사한 리조트가 몇 개 있고 멋진 망고나무가 뿌리를 깊이 내리고 있었지만, 아이티 대부분의 지역이 그렇듯, 이곳 13만 인구에게도 깨끗한 식수, 전기, 일자리, 교육 기회는 보기 힘들다.

우리와 연계된 한 지역 교회가 숙소를 알아봐주었다. 앞으로 닷새 동안 우리가 묵을 숙소는 방 두 개짜리 자그마한 건물인데, 주변을 둘러싼 콘크리트 벽 위쪽에 깨진 유리를 묻혀 있었다. 아이티식 보안 장치라고나 할까? 각 방에는 트윈 크기 침대가 네 개 있었는데, 그 외에 다른 게 들어갈 공간은 없었다.

숙소를 다 둘러본 후에 리더 격인 목사님이 나를 한쪽으로 불러냈다.

"저기, 혹시 방을 좀 보셨나요?"

방 이외에 달리 볼 거라고는 없었기에 내 대답은 너무 뻔했다. 하지만 입을 열기 전에 머릿속으로 전체 시나리오를 한번 펼쳐 봤다. 이 사람이 이렇게 묻는 이유는 뻔하다. 남자 열 명에, 여자는 나 혼자였기 때문이다. 그는 내가 방에 남자가 있으면 불편할 거라고 생각한다. 밤이 되기 전에는 너무 더워서 밖에 있어야 하므로 방에서는 잠만 잘 것이다. 그래서 나는 방을 함께 쓰는 데 아무 문제가 없으니 "괜찮아요. 제가 밖에서 잘게요"라고 말할 것이다. 그러면 상대방은 이렇게 말하겠지.

"아닙니다. 방에서 꼭 자야 할 사람이 있다면 바로 당신이죠."

그렇다면 나는 이렇게 대꾸할 것이다.

"저는 방을 같이 써도 괜찮아요."

그다음에는 그쪽에서 이렇게 말할 것이다.

"아, 잘됐네요. 침대는 넉넉하니까요."

그러면 나는 미소를 짓고, 모든 게 잘 해결될 것이다.

나는 말했다.

"괜찮아요. 제가 밖에서 잘게요."

그런데 내 머릿속 시나리오가 이 대목에서 이상한 쪽으로 흘러갔다.

"아, 다행이네요."

뭐라고?

"방에 숙녀분이 계시면 불편해할 분들이 계셔서요."

정말로? 그 사람들은 벌거벗고 자기라도 한단 말인가? 내가 한밤중에 그들을 덮칠까 봐 걱정되는 걸까? 40도를 웃도는 무더위에, 가로세로 3미터 남짓 되는 공간에서, 밤 10시부터 오전 6시 사이에 도대체 내가 다른 사람들을 불편하게 할 만한 무슨 짓을 저지를 수 있단 말인가? 자면서 코를 골지도 않고 잠꼬대를 하지도 않는데 말이다. 나는 티셔츠와 반바지를 입고 자고, 그들에게는 밤새도록 아무 일도 없을 것이다. 평생 연습해서 잠도 쉽게 잘 드는 편이다. 자리에 누워 눈을 감았다 뜨면 어느새 아침이다.

나는 방금 일어난 일을 곰곰이 생각해보았다. 여성들이 브래지어를 불태우고 동등한 임금을 요구하고 이제는 투쟁의 최전선에 설 수 있다는 건 나도 알지만, 이런 종류의 해방은 조금은 극단적인 것 같다. 나는 남자들이 문을 열어주고 버스에서 자리를 양보하고 꽃을 선물하는 것에, 특히 꽃 선물에 찬성한다. 직원이 계산서를 가져오면 내가 돈을 내겠다고 말하지만, 신사분이 자기 엄마에게 배운 대로 계산을 하더라도 나는 아무 불만이 없다. 내가 누구라고 그 남자와 엄마 사이에 끼어들겠는가?

남자들이 자기 침대를 고르는 동안, 나도 잠자리를 찾기 시작했다. 트럭을 살펴보았다. 트럭 짐칸에서 잘 수도 있지만, 비가 오면 어떡하나? 운전석에서 잘 수도 있겠지만, 더위를 견디기 힘들 것이다. 때마침 아주 흥미로운 기구가 눈에 띄었다. 탁자라고 하기에는 조악했다. 합판 한 장에 아이티식 톱질 작업대 두 개를 붙인 물건. 우리는 밑에 들어갈 매트리스를 가져다가 울퉁불퉁하고 딱딱한 땅바닥에 얹었다. 자, 이렇게 내 호텔 방이 생겼다.

내가 밖에서 자야 한다는 것보다도, 기사도 정신이라고는 없는 이 여덟 명의 미국인들이 아이티 사람들은 밖에서 자는데 자기들은 실내에서 잘 자격이 있다고 생각했다는 데 더 화가 났다. 포르토프랭스에서 온 내 용맹한 친구 패트릭과 로빈슨은 나만 혼자 밖에서 재울 수 없다면서 이 판잣집 아래에 침대를 갖다놓았다.

태양이 합판 침대로 내려앉는 동안, 우리 열한 명은 집에서 만든 나무 의자에 앉아 이야기를 나누었다. 대부분은 미주리 사람들 이야기였다. 스페인에서 투우를 하고, 남아프리카공화국에서 상어를 구경하고, 자전거 타고 사하라 사막을 횡단하는 등 남자들이 좋아할 만한 일들 말이다. 나는 그런 이야기를 흘려듣고 있었다. 머릿속에는 내 휴가지에 대한 생각뿐이었다.

"이봐요, 킴."

이번에도 그랬다. 자기가 왕인 줄 아는 사람.

"잠깐 시간 있어요?"

지금 농담해요? 아뇨, 저는 지금 밤중에 내 몸에 기어오를지도 모르는 온갖 것, 이를테면 뱀이나 독거미 같은 것들을 떠올려 보고, 이 허허벌판에서 해독이 가능한 가장 가까운 병원까지의 헬기 수송 비용을 여행보험으로 처리할 수 있을지 계산하느라 아주 바쁘답니다. 아니면, 보안관을 찾아 피를 빨아내기라도 해야 할까요.

"네. 말씀하세요."

"그러니까, 그게, 혹시 샤워실 좀 보셨나요?"

욕실을 봤냐고요? 샤워실을 봤냐고요? 이보세요, 여기에 딱히 더 볼 게 뭐가 있나요? 당신이 이 좁디좁은 곳에서 아직 언급하지 않은 곳은 화장실뿐이네요. 물론, 그게 다음 차례겠죠.

"네."

여기서 '샤워실'이란, 1.2미터 높이 ㄴ자 모양 벽 앞에 200리터 통을 가져다놓은 곳이었다. 샤워를 하려면, 20리터짜리 양동이를 채운 다음에 250밀리리터쯤 되는 조잡한 플라스틱 컵으로 물을 떠서 땀범벅에 먼지를 뒤집어쓴 냄새 나는 몸에 끼얹고 비누칠을 한 다음 씻어내야 한다.

"한 가지만 부탁드려도 될까요?"

사랑해야지, 킴, 사랑하라고.

"제일 마지막에 샤워해주셨으면 해서요. 우리 목사님들이 목욕하는 중에 당신과 마주칠까 봐 신경 쓰는 일이 없었으면 합니다."

그의 말에는 잘못된 점이 한두 개가 아니었다. 우선, 부탁드린다고? 부탁은 거절할 수 있어야 한다. 하지만 그의 요구 사항은 거절할 수 없는 것이었다. 그리고, 그들과 마주칠까 봐? 도대체 그게 가능하기라도 한 일인가? 샤워실 벽의 높이는 여덟 살 난 우리 손자의 키 정도다. 그 너머로는 사람 머리가 보인다. 아무리 어두워도 '샤워실'에 누가 있다는 것 정도는 알 수 있다. 굳이 가까이 가서 사람이 있는지 없는지 확인할 필요가 없다. 게다가, 나도 열까지는 셀 줄 안다. 일행 중에 한 사람이 없으면, 셈을 해보고 자리에 없는 사람이 샤워하러 간 것을 알 수 있을 것이다. 화장실 빼고는 달리 갈 곳이 없기 때문이다. 이제 화장실 이야기가 나올 차례였다.

"아, 그리고 당신이 편하게 화장실을 사용할 수 있는 시간을 알려 드리도록 하죠."

성은이 망극하옵니다, 폐하. 저처럼 천한 여인이 당신의 빛나는 존재에 은혜를 입어 당신과 같은 보좌에 앉게 해주시다니 얼마나 인자하고 친절하신지요. 사랑은 오래 참고, 온유하며…. 아이고, 모르겠다.

"알겠습니다."

LOVE IS

내가 샤워를 끝낸 즈음에는 모두가 꿈을 꾸거나 코를 골거나 꿈을 꾸며 코를 골고 있었다. 합판 아래로 들어가, 미리 공기를 넣어둔 에어 매트리스 위에 누웠다. 그런 다음, 그날 밤과 이후로 며칠 동안 여러 번 했던 일을 했다. 바로 기도다.

"주님, 다리가 있든 없든 뭔가가 제 위에 올라오거나 가까이 오지 않도록 도와주세요."

한 시간 뒤, 바람이 다 빠져나가 납작해진 매트리스 아래로 온갖 돌덩이와 막대기가 다 느껴졌다. 그리고 한 시간에서 세 시간이 지나는 사이, 개 짖는 소리와 빵빵대는 경적의 즐거운 합창을 즐길 수 있었다. 네 시간쯤 지나자 비교적 조용해졌다. 뭔가가 미끄러지거나 기어 다니거나 내 몸에 올라탄 것을 느끼더라도 움직이지 않을 정도로 스르르 잠에 빠져든 것 같았다.

그러고 나서 다섯 시간째. 멀리서 부두교 북소리가 들리기 시작했다. 마음을 차분하게 해주는 파도 소리나 이슬비 소리, 귀뚜라미 우는 소리 같지는 않았지만, 리듬감 있는 북소리도 의외로 긴장을 풀어주었다.

둥둥 북소리에 맞추어 깜빡 잠이 들려는 찰나, 아주 듣기 괴로운 소리가 들렸다. 한 번도 들어본 적 없는 소리였지만, 무슨 소리인지 정확히 알 것 같았다. 개가 울부짖고 있었다.

깨갱거리는 소리, 짖는 소리, 낑낑대는 소리, 늑대처럼 짖는 소리 등 개 소리라면 이골이 나 있었다. 사람들이 개를 걷어차거나 밟거나 떨어뜨리거나 치는 모습도 여러 번 목격해서, 개들이 아파서 괴로워하는 소리에도 익숙했다. 하지만 이 소리는 전혀 달랐다. 자지러질 듯 크고 길게 우는 소리, 이 섬뜩한 울부짖음에 나는 마음속으로 흐느꼈다. 나는 기도하는 마음으로 소리 없이 눈물을 흘렸다.

'주님! 저 개를 도와주세요.'

한 시간처럼 느껴졌지만, 아마도 이 괴성이 멈추기까지는 고작 몇 분이었을 것이다. 아이티 시골에서는 밤중에 부두교 북소리를 흔히 들을 수 있다. 부두교 의식의 일부로 개 가죽을 벗기는 일은 (바라건대) 보기 드문 일이다.

드디어 북소리가 잦아들고 나는 한쪽 눈을 뜬 채 다시 잠들 수 있었다. 동이 트면서 구원이 찾아왔다.

네 식구가(혹은 그 이상이) 모여 사는 방 한 칸짜리 오두막에 정수기를 설치하고 숙소로 돌아오니, 바람 빠진 매트리스 위에 합판을 덮은 내 방이 타지마할처럼 느껴졌다. 불평할 거리가 전혀 없었다.

밤마다 반복되는 일상에 서서히 익숙해졌다. 공기를 빵빵하게 채운 침대를 한 시간 정도 즐기다가, 그다음에는 아래쪽에서 느껴지는 돌덩이들을 일종의 지압용으로 생각하려 애쓴다. 북소리가 들리기 시작하면 그다음에 닥칠 개 우는 소리를 들을 마음의 준비를 하고, 반복해서 이렇게 기도한다.

"주님, 아무것도 제 위에 올라오지 않게 도와주세요."

그날 밤과 이후의 며칠 밤도 첫날 밤과 비슷했다. 둘째 날 밤과 그 다음다음 날 밤만 제외하고.

북소리가 잦아들고 동이 트기 전 사이 언젠가, 얕은 잠을 자다가 다리에 뭔가를 느끼고 소스라치게 깼다. 똑바로 누워 자고 있었는데(재빨리 일어나서 도망가야 할 경우를 생각할 때 가장 좋은 수면 자세) 무서워서 눈을 뜰 수 없었다.

'뱀이면 어떡하지? 물리는 한이 있더라도 조금이라도 빨리 벌떡 일어나야 할까? 뱀이 잠시 머물렀다가 스르르 사라지게 해달라고 기도해야 할까? 독거미면 어쩌지?'

독거미를 본 적은 많지만, 살아 있는 건 항상 멀찍이서 보았을 뿐이다. 죽은 거미라면 얼마든지 가까이 갈 수 있지만, 아주 가까이 가고 싶지는 않다. 선교여행 때마다 밤에 손전등을 들고 아이들을 인솔하여 독거미를 잡으러 가곤 했다. 겉으로는 용감한 척했지만, 속으로는 이 동네 거미들이 먼 동네에서 열린 가족 모임에 참석했기를 바라는 심정으로 말이다.

나는 몸속 깊은 곳으로 파고 들어가 비장 밑에 숨어 있던 마지막 남은 작은 용기를 그러모아서 오른쪽 눈을 살짝 떴다. 한쪽 눈만 뜨면, 눈앞에 뭐가 있든 절반만 무서울 것 같다는 생각이 들었다.

'흡혈 괴물 추파카브라면 어떡하지?'

지금까지 그럴 가능성은 생각해보지도 않았다. 신화에 나오는 동물이라는 건 알지만, 얼마나 많은 사진이 나와 있는가? 나는 진흙 색에, 개코원숭이의 송곳니, 대형 아르마딜로의 발톱, 여우원숭이의 눈, 돌출된 가시가 허리까지 내려가 있는 털 없는 대형 스핑크스 고양이를 상상했다. 이게 뭔지 정말 알고 싶지 않았다.

천천히 머리를 들어 올렸다. 뭐가 됐든 얼마나 큰 소리는 지르지 말자고 다짐하면서, 괴물의 공격을 예상하고 눈을 조금 더 크게 떴다. 그것은 날카로운 발톱으로 내 허벅지를 움켜쥔 채 말똥말똥 빛나는 붉은 눈으로 나를 쳐다보고 있었다. 그제야 두 눈을 활짝 떴다. 꿈인가, 생시인가? 모르겠다. 나를 살 떨리게 한 짐승, 내 심장박동을 분당 1,200번으로 끌어올리고, 혈압은 뇌졸중 수준으로 끌어올렸으며, 동공은 레코드판 크기로 확장시키고, 온몸의 구멍이란 구멍에서 땀이 비 오듯 흘러나오게 만들어 납작해진 매트리스에 작은 홍수를 일으킨 존재는 바로 '닭'이었다. 망할 닭이, 내 다리에 올라와 있었다. '휘이' 하고 닭은 내쫓았지만, 한껏 분비된 아드레날린 때문에 다시 잠들기는 글렀다.

이틀 밤 뒤에 똑같은 일이 벌어졌다. 똑같은 행동을 반복했다. 한쪽 눈을 가늘게 뜨고 서서히 머리를 들면서, 두 번이나 운이 좋을 수는 없다고 생각하고 최악의 경우를 상상했다. 전신을 긴장하고 공격에 맞설 준비를 했다. 그런데 또 닭이었다.

그날 밤 저녁 식사 시간, 3연승은 없을 예정이란 사실에 나는 몹시 안도했다. 미안하게 됐네, 옛 친구.

미주리 사람들은 알면 알수록 좋은 사람들이었다. 나는 그간의 모든 일은 문화적 차이로 생각하기로 했다. 성별에 따른 행동에 대해 확실히 다른 가정을 품고 있었던 나는 남자가 짐을 들어주거나 문을 열어주는 것을 좋아한다. 물웅덩이 위에 코트를 벗어 깔아 지나갈 수 있게 해주는 건 심하다고 생각하지만, 침대가 실내에 있다면 좋았을 것이다.

내게 잘못한 일에 대한 기록, 사랑은 악한 것을 생각하지 않는다.

기억 바꾸기

사랑은 앙심이나 원한을 품지 않지만, 그렇다고 아픈 기억들을 아예 없애버리지는 않는다. 기억을 달리 바라볼 뿐이다. 쓴 뿌리가 자리 잡고, 분노의 감정에 집착하고, 당신에게 잘못했다고 생각한 누군가가 큰 피해를 당하기를 바라지 않으며, 그 기억, 그 이야기가 단순한 기억과 이야기 자체로 바뀐다. 잘못을 기억하지 않는다는 것은, 그 이야기가 한때 불러일으켰던 감정을 더는 간직하지 않는다는 뜻이다. 그들은 더 이상 나를 밖에서 닭들과 잠자게 만든, '망할' 미주리 사람들이 아니다. 이제는 그저 웃을 수 있는 이야기, 평생 잊지 못할 경험, 내가 극복해낸 경험일 뿐이다.

합판 아래서 잠든 그 경험 덕분에 나는 더 강해지고 용감해지고 똑똑해졌다. 밖에서 잠을 청하는 일이 일상이 된 사람들을 불쌍히 여기는 마음이 더 커졌다. 하, 이제 나는 어디서든 잘 수 있고, 밖에서 자도 아무 일 없다는 걸 안다.

아카하이에의 그 다섯 밤을 경험하게 해준 목회자들에게 정말로 감사해야 할 것 같다. 당시에는 자신들이 무슨 일을 하고 있는지 몰랐겠지만, 그건 중요하지 않다. 인생에서 많은 일이 그렇듯, 우리에게 들이닥치는 어떤 일이 아니라 그에 대한 우리 반응이 중요하니까. 그 이야기는 이제 바뀌었다. 나에게 유익한 쪽으로, 영원히.

악한 것을 생각하지 않는 사랑이 무슨 의미인지 깨닫기 전에는, 내가 품은 감정들 때문에 마음이 상했다. 그 목사님들은 아이티에서 보낸 시간을 절대로 나처럼 생각하지 않을 것이다. 바라기는, 그 여행이 우리가 설치한 정수기와 우리를 집에서 맞아준 가족들에 대한 좋은 기억으로 남기를.

최근에 고등학교 동창, 앤을 우연히 만났다. 나는 그 친구에게 졸업식 날 밤에 있었던 일에 대해 늘 미안하게 생각했다고 말했다. 그날, 우리는 있는 돈 없는 돈을 다 긁어모아 슬로 진 한 병을 샀다. 여차저차해서 우리 둘은 각자 다른 차를 타고 해변 불꽃놀이를 보러 가게 되었다. 내 차는 중간에 다른 길로 빠졌고, 다른 친구네 집에 가서 진 반 병과 맥주 두어 병을 곁들여 고등학교 시절 이야기를 나누며 밤새도록 웃고 즐겼다.

그다음 날 앤을 만났는데, 기분이 썩 좋아 보이지 않았다. 나는 앤에게 해변에서 모든 사람을 다 찾지는 못했다고 말했다. 미시건 호수는 엄청 크고, 내 차에 탄 사람들은 다른 사람들이 우리가 어디 있는지 알 수 있을 거라고 생각했다. 안타깝게도, 우리는 몰래 술을 마실 기회에 너무 흥분되어 있어서 아무도 물어볼 생각을 하지 못했다. 나는 절반 남은 붉은 묘약을 앤에게 건넸다.

하지만 앤은 술 대신 돈을 되돌려달라고 고집했고, 나는 말도 안 되는 고집을 부린다고 생각했다. 일부러 길을 잃은 것도 아니었고, 돈도 없었다. 다 써버렸기 때문이다. 하지만 지금 돌아보니, 그때 2달러 37센트를 돌려줬어야 마땅했다. 반밖에 남지 않은 술병으로 뭘 할 수 있었겠는가? 부모님이 앤 방에서 술병을 발견한다면, 가만있지 않을 것이다. 내가 돈을 돌려줬어야 했다. 방탕한 밤은 지나갔고, 다시 돌아갈 수 없다. 슬로 진은 그 특별한 밤에만 가치가 있었다.

앤이 웃었다.

"아, 그래, 기억난다. 그동안 잊어버리고 있었네! 내가 불같이 화를 냈지. 얼마였더라? 한 50달러?"

친구는 맘에 두고 있지도 않았구나! 그 사건은 이후로 늘 내 가슴 한편에 무거운 죄책감으로 남아 있었는데 말이다.

앤은 사랑은 악한 것을 생각하지 않는다는 걸 알았다. 우리에게 큰일인 사건들은 그냥 큰일인 것이다. 엄청 무거웠던 수치심의 목걸이가 줄어들자 기분이 참 좋았다.

남편과의 사소한 의견 차이가 혈압이 올라가고 아드레날린이 솟구치고 목소리가 커지는 싸움으로 발전한 일이 있었다.

내가 그의 방법이 잘못되었다는 것을 결국 납득시켰을 때, 좀 더 정확히 말하자면, 그가 아무 소득 없는 논쟁에 지쳤을 때, 남편은 크게 한숨을 내쉬었다.

"알았어, 알았어, 내가 잘못했어요."

"당연하죠! 그리고 말이 나와서 말인데, 당신 2년 전에 쓰레기 버리러 가는 것도 잊어버렸잖아요. 또 언젠가는 식기세척기에서 그릇 꺼내는 일도 한 달 넘게 도와주지 않았고요. 내가 기저귀를 몇 개나 갈았는지 알기는 해요? 당신 아들이 장난감 자동차를 비디오에 집어넣었잖아요."

그애는 내 아들이기도 했지만, 그 순간만큼은 아니었다.

"비디오! 그 장난감을 못 끄집어내서 아이들 보여줄 영화를 틀 수가 없었다고요. 두 살짜리를 무릎에 앉히고 감자샐러드 만들어본 적 있어요? 방바닥에 벗어놓은 당신 속옷 치우느라 내가 얼마나 힘든지 몰라요. 빨래 바구니가 코앞에 있는데 말이야."

나는 이렇듯 장황한 불평을 늘어놓느라 정신이 없어서, 남편이 슬며시 소파로 자리를 옮겨 축구 경기를 보고 있는 줄도 몰랐다. 나로 말하자면, 원한 품기 대회 세계 챔피언이었다. 섭섭했던 일을 밤새도록 늘어놓을 수도 있었을 것이다. 하지만 피가 거꾸로 솟을 것처럼 씩씩대던 느낌이 가라앉자 이 모든 언쟁이 시시하고 어리석게 보였다.

사랑이라면 내게 이렇게 말했을 것이다. 앙심을 꾹꾹 눌러 담아 꽁꽁 싸고, 줄거리를 바꾸라고. 이야기는 간직하되, 전혀 다른 방식으로 간직하라고, 그 이야기를 숙적과의 싸움에서 다시는 꺼내지 말라고.

"주님, 제가 좋지 않은 기억을 쌓아두지 않고 사랑하는 지혜를 볼 수 있게 도와주세요."

Love is

A Yearlong Experiment of Living Out 1 Corinthians 13 Love

chapter 10

사랑은,
불의를 기뻐하지 않고
진리와 함께 기뻐하는 것

누가 불의를 기뻐하겠는가? 이건 아주 분명해 보인다. 불의를 기뻐하는 것은 나쁘다. 하지만, 우리는 생각 이상으로 자주 그렇게 한다.

불의를 기뻐하다, 생각보다 자주

인류의 달 착륙, 슈퍼볼 경기들, 드라마 〈매시〉(MASH)의 마지막 회, 드라마 〈뿌리〉(Roots) 8부 등에 이어 미국 역사상 열일곱 번째로 많은 사람이 지켜본 사건은 9천 5백만 명의 이목을 끌었다. 바로 O. J. 심슨의 탈주극이다.

미국 프로농구 뉴욕 닉스와 휴스턴 로케츠의 챔피언 결정전 5차전이 방송되는 사이, 로스앤젤레스 고속도로를 질주하는 흰색 브롱코를 뒤쫓는 추격전이 두 시간 동안 생중계되었다.

그 두 시간 동안 도미노 피자는 최고 판매량을 갱신했다.

또한 사담 후세인의 처형 장면을 내보낸 유튜브 동영상은 조회 수가 1,940만에 달해서, 뉴욕 주민 전체가 그 사건을 지켜본 것이나 마찬가지였다.

우리는 그저 지켜보기만 하지 않는다. 지켜보면서 다른 사람의 실패를 응원한다. 우리는 로드니 킹이 경찰에게 얻어맞거나 조지 플로이드가 질식하는 모습을 보고 가슴 아파하며 혐오와 분노와 연민을 표한다. 하지만 그 장면을 반복해서 보면서, 다른 집의 창문을 깨고 사업체를 망치고 많은 사람에게 상해를 입히는 것으로 앙갚음한다. 남이 넘어질 때 그걸 즐긴다. 패배의 고통을 반복해서 지켜본다. 그러고는 판사가 판결을 낭독하는 동안 흥분하다가 그에 대한 무기징역 선고에 환호한다.

실패에만 집중하다 보면 잘한 일은 다 잊어버린다. 사이클 선수인 랜스 암스트롱(Lance Armstrong)은 심하게 추락했다. 너무 심하게 추락한 나머지, 약물 복용 의혹 이전에 그가 이룬 일은 다 잊혀졌다. 그가 2012년에 약물 복용을 시인한 이후, 1999년부터 2005년까지 투르 드 프랑스(Tour de France) 7연패를 포함한 그의 놀라운 사이클 업적이 다 박탈되었다. 후원사들은 즉시 계약을 취소했고, 암스트롱은 7,500만 달러의 후원금을 하루 만에 다 잃었다. 나이키도 랜스와 그가 세운 자선단체 리브스트롱(Livestrong)에서 완전히 손을 뗐다. 그가 사력을 다해 싸워 얻은 것, 그가 이룬 모든 것이 물거품이 되었다.

우리는 그 전에 랜스가 했던 좋은 일은 다 잊어버렸고, 그가 지금 하고 있는 좋은 일은 인정하지 않는다. 1996년, 겨우 25세에 전이성 고환암을 진단받은 그는 새로운 치료법을 찾아서 살아남았다. 이 일을 계기로 1997년에 리브스트롱 재단을 설립하여 암 환자들을 돕기 시작했다. 한때는 리브스트롱의 노란 팔찌를 차지 않은 사람을 보기 힘들 정도였다. 그 메시지는 암과 싸우고 있는 많은 사람에게 지금까지도 힘의 원천이 되고 있다. 이 프로젝트를 통해 재단에 3억 2,500만 달러의 기금이 모였다.

2005년, 암스트롱은 안드레 애거시(Andre Agassi), 무하마드 알리(Muhammad Ali), 미아 햄(Mia Hamm) 같은 정상급 운동선수들과 함께 프로 운동선수들이 자선 활동에 참여할 기회를 제공하는 단체를 시작했다. '희망의 스포츠'(Athletes for Hope)라는 이 자선 단체는 운동선수가 아닌 사람들도 자원봉사에 참여하고 자기가 사는 지역에서 사람들을 도울 수 있도록 격려한다.

2006년에는 뉴욕마라톤대회에 참석하여 리브스트롱 재단이 600만 달러를 모금하도록 도왔다. 2009년에는 오하이오주 콜럼버스에서 열린 자선 자전거대회 펠로토니아(Pelotonia)에서 암 연구 기금으로 200만 달러를 모금했다. 이후로 랜스가 더는 관여하지 않지만, 1997년에 그가 세운 재단은 아직 건재하다.

리브스트롱은 암 환자와 생존자와 그 가족들을 위한 프로그램을 통해 8백만 명이 넘는 사람들을 지원했다. 랜스 암스트롱의 실추는 승리와 나눔, 도움이라는 그의 유산을 약물을 사용한 속임수로 변질시켜버렸다. 사람들은 불의를 기뻐하기 때문에 잘한 일은 아무도 이야기하지 않는다.

불의를 기뻐하는 행동은 유명인만 겨냥하지 않는다. 우리 주변에서 흔히 보게 되는 '험담'은 시기를 살짝 곁들인, 불의를 기뻐하는 행동이다. 소문은 덩굴옻나무처럼 온 동네에 퍼지고, 누군가의 망가진 결혼 생활, 돈 문제, 자녀 탈선 등은 사람들의 뜨거운 관심사가 된다. 비밀이라며 이야기한 경우라도, 군침이 돌 만한 이야깃거리는 그냥 가만히 있는 법이 없다. 카페의 벽에서 들려오는 이야기를 상상해보라. 험담은 반쪽짜리 사실이나 순전한 가짜 풍문을 부풀려서 다른 사람의 명예를 훼손하고, 가족을 갈라놓고, 우정을 깨뜨린다.

하지만 사랑은 불의를 기뻐하지 않기에 험담하지 않는다.

이 판을 뒤집으면, 진리와 함께 기뻐하는 사랑이 있다. 거기에는 진리, 온전한 진리, 순수한 진리만 있다. 진리는 생략하지 않은 사연, 실제 사실이다. 꾸민 것도 아니고, 반쪽짜리 답도 아니다. 진리는 완전하다.

반쪽짜리 진리는 위험해서 때로는 음모의 주춧돌이 되기도 하고, 누군가가 사람이 살짝 고친 이야기가 대유행을 불러일으키도 한다. 엘비스 프레슬리나 다이애나 황태자비, 마이

클 잭슨을 목격했다는 이야기가 돌면 사람들은 그 이야기를 믿는다. 아폴로 우주선은 달에 착륙한 적이 없다던가, 다국적 제약회사에서 암 치료제를 개발했다던가, 홀로코스트 사건은 없었다는 것 같은 이론이 난무한다. 어쨌든, 미국 국기 5개는 달에 도착했다(4개는 지금도 보인다). 다국적 제약회사에서 아무도 모르게 조용히 암 치료제를 개발했다면, 우리 같은 사람 수천 명이 그 사실을 비밀로 해야 가능한 일인 텐데, 분명히 그중에 적어도 한 사람은 비밀을 누설할 것이다. 홀로코스트가 없었다는 이론에 홀로코스트 생존자들은 틀림없이 경멸을 표할 것이다. 그들은 말할 수 없는 고통을 겪었고, 사랑하는 사람을 잃었으며, 그런 일이 없었다고 믿는 사람들이 있다는 것도 안다.

그럼에도 반쪽짜리 진리는 잘 팔린다. 타블로이드 신문을 보면, 외계인 경전이 발견되었는데 그들은 오프라 윈프리를 숭배한다거나, 특정한 예수 모형이 환자를 고쳐준다거나, 남편 입 냄새를 맡은 아내가 목숨을 잃었다는 이야기도 나온다. 오프라를 광적으로 지지하는 일부 팬이 있고, 예수님은 정말로 아픈 사람을 고쳐주시며, 입 냄새가 나는 남편들이 있기도 하다. 하지만 사랑은 반쪽짜리 진리를 기뻐하지 않는다. 사랑은 온전한 진리를 원한다.

그렇다. 사랑은 불의를 기뻐하지 않는다. 사랑은 늘 진리와 함께 기뻐한다. 나도 그러기를 바란다.

"오, 주님, 저를 도와주소서."

말이 통한다는 것

포르토프랭스에서 운전은 상당한 모험이다. 자동차, 트럭, 사람, 노점상, 총천연색의 탑탑, 오토바이, 화려한 색감의 건물, 노출 시멘트 블록 건물, UN 군용 지프, 짙게 썬팅한 검은색 대형 SUV, 개, 염소, 닭(꼬꼬댁거리는 닭과 가죽을 벗겨 거꾸로 매달아 파리가 들끓는 닭 모두), 부글부글 끓는 대형 냄비, 경적, 개 짖는 소리, 음악 소리, 고함과 웃음소리 등이 오감을 괴롭힌다.

지원군으로 나선 내 친구 킴벌리와 함께, 나와 패트릭은 세관에서 또 다른 컨테이너를 풀어주기를 기대하면서 부둣가로 향했다. 대부분의 경우 참을성 많고 사랑을 표현하는 패트릭이지만, 아마도 쉴 새 없이 이어지는 우리의 질문 공세에 조금 짜증이 났을 법도 하다.

"패트릭, 옥수수 아이스크림은 언제 사 먹어요?"

"항구까지는 얼마나 남았죠?"

"크리올어로 '우리 컨테이너 내놔요'는 어떻게 말해요?"

패트릭은 이어서 대답했다.

"아이스크림 파는 아저씨가 보이면요."

"10분요."

"킴, 그렇게 말하면 안 돼요."

그의 대답은 대체로 정확하고, 가끔은 감을 따르는 것이지만, 항상 사실이다.

"패트릭, 저 골동품 상점은 뭐예요?"

내가 초기에 아이티에서 던진 질문에는 이런 것도 있었다.

"레슬리 센터가 뭐죠?"

핸드폰이 등장하기 전에 미국 구석구석에 공중전화 부스가 있었던 것처럼, 아이티 곳곳에는 레슬리 센터가 퍼져 있다. 레슬리가 누군지는 모르겠지만 숫자, 축구 경기, 로또 등 아이티 전역의 모든 도박을 독점하고 있다. 세상 어디에서든, 동전 하나만 들고 있으면 백만장자가 될 수 있다. 의자, 현금 상자, 많은 카드를 수납할 공간이 딸린 작은 건물은 덧문이 길가 쪽으로 열려 있어서 벼락부자가 될 오늘의 기회를 적은 칠판이 바로 들여다 보였다. 이 골동품 상점도 레슬리 센터처럼 곳곳에서 볼 수 있다. 이 질문은 많이 늦은 감이 있었다.

"폰 샵(porn shop, 성인용품을 파는 곳-역자 주)이요."

"뭐라고요? 정말요?"

"네, 뭐가 잘못됐나요?"

뭐가 잘못됐냐는 그의 말에, 킴벌리와 나는 꽤 차분한 승객에서 도발적인 도덕주의자로 돌변했다.

"뭐가 잘못됐냐고요? 음식 살 돈도 없는데, 도박장과 폰 샵은 없는 곳이 없네요!"

"왜 그렇게 화를 내세요?"

"부도덕한 곳이잖아요. 미국에서 그런 가게들은 아주 지저분한 곳이에요. 자주색으로 칠해져 있고, '벨벳 터치' 같은 이름이 붙어 있죠."

"그게 왜 나쁘죠?"

패트릭은 왜 이해하지 못할까? 문화가 다르면 신념과 관습도 다르기 마련이라지만, 이건 아주 확실히 잘못된 일인데. 불의를 기뻐하는 일이란 말이다. 여성을 착취하고, 사람을 중독에 빠뜨리고, 결혼 생활을 파탄에 이르게 한다. 미국에는 검은 고양이를 보거나 거울이 깨지거나 사다리 밑으로 지나가면 재수 없다는 미신이 있는데, 아이티에는 몇 년 동안 임신했다고 주장하는 여성들이 있는가 하면, 하품을 배고프다는 표시로 받아들이고, 뒤에서 아이를 안아 올리면 아이 키가 자라지 않는다는 미신이 있다. 십인십색이라지만, 그래도 이건 누가 보더라도 해서는 안 될 일이다.

논쟁은 계속되었다. 킴벌리와 나는 어이없어하는 패트릭에게 고함을 질렀다. 하나님을 사랑하고 아내에게 충실하며 윤리 기준도 확실해 보이는 패트릭이 포르노그래피를 옹호하고 있다니. 매주 교회에 가고 매일 기도하며 흠 없이 행하는 사람이라면 어느 문화권에 살더라도 그런 패륜은 인정할 수 없는 것 아닌가? 도대체 이 사람의 목사는 누구인가?

바로 그때, 베이브 루스의 방망이가 야구공을 맞춘 것처럼 번뜩 떠오르는 생각이 있었다. 패트릭은 아이티에서 태어났지만, 걸음마를 할 무렵 코네티컷으로 이주했다가 20대 초반이 되어서야 아이티로 돌아왔다. 그는 '폰'(porn)이 아니라, '폰'(pawn, 전당포-역자 주)이라고 말한 것이다. 만약 내가 "채소를 기르는 작은 땅덩어리를 뭐라고 하죠?"라고 물으면, 그는 'r' 발음을 생략한 채 '가딘'이라고 대답할 것이다. 그러니까,

곳곳에 있는 골동품점은 다름 아닌 전당포였다.

우리는 논쟁 내내 그의 머리가 이상하다고 생각했는데, 이제야 겨우 안전한 사람이 되었다. 그는 불의를 기뻐하지 않았다. 주차장에 차를 댄 바로 그 시각, 아주 적당한 때에 깨달음이 찾아왔다.

가난이라는 악

뉴욕 시에는 높게는 95층짜리 초고층 주거 건물이 즐비하고, 인구 밀도는 제곱마일당 24,000명이다. 8제곱마일 면적의 시티 솔레(Cite Soleil)의 인구 밀도는 제곱마일당 31,000명이다. 시티 솔레의 건축물은 대부분 단층으로, 가장 높은 건물이라고 해야 3층짜리 시멘트 블록 건물이다. 사람들은 뉴욕의 보도가 수용 인원을 초과한다고 생각하겠지만, 시티 솔레에는 보도 자체가 없다.

시티 솔레는 포르토프랭스의 가장 큰 쓰레기더미 위에 생긴 판자촌이다. 이렇듯 과밀한 상황에서 인구 통계를 낸다는 것이 마치 병에 담긴 구슬을 세는 것 같겠지만, 오늘날 시티 솔레 인구는 대체로 20만에서 40만 명으로 추정된다. 시티 솔레는 서반구에서 가장 크고 위험한 빈민가로 유명하다. 시티 솔레는 낮에는 괜찮아 보이지만, 안전을 담보하려면 밤에는 걸어 다니면 안 된다.

아이티 곳곳에 가난이 만연하지만, 시티 솔레의 가난은 차원이 다르다. 포르토프랭스에는 신발을 신지 않은 아이들이 흔하지만, 시티 솔레에는 옷을 입지 않은 아이들이 흔하다. 포르토프랭스의 노점상들은 뙤약볕 아래서 물건을 판다. 시티 솔레의 노점상들에게는 뙤약볕도 문제지만, 비가 오면 시장에 홍수가 나서 뙤약볕 아래 진흙탕에 서서 물건을 팔아야 한다. 포르토프랭스에는 숫자가 적긴 해도 경찰이 눈에 띈다. 하지만 시티 솔레에는 경찰이 눈에 띄지도 않고 실제로도 없다. 포르토프랭스에서 사람이 죽으면 차가 와서 시신을 시체 보관소로 옮기지만, 시티 솔레에서 사람이 죽으면 그 시신은 길 한복판에 그대로 방치된다.

한 번, 두 번, 세 번, 도대체 몇 번인지도 모르겠다. 나는 시티 솔레 거리를 운전할 때마다 온몸으로 충격을 느끼곤 했다. 운전자는 개나 어린아이는 물론이고, 시신을 피해 움직여야 했다. 시신을 다른 데로 옮길 방법이 없어서인지, 아니면 본때를 보여주려고 그러는지, 시신은 뜨거운 태양 아래 방치되었다. 한번은 어떤 사람이 집을 털다가 잡혔는데, 도망치려다가 등에 총을 맞았다. 물건을 훔치면 어떻게 되는지 만인에게 보여주기 위해 그의 시신은 길 한복판에 버려졌다. 아이들은 돌멩이를 던졌고, 조금 더 큰 아이들은 악담을 퍼부으며 침을 뱉었다. 도둑질은 당연히 잘못된 일이지만, 그렇다고 해서 불의를 기뻐하는 것을 정당화할 수는 없다.

패트릭은 내가 추파카브라(미확인 괴생명체-역자 주)를 무서워하는 것만큼이나 시티 솔레를 무서워했다. 패트릭은 겁에 질렸다. 시간이 흐르면서 나는 시티 솔레에서도 몇몇 프로젝트를 진행했고, 패트릭에게 함께 거기에 가자고 했다. 그럴 때마다 그는 재빨리 그럴듯한 이유를 대곤 했다. 세관에 수수료를 내야 한다, 트럭 타이어에 바람을 넣어야 한다, 아내가 생선을 몹시 먹고 싶어 한다 등 나와 함께 시티 솔레에 갈 수 없는 이유는 끝이 없었다. 수년 동안, 그는 시티 솔레 근처에 가는 것을 피할 수만 있다면 무슨 일이든 했다. 고질라와 킹콩이 골목에 숨어 있다가 갑자기 나타나서 그와 그의 트럭을 갈가리 찢어놓기라도 한단 말인가?

"사람은 어디 살든 다 똑같은 사람이다"라는 신조를 가진 나는 시티 솔레가 전혀 무섭지 않았다. 세계 어디든 마찬가지로, 약간의 지혜와 요령만 있으면 별일 없을 것이다. 그건 특히 어두워진 뒤에는 혼자 다니지 않는다, 지갑은 잘 챙긴다는 것들이다. 그게 바로 진리를 행하는 것이다.

긴 하루 끝에 숙소로 돌아오는 길, 패트릭이 운전하는 밴은 여덟 명을 가득 실었다. 소중한 화물과 좋은 친구들을 안전하고 행복하게 모시는 것이 부조종사이자 항해사로서 내 역할이었다. 아이티에서 내가 가장 좋아하는 곳을 그들에게 보여주는 것도 내가 할 일이었다. 우리가 시티 솔레를 지나가는 주요 도로를 달리고 있다는 것을 안 나는 한 번 더 시도해보기로 했다.

"제발요, 패트릭. 안전하다니까요."

"안 됩니다. 거기가 어떤 곳인지 당신은 몰라요."

"앞자리에 앉은 분들 때문에요. 그 안에 가본 사람은 저밖에 없어요. 저는 수차례, 아이티에 올 때마다 거의 매번 갔다고요. 그런데도 내가 거길 모른다고요?"

"그건 다른 이야기죠."

어떻게 다른데요? 당신은 아이티 사람이라서요? 당신은 시티 솔레를 언급만 해도 안마의자처럼 벌벌 떨어서요? 골목에 있는 괴물이 나는 공격하지 않을 거라서요?

"다르지 않아요. 가봅시다."

"좋은 생각이 아니에요. 다른 사람들도 있잖아요."

"맞아요. 나는 이 사람들에게 그곳 사람들을 소개해주고 싶다고요."

"시간이 늦었어요."

"패트릭. 지금 오후 네 시에요."

"다들 배가 고플 거예요."

"저녁 식사는 여섯 시랍니다."

"기름이 부족할 것 같아요."

"절반이나 남았어요."

그는 핑계를 찾았고, 나는 반박했다. 그가 계속 변명을 늘어놓는 동안 우리는 빠지는 길을 놓쳐버릴 테고, 그는 틀림없이 차를 돌릴 수 없다고 말할 것이다.

마침내 패트릭이 포기했다.

"알겠어요."

패트릭은 초행길이라서 지리에 익숙하지 않았다. 양손으로 핸들을 꼭 붙들고는 왼쪽으로 틀었다. 모퉁이에 있던 세 남자가 팔을 막 흔들면서 벌떡 일어나더니 패트릭도 알아듣지 못하는 말을 큰 소리로 쏟아냈다. 점점 더 많은 사람이 가세해서 정신이 없었다.

"보세요, 킴. 이 사람들 다 미쳤다니까요!"

한 남자가 밴 앞으로 뛰어들어 차를 세우려 했다. 패트릭이 방향을 틀어 겨우 피했다. 사람들이 왜 이런 소동을 벌이는지 이해할 수 없었다. 우리를 보고 너무 흥분해서 평소보다 지나치게 활발하게 인사하는 것이겠지.

패트릭은 아드레날린 덕분에 조금 더 세게 가속 페달을 밟았다. 열정적인 환영 인파를 지나쳐서 약간 빠르게 미지의 영역으로 들어서나 싶었는데, 갑자기 '쿵!' 하는 소리가 났다. 속도를 냈던 밴이 갑작스럽게 멈춰 섰다. 반대편에서 오던 탑탑도 우리 차 앞에서 똑같이 멈춰 섰다.

반신반의 끝에 내가 말했다.

"도대체 저 차는 어디서 왔어요?"

"모르겠어요. 갑자기 나타났어요."

내가 차량 상태를 살펴려고 차에서 내리자, 환영 위원회가 소리치며 손가락질을 하면서 달려들었다. 손가락이 가리키는 방향을 따라가보니 표지판에 뭐라고 쓰여 있었다. 내가 혼란스러워하며 두 손을 들자, 고함과 손가락질은 더 거세졌다.

"패트릭, 저 표지판에 뭐라고 쓰여 있어요?"

"일방통행이요."

"아!"

내 생각에 일방통행로는 이쪽이 아니라 저쪽이었다. 승객이 한 명뿐인 탑탑 운전사는 불같이 화를 냈다. 일을 마치고 집으로 돌아가는 길이었나 보다. 신경이 예민한 패트릭은 말문이 막혀버렸다. 우리 일행은 조금 충격을 받았지만 다친 사람은 없었다.

진짜 쇼는 이제부터 시작이었다. 손가락질하던 열두어 명이 순식간에 백 명 넘는 무리가 되었다. 사방에서 사람들이 몰려와서 사고 차량을 살피고 싸움을 구경했다. 사람들은 불의를 기뻐하기에, 교통사고는 어디서나 구경거리다. 다른 점이 있다면, 미국의 구경꾼들은 운전 속도를 줄이면서 목을 길게 빼내지만, 여기서는 굳이 목을 뺄 필요가 없다. 사방이 VIP석이니까.

책임을 진다는 것

아이티에서는 누가 잘못했느냐는 중요하지 않다. 목소리가 큰 사람, 혹은 더 험한 상황에서는 주먹이 센 사람이 이긴다. 지금 링 위의 이쪽 코너에는 몸무게 95킬로그램, 밴에서 나온 사나이, 표지판에 신경 쓰지 않은 사나이, 장난감 기관차보다 더 힘이 세고 작은 물웅덩이를 한 번에 뛰어넘을 수 있는 사나이, 그러나 겁먹은 패트릭이 올랐다. 저쪽 코너에는 몸무게 65킬로그램, 탑탑 기사, 미친개보다 더 미치고 무대 위 비욘세보다 더 사납고 보기보다 더 센 사나이가 올랐다.

관중이 열광한다. 소리를 지르고 가슴에 바짝 힘을 주고 아드레날린을 흘려보내면서, 두 도전자가 정면으로 맞섰다.

"패트릭, 저 사람이 뭐라는 거예요?"

"지금은 안 돼요, 킴."

"패트릭, 내가 어떻게 하면 되겠어요?"

"지금은 아니라고 했잖아요, 킴."

이런, 패트릭은 지금 링 위에 올라와 있었다.

"여러분, 별일 아니랍니다."

나는 밴에 있는 친구들에게 아이티에서 교통사고쯤은 대수롭지 않다는 듯이 말했다.

"합의를 보고 있대요."

춤 대결이 펼쳐졌다. 패트릭이 춤 경연 프로그램에 나갔다면 꽤 실력이 괜찮았을 것이다. 관중은 점점 더 많아졌고, 각자 자기가 좋아하는 쪽을 골랐다. 사람들은 정확히 반으로 갈라져서 절반은 패트릭을 응원하고 절반은 패트릭에게 야유를 퍼부었다. 그들은 이 순간을 즐기고 있었다.

우선, 잘잘못을 가려야 했다. 내가 보기에는 아주 쉬운 문제였다. 일방통행 표지판이 엉뚱한 방향을 가리키고 있었으므로 1라운드에서 패트릭이 이길 확률이 높았다. 하지만 잘못을 지적하는 데는 시간이 좀 걸렸다. 정중하게 상대를 설득하려 애쓰다가, 결국 1라운드를 내주고 말았다.

합의금 액수를 정하는 2라운드는 시작부터 뜨거웠다. 어퍼컷과 잽으로 강타를 날렸다. 저쪽 사내는 위에서부터 시작했고, 패트릭은 낮게 들어갔다. 춤이 계속되다가 벨이 울렸다. 2라운드가 끝났다. 나는 누가 이겼는지 궁금해 죽을 지경이었다.

패트릭은 내가 서 있는 코너로 돌아왔다.

"50달러만 주세요."

고작 50달러라니? 아주 좋다. 2라운드는 패트릭이 압승했다.

"50달러요?"

"네, 저쪽에서는 500달러를 요구했어요. 내가 그쪽을 나가 떨어지게 만들었죠."

나는 저쪽에서 마음을 바꾸기 전에 재빨리 사내의 손에 돈을 쥐여주었다.

"킴, 그런데 문제가 있어요."

패트릭이 이 말을 할 때마다 5센트씩 모았다면, 지금쯤 적어도 10달러는 모았을 것이다.

"무슨?"

또 무슨 문제? 싸움은 다 끝났다고 생각했는데, 다른 무슨 문제가 있단 말인가? 알고 보니, 새로운 상대와 3라운드가 남아 있었다. 탑탑은 말짱했기 때문에 기사는 바로 떠날 준비가 되어 있었는데, 탑탑의 승객이 머리를 부여잡고서 링에 들어섰다.

우선 승객에게 피나 상처, 타박상의 흔적이 있는지 찾아보았다. 나는 코너맨이라서 지금까지는 링 밖에 있었다. 하지만 코치이자 자금줄이니만큼, 조금 더 가까이서 살피는 게 당연했다.

"저 사람은 안 다쳤어요. 그냥 돈만 바라는 거죠."

권투 선수가 이제는 의사라도 되는가? 패트릭이 탑탑의 그릴을 들이박았을 때 그가 스스로 머리를 쳤을지도 모를 일이다.

"얼마나요?"

"천 달러요."

"미국 달러로요?"

"네."

"이런."

탑탑 수리비로 50달러를 건넸는데, 피 한 방울 흘리지 않고 상처나 타박상 하나 없는 이 사람 머리에 천 달러라니? 탑탑 기사는 연습 경기에 불과했다. 이 승객이야말로 불시에 타격을 날리고 패트릭을 얼간이로 만들려는 진짜 도전자였다. 힘을 아끼면서 계속 버텨서 상대방을 지치게 할 수는 없을까?

눈싸움에 할당된 3분 내내 아무도 움직이거나 입도 뻥긋하지 않았다. 조금 전까지 시끄럽게 떠들어 대던 구경꾼들마저도 긴장한 채 잠잠히 판정을 기다렸다.

내가 침묵을 깼다.

"저기, 이 근처에 '국경없는의사회'가 있잖아요."

패트릭이 한 치의 미동도 없이 대답했다.

"네."

"저 사람을 그리 데려갑시다."

우리는 진리를 행해야 한다.

"왜요?"

"저 사람이 정말로 다쳤을지 모르니까요. 다치게 한 사람은
우리고요."

엄밀히 따지면 사고를 낸 사람은 패트릭이지만, 여기 오자
고 한 사람은 나니까 공범이다. 조용한 대화가 잠시 이어진
뒤, 패트릭은 머리를 부여잡고 있는 사내를 앞자리에 태우고
시티 솔레의 작은 병원으로 향했다. 잠깐이나마 유명인을 보
거나 사진을 찍으려는 파파라치와 열혈 팬처럼 밴을 둘러싼
관중과 함께 차는 서서히 출발했다.

우리가 도착했을 때 작은 대기실에는 아무도 없었다. 의사
가 우리 권투 선수를 진찰하려는 찰나, 사내 둘이 다른 환자
를 실어 왔다. 새로 들어온 환자를 머리끝부터 발끝까지 살피
던 나는 도대체 무슨 일로 이런 멀쩡한 사람이 여기에 왔나 궁
금해졌다. 그러다가 그의 발이 눈에 들어왔다. 그의 발이 다
리에 달랑달랑 붙어 있었다.

피를 보면 토할 것 같은 시기는 지났다. 어린아이를 키우
고, 의료팀을 이끌고, 운동부를 지도하면서 피를 너무 많이 봐
서 조금은 무덤덤해졌다. 하지만 피와 뼈와 근육, 그건 전혀
다른 문제다. 크게 심호흡을 하고 내가 환자가 되지 않도록
애쓰면서, 뒤를 돌아 내 친구들에게 찡그린 표정을 해보였다.
친구들도 나와 같은 장면을 보고 있는지 궁금했는데, 그런 것
같지는 않았다. 내 얼굴은 새파랗게 질렸지만, 다들 얼굴색에

변화가 없었기 때문이다.

　의사는 그 사내의 눈을 30초 정도 들여다보고 몇 가지 질문을 하더니, 우리를 보고 환자는 괜찮다고 말했다. 진찰실 반대편에 발이 다리에 달랑달랑 붙어 있는 환자가 있다면, 머리에 난 작은 혹 정도는 별 주목을 받지 못할 것이다. 나는 좋은 소식에 감사해하며, 진리와 함께 기뻐했다.

　우리는 그 승객을 원하는 곳에 내려주면서 50달러를 건네고 집으로 돌아갔다. 아이티에서는 때로 머리와 차량 그릴의 가치가 같을 때가 있다.

　아무도 다치지 않았으니 여호와를 찬양하라! 내 친구들은 진귀한 경험을 했다. 일정표에서는 없었지만, 평생 잊지 못할 보너스 같은 사건이었다.

　차별에 맞서 싸우기

　거짓 가정과 험담 같은 불의 이외에도, 불의한 운동과 정부와 현실이 있다. '도덕적으로 잘못이다, 사악하다, 해롭다, 유해하다, 부도덕하다' 등은 악을 정의하는 단어들이다.

　악은 위험하다. 인종주의, 차별, 편견은 전쟁을 일으키고, 폭력을 부추기고, 살인을 낳는다. 조금 더 미묘한 형태의 차별은 이름만 보고 입사 지원자를 떨어뜨리고, 흑인이 지나가면 지갑을 더 단단히 붙잡으며, 동성애자들에게 "게이스럽지 않다"라고 말하면서 그걸 칭찬이라고 여긴다. 여자 의사를 간호사로 착각하거나, 아시아계 학생은 무조건 수학을 잘한다고 생각하거나 ,유색인은 청소부라고 여긴다. 은행 계좌, 지리적 환경, 교육 수준, 직위 등은 사람의 가치를 결정하지 않는다. 그런데도 사람들은 이런 편견의 부산물로 인해 차별 대우를 받고, 판단의 대상이 되며, 기회를 저당잡힌다. 사회 정의를 외면하거나 가난한 사람들을 비난하거나 게을러서 실직했다고 가정하는 것은 사랑이 아니다.

사람들이 부당하게 대우받는 모습을 찍은 동영상이 미국 전역에서 가두 행진과 시위를 불러일으켰다. 내가 사는 도시에서는, 평화롭게 시작한 시위가 공포와 파괴의 밤으로 끝났다. 평화 시위에 참석한 수천 명 중에 일부가 창문을 깨뜨리고, 가게를 털고, 재산을 파괴하는 일에 가담하여 도심을 난장판으로 만들었다. 다음 날 아침 일찍, 수천 명이 빗자루와 청소 솔, 쓰레기봉투를 들고 거리로 쏟아져 나왔다. 그중 다수는 전날 밤 시위에 참석했다가 폭행이 시작되기 전에 자리를 뜬 이들이었다. 이 사람들과 다른 많은 사람들은 파괴를 통해서가 아니라 의식 전환을 통해 변화가 일어날 거라고 이해했다.

"흑인의 목숨도 중요하다"(Black Lives Matter)라는 팻말이 나를 포함한 시위자들에게 보내는 메시지는 분명하다. 시위자들은 특정 조직의 신념이나 행동을 인식하거나 지지하지 않을지는 몰라도, 그 메시지에는 동의한다. 만일 당신의 목숨이 옆 사람 목숨만큼 중요하지 않게 여겨진다고 생각된다면, 당신 목숨도 중요하다는 사실을 알리고 싶을 것이다. 옆 사람 목숨이 덜 중요하다는 것이 아니라, 당신 목숨도 똑같이 중요하다고 말이다.

"만인의 목숨이 중요하다"(All Lives Matter)라는 슬로건을 불쾌하게 느끼는 사람이 많다. 이 말이 틀려서가 아니라, 메시지의 의미를 제대로 알아차리지 못해서다. 맞다. 모든 사람의 목숨이 중요하다. 하지만 어떤 차별도 없이 모든 면에서 만인의 목숨이 정말로 중요해질 때까지, "만인의 목숨이 중요하다"라는 구호는 공허한 말에 불과하다. "흑인의 목숨도 중요하다", 절대적으로. "흑인의 목숨도 중요하다", 의심의 여지 없이. "만인의 목숨이 중요하다", 확실히. 하지만 그 말이 종이에서 가슴으로 옮겨질 때까지, 사람들이 아직도 편견이 남아 있음을 깨닫기까지, 우리가 이 장벽들을 허물고 차별을 없애기 위해 애쓸 때까지 변화는 일어나지 않을 것이다. 누군가가 인종주의나 심각한 편협, 편견, 차별을 개인적으로 경험하기 전까지는 그것을 보거나 믿기 힘들 것이다.

사업을 하고, 비영리단체 대표로 있지만, 누군가 내가 여성이라는 사실을 지적해주기 전까지는 내 성별에 대해 별로 생각하지 않는 편이다. 내 사무실에 와서 상사를 만나고 싶다고 말하는 사람들이 종종 있다. 남자 직원이 사무실에 있으면, 그를 책임자로 생각하는 경우도 많다. 가부장적인 나라에서 일할 때면, 내가 여성이기 때문에 기회의 문이 열리기보다는 닫히는 경우가 많다. 정부에서 서류 작업을 허락받거나 동종업계 남성 대표들이 받는 존중을 받기 위해 나는 돈을 더 많이 내고 일은 두 배로 열심히 해야 할 때가 많다. 약간의 모욕은 대체로 무시하는 편이지만, 그렇다고 해서 그런 일이 없다는 뜻은 아니다. 그러니 피부색이나 국적으로 인해서는 얼마나 더 불공평한 대우를 받겠는가?

우리 가족이 유색인이다 보니, 막내 손녀는 새로 태어날 조카의 성별보다 피부색에 더 관심이 많았다. 모든 색상은 아름답기 때문에 어떤 색도 부정적으로 취급해서는 안 된다. 우리는 모두 똑같은 색의 다른 색조를 지닌 사람들이다.

신구약 성경은 모든 사람이 평등하다고, 모두가 하나님의 형상대로 지음받은 사랑받는 사람이라고 구구절절 이야기한다.

행동하는 사랑

불의를 기뻐하는 것의 반대가 진리와 함께 기뻐하는 것이다. 진리와 함께 기뻐하는 사랑에는 발이 달려 있다. 이 사랑은 행동하기 원한다. 시합에 나가지 않고 구경만 하지 않는다. 이 사랑은 목소리를 높이고 일어서서 지지한다. 소극적이지 않다. 고통이 따를 때도, 대가를 치러야 할 때도, 당신의 지갑이나 생계나 친구 선택에 영향을 미칠 때조차도 진리, 온전한 진리를 행한다.

가난한 사람들을 보면 마음이 아프다. 누더기 같은 옷을 입고 적절한 영양을 공급받지 못하며 오염된 물을 마시고 더러운 바닥에서 자는 아이들. 하지만 그것이 현실이다. 눈을 뜨는 일은 괴롭다. 현실을 직시하기보다는 무시하는 편이 훨씬 편하다. 지갑에서 돈을 건네려면 대가가 따른다. 진리와 함께 기뻐하는 사랑을 실천하려면 배고픈 사람들에게 먹을 것을 건네고, 목마른 사람들에게 물을 주며, 아픈 사람들을 찾아갈 수밖에 없다.

자신을 헌신적으로 내어주고, 궁핍한 사람들을 돕는 일에 자원하며, 정의를 위해 앞장서고, 험담이나 인종차별적인 언사나 비난을 들을 때 나서는 것. 그것이 자기 곁을 내어주며 진리와 함께 기뻐하는 사랑이다.

이런 이들은 사랑하는 것에 돈을 투자한다. 말하기 전에 생각한다. 오래 참는 사랑으로 귀를 기울인다. 무엇이 모욕적인지, 무엇이 누군가를 못난 사람으로 느끼게 만드는지 진실을 찾는다. 편견을 버린다. 한 사람 한 사람을 바라보고 사랑한다. 진리와 함께 기뻐하는 사랑은 절대 외면하는 법이 없다.

진리와 함께 기뻐하는 사랑은 성장하고 변한다. 우리가 성장하고 변하는 동안, 진리가 드러난다. 단번에가 아니라 서서히, 조금씩. 유진 피터슨은 메시지 성경에서 이를 '진리가 꽃피는 것'(고전 13:6, 메시지성경)이라고 부른다. 나는 이 표현이 맘에 든다. 그리고 거기서 용서를 본다. 나는 20대나 30대, 40대였을 때와는 다르게 믿는다. 진리와 함께 기뻐하는 사랑 가운데 걸으면서 진리를 발견하는 중이다. 나는 내 삶에 진실을 말해 주고, 잘못을 일깨워주며, 다른 각도에서 보도록 도와주는 친구들에게 감사한다.

사실, 그 사고는 우리 잘못이었다. 우리는 그 진실대로 행동했다. 좀 더 빨리 수습하지 못한 아쉬움은 있었지만, 아이티에는 그 나라만의 특별한 교통사고 규약이 있었다. 그래서 결투 끝에야 진리를 꽃피울 수 있었다. 그래도 어쨌든, 진리는 꽃을 피웠다.

"주 예수님, 도와주세요. 제 눈을 열어서 악한 것을 물리치게 해주세요. 진리, 사랑이 기뻐하는 진리를 제가 간절히 바라고 간절히 찾도록 도와주세요. 진리가 문화에 더 빨리 승리해야 할 때를 알 수 있게 도와주세요."

chapter 11

사랑은,
모든 것을 참는 것

사랑은 항상 덮어준다. 공격으로부터 보호하고, 약자를 괴롭히는 친구를 운동장 한쪽 구석으로 몰아낸다. 사랑은 다치지 않도록 지켜주고, 급브레이크를 밟으려 할 때 차에 탄 승객들에게 수신호를 해준다. 모욕과 비난을 받을 때 목소리를 높여 변호해준다. 천둥이 칠 때 위험을 피해 안전하게 머물 곳을 마련해준다. 미국 비밀경호국처럼 '신뢰하고 믿을 만한' 사랑이다.

남편과의 사별은 힘들었지만, 그를 원망하거나 그로 인해 화를 낸 적은 없다. 그는 매일 새벽 5시에 일어나 성경과 묵상집을 읽고 기도하는 사람이었다. 그는 하나님을 열심히 섬겼다. 좋거나 나쁘거나 하는 부침 없이 똑바른 궤도를 그리며 항상 앞으로, 위로만 나아갔다. 그는 천국에 조금 일찍 들어

229

갔을 뿐이다. 그에게는 잘된 일이다. 그는 힘차게 삶을 마무리했다. 내게는 좀 아쉬운 일이지만, 그를 생각하면 나도 정말 기쁘다.

그러고 나서 우리 아버지가 보호자로 나섰다. 원래 우리 부녀는 아주 가까웠지만, 남편이 죽고 나서 더 가까워졌다. 아버지는 나뿐 아니라 우리 아이들도 챙겨 주셨다. 이제는 다 성인이 되었지만, 그래도 누구나 조언과 지혜를 구할 사람이 필요한 법이니까.

아버지는 막내 노아와 수지 부부가 7월 중순에 텍사스 주 댈러스로 이사할 때도 도와주셨다. 일주일 뒤부터 종양생물학 박사 과정을 시작하는 노아는 텍사스주립대 사우스웨스턴 캠퍼스 근처에 적당한 가격의 월셋집을 얻었다. 실제로는, 수지가 집을 구했다고 하는 편이 맞겠다. 수지는 항상 노아를 보호하는 사랑을 실천하고 있다. 아버지는 40도가 넘는 무더위에 엘리베이터도 없는 3층 집으로 이삿짐을 옮기는 일을 도와주셨다.

아버지는 우리 딸 집도 여기저기 손봐주시고, 딸아이가 어려운 시기를 잘 넘어가도록 도와주셨으며, 늘 아이의 안전을 확인해주셨다. 노아와 루크의 해군 신병 훈련소 졸업식에도 참석하셨다. 선장이셨던 아버지는 아이들의 졸업식에서 긍지와 자부심에 눈물을 보이셨다. 아버지와 폴은 얼마나 많은 시간을 함께하면서 서로 가까워졌든지 폴이 결혼식 때 아버지께 들러리를 부탁드렸을 정도다. 아버지는 루크와 함께 항공우

주국 투어를 즐기셨고, 당신 손자가 하는 일을 무척 자랑스러워하셨다. 이렇게 가까운 사이다 보니, 아버지는 우리 며느리메건과 수지가 내 딸이 아니라는 사실을 종종 잊으셨다. 우리 손주들도 나 못지않게 예뻐하셨다.

아버지는 언제든 달려올 수 있는 거리에 사시면서, 내게 아버지가 필요할 때 언제든 곁에 계셨다. 아버지와 거의 날마다 통화했고, 시간이 허락하는 한 자주 아버지를 뵈었다.

우리 고모는 늘 활기가 넘치는 아버지에게, 잠시도 가만히 있지 않는다면서 '에너자이저'라는 별명을 붙여주었다. 아버지는 건강하게 오래 살기 위해 아침마다 바나나 반쪽과 오트밀을 드시고, 저녁에는 적포도주를 한잔 드시곤 했다. 아내와 아이들, 손주들, 가족, 친구, 이웃을 많이 사랑하셨고, 늘 도움의 손길을 내밀 준비가 되어 있으셨다. 언제든 셔츠까지 벗어줄 준비가 되어 있으셨다.

아버지는 하나님을 사랑하고 열심히 섬기셨다. 삼촌과 매일 아침 미사에 참석하고, 신부님이 낡은 성당 건물을 수리하는 일을 돕고, 외출이 힘든 환자들을 위해 가전제품을 고쳐주거나 너무 낡아서 고치기 어려울 때는 새 물건을 사주시곤 했다. '희망의 빛' 활동에 많은 시간을 내주셨고, 아이티와 도미니카공화국에서도 일하셨다.

아버지가 우리보다 더 오래 사실 거라고 생각했다. 그래서 아버지가 사랑해 마지않는 해군이 아버지께 선물을 안겨주었다는 사실에 당황했다. 아버지는 오랫동안 석면에 노출된 채

주무셨기에 중피종이 생기는 건 시간문제였다. 진단받고 돌아가시기까지 6주 동안, 자녀들이 둘씩 조를 짜서 아버지 집에 머물렀다. 특히 밤에 아버지를 도와줄 손길이 필요했기 때문이다. 나는 할 수 있는 한 오랜 시간 아버지 곁을 지키려 했다. 아버지의 죽음은 엄청난 충격이었다.

남편이 떠난 즈음에는 내 암을 치료하느라 정신이 없었다. 암 치료가 끝나자마자 '희망의 빛'에서 파트타임 회계 담당자로 일하기 시작했다. 열이틀 후에 아이티에 지진이 발생하여 수만 명이 목숨을 잃고 온 나라가 비탄과 애도에 잠겼다. 나는 2주 후에 아이티로 날아갔고, 이후로 수년간 거의 매달 아이티를 찾았다. 의욕적으로 일에 몰두했다. 남편을 애도할 시간이 없었다.

그래서 아버지가 돌아가시고 난 이후 몇 달이 내 인생에서 가장 힘든 시기였다. 생각은 흐리멍덩하고 해야 할 일을 자주 잊어버렸으며 도무지 집중할 수가 없었다. 안개 속에 사는 기분이었다. 남편의 죽음도 제대로 애도하지 못했는데 설상가상으로 아버지까지 돌아가셨다. 그것도 모자라, 최근에 맺은 관계가 급작스럽게 악화되면서 끝나버렸다.

한 번도 상담을 받아본 적이 없어서 불안하기는 했지만, 내가 해야 할 일이 뭔지는 알았다. 주변 사람들에게 물어보고 번호를 받아서 전화했는데 그쪽에서 음성 메시지를 남겼다. 상담사가 자기는 새로운 내담자를 받을 여력이 없다면서 베네트라는 여성 상담사를 추천해주었다. 나는 곧장 전화를 걸어 메시지를 남겼다.

두어 시간 후에 전화가 울렸다.

"킴 소렐 씨죠?"

"네."

"데니스 베네트라고 합니다. 저한테 볼일이 있다고 하셔서요."

내가 기대했던 말과는 조금 달랐다. 본론으로 바로 들어가는 게 좋을 것 같았다.

"음, 어디서부터 시작해야 할까요. 그러니까, 제가 두어 해전에 유방암 진단을 받았어요."

"아이고, 이런. 지금은 괜찮으세요?"

"네, 많이 좋아졌어요. 그런데 그러고 나서 넉 달 뒤에 남편이 췌장암 진단을 받았어요."

"말도 안 돼."

그녀는 별로 격식을 차리지 않는 것 같았다. 어쩌면 그게 좋은 건지도.

"많이 힘들었죠. 남편은 6주 만에 세상을 떠났어요."

"상심이 크셨겠어요."

"남편은 정말 훌륭한 사람이었어요. 저는 다른 사람들이 평생 받는 것보다 더 많은 사랑을 받았어요. 그리고 천국은 너무 좋은 곳이죠."

내가 "상심이 크셨겠어요"라는 말에 보통 내놓는 세 문장짜리 답이다.

"그래도 많이 힘드셨겠어요."

"네, 그런데 최근에 또 아버지가 돌아가셨어요."

"아이고, 이런."

"아버지와는 아주 사이가 좋았죠."

"마음이 아프셨겠네요."

"아버지는 좋은 남자이자 훌륭한 아버지, 멋진 할아버지였죠."

"좋은 분이셨을 것 같아요."

"그럼요. 그리고 얼마 전에는, 저를 정말 혼란스럽게 만든 사람과 헤어졌어요."

"어머나, 세상에."

"그러게요. 그 사람은 정말 전형적인 소시오패스 같아요."

"정말 힘드셨겠어요."

"네, 맞아요. 그래서 누군가에게 이런저런 이야기를 털어놓으면 좋겠다 싶었죠."

"좋은 생각 같아요."

"앞으로는 영화에 나오는 소시오패스 같은 사람들과 엮이고 싶지 않아서요."

"대화 상대를 꼭 찾아보시면 좋겠어요."

"이런 일이 저에게는 처음이었어요."

"틀림없이 유익할 겁니다."

"저도 그렇게 생각해요."

"그런데 조금 이상하긴 하네요."

상담사가 이상하다고 말하는 건 좋지 않은 징조인가?

"어떤 점이요?"

"저는 아드님 댁에서 일하는 정원사거든요. 아드님이 어머님에게 전화해달라고 하셔서요."

"어머나, 죄송해요."

"아니에요, 아니에요. 죄송하다뇨."

"너무 큰 실례를 했네요. 제가 상담사 선생님 전화를 기다리고 있었거든요."

"괜찮습니다. 정말로요."

"친절하기도 하셔라."

"아무한테도 말하지 않을게요."

나도 몰래 웃음이 터져 나왔다.

"아무에게나 편하게 말씀하셔도 돼요. 어차피 이 이야기를 할 거라서요."

우리 아들이 집을 짓고 있었는데 일이 좀 버거웠던 모양이다. 상담사 베네트가 아닌, 데니스 베네트는 아들네 정원 일을 도와주고 있었다. 나는 아들을 통해 정원사에게 내게 전화해달라는 말을 전했다. 아들네 일을 덜어주려고 몇 가지 부탁할 일이 있었기 때문이다.

그녀는 나를 알지도 못한다. 아니, 어쩌면 이제는 너무 잘 알지도 모르겠다. 그녀는 모든 것을 덮어주는 사랑을 내게 보여주었다. 그녀는 내가 당황하지 않도록 선뜻 보호해주려 했다. 얼마나 친절한 영혼인지 모르겠다.

병실 업그레이드

도미니카공화국 로스 알카리조스를 찾은 미국 고등학생 선교팀은 온종일 땅을 파고 벽돌을 쌓는 힘든 하루를 마치고 나면 저녁마다 농구를 한다. 라이트하우스 프로젝트 측에서 미국의 기독교 학교 학생 54명과 인솔자 몇 명에게 숙소를 제공했다. 거기에는 관람석까지 갖춘 꽤 근사한 야외 코트가 있다.

크리스티앙과 최고의 도미니카 학생 선수들 그리고 선교팀 학생들은 서로 슬슬 약을 올리다가 경기를 시작한다.

나는 원래 경기 보러 가는 걸 좋아하는데 그날 저녁에는 밀린 서류 작업을 하고 있다가 갑작스러운 비명을 듣고 놀랐다. 무슨 일이 생겼나 걱정하면서 급히 달려갔다. 덤불에서 뱀이나 다른 해충을 밟을까 봐 염려할 틈도 없이 슬리퍼를 신은 채 속도를 올렸다. 사람들이 빙 둘러서서 아래를 내려다보고 있었다.

"무슨 일이에요?"

"채드가 다쳤어요."

사랑은 항상 보호하는데, 그를 보호해야 할 내가 자리를 비웠다.

"어떻게 된 거죠?"

"채드가 덩크 슛을 시도했어요."

175센티미터의 노련한 포인트가드 채드가 콘크리트 바닥에 반듯이 누워 있었다.

목격자들에 따르면, 달음박질해서 뛰어오른 채드가 마치 체조 선수가 철봉을 잡듯 골대 테두리를 잡았다고 한다. 뛰어오른 탄력 때문에 발이 앞쪽으로 나가면서 그의 몸이 바닥과 평행이 되었다. 그런 다음, 두 다리가 반대 방향으로 같은 높이까지 올라가면서 몸이 아래로 떨어졌다. 3.05미터나 되는 농구 골대에서 떨어지면서 제대로 착지하지 못해서 얼굴이 먼저 땅에 닿았고 그 영향으로 대자로 뻗고 말았다.

아이들, 연장, 공사. 셋을 각각 떨어뜨려놓으면 아무도 다치지 않는다. 셋을 합쳐놓으면, 응급 상자가 필요할 것이다. 그동안 현장에서 이런저런 사고가 있었다. 칼에 베이고, 발목을 접질리고, 근육이 늘어나고, 탈수 증상이 나타나고, 타박상을 입거나 멍이 들거나.

하지만 덩크 슛을 시도하다 다친 아이는 처음이었다.

크리스티앙이 차량 준비를 마칠 무렵, 채드가 의식을 회복했다. 채드를 조심스럽게 매트리스로 옮기고 밴 뒤쪽에 매트리스를 잘 실은 다음, 채드의 임시 구급차는 산토도밍고로 출발했다. 다행히도, 크리스티앙이 동네 의사와 연락이 닿아 병원까지 가는 내내 머리를 다친 채드 옆에 앉아 그를 보살펴주었다. 채드의 친구 라이언과 그렉(선교팀의 또 다른 인솔자), 내가 함께 차를 타고 갔다.

응급차 주차장은 병원 건너편에 있었다. 크리스티앙이 내려서 도움을 청하러 달려갔다. 얼마 안 있어 두 사람이 차량 흐름을 살피더니 바퀴 달린 들것을 밴까지 밀고 왔다. 매트리스에는 흔히 볼 수 있는 하얀 시트가 아니라, 피로 얼룩진 라일락 꽃무늬 시트가 덮여 있었다. 여자아이 방에 안성맞춤인 무늬였다.

채드를 실은 환자용 침대는 차량이 지나가길 기다렸다가 울퉁불퉁하고 구불구불한 도로를 건너 응급실로 향했다. 의료 처치 전에 많은 대화가 오갔다. 크리스티앙과 우리 쪽 의사, 응급실 의사 두 사람이 속사포 같은 스페인어로 채드의 상태를 의논했다. 어쩌면 그들은 자기 가족이나 날씨, 메이저 리그 야구 이야기를 하는지도 몰랐지만, 알 수 없는 노릇이었다.

제일 먼저 혈액 검사를 했다. 채드는 담담했고, 오히려 라이언이 기절하기 일보 직전이었다. 병원으로 오는 차 안에서 라이언은 별말 없이 조용한 편이었지만, 얼굴 전체로 비명을 내지르고 있었다. 휘둥그레진 눈과 벌어진 입, 파리한 얼굴이 마치 할리우드 공포 박물관의 밀랍 인형 같았다.

우리는 병원에 CT 촬영기가 있다는 소식을 듣고 안도했다. 곧바로 채드를 실은 침대와 그를 따르는 친구들이 좁은 복도를 따라 내려가 검사실로 향했다. 검사를 마친 의사는 우리 일행을 모두 불러 결과를 보여주었다. 라이언과 내가 채드 곁에 서서 정신적인 지지를 아끼지 않았다. 그렉이 화면을 보면서 채드의 진단명을 알려주었다.

"채드, 좋은 소식이야! 뇌는 멀쩡해."

그렉이 말했다.

혈액 검사, 신체검사, 엑스선 촬영 결과는 조금 더 은밀하게 알려주었다. 그동안 라이언과 나는 복도에서 기다렸다. 라이언은 어딘지도 모르는 곳의 문에, 나는 그 옆 벽에 기대고 있었는데 거기서는 병원 로비가 한눈에 보였다.

한참 뒤에, 라이언이 거의 비명을 지르다시피 말했다.

"정말 사람 미치게 하는 곳이네요."

"생각보다는 괜찮은데."

내가 가본 다른 병원들에 비하면 최상급이었다. 그를 좀 진정시키려고 화제를 돌렸다.

"그래서, 야구는 좀 어때?"

"괜찮아요."

"이번 시즌은?"

"괜찮아요."

"올해 타이거즈 어떨 것 같아?"

"괜찮아요."

"네 뒤에 있는 수상한 사람이 엄청 큰 식칼을 들고 있는데."

"괜찮아요."

거, 대화하고는 참.

우리는 응급실과 사람 기절하게 만드는 피에서 멀찍이 떨어져서, 병원에 드나드는 사람들을 구경했다.

준중형 세단 크기 택시가 정문 앞에 섰다. 두 남자가 내리더니 곧장 우리 쪽으로 걸어왔다. 라이언과 나는 겁에 질려서 길을 비켜주었다. 라이언이 기대고 있던 문이 그 사람들 목적지였다. 한순간, 라이언은 그들이 자기 신장을 떼가는 것 아닌가 걱정했다.

벽장 안에 어른 크기의 하늘색 관이 똑바로 세워져 있었다. 두 사람은 우리 바로 옆에 그 관을 내려놓더니 뚜껑을 열었다. 나는 라이언이 쓰러질까 봐 옆에서 부축했다. 관이 빈 것을 보고 안도한 것도 잠시, 어디선가 또 다른 두 사내가 자그마한 할머니의 시신을 들고 나타났다. 이제는 우리 둘 다 눈이 휘둥그레지고 입이 벌어졌다. 사람들은 그 할머니를 조심스레 빈 상자에 누이고는 뚜껑을 덮었다. 앞뒤 양옆에서 네 사람이 물에 잠긴 나무를 들어 올리듯 관을 들어 올렸다. 어깨 탈골 같은 건 모르는 사람들일 것 같았다. 관을 든 사람들이 로비를 지나 정문으로 빠져나갈 때까지 사람들은 눈 깜짝하지 않고 일행을 지켜보았다. 그들은 택시 기사가 트렁크 문을 열어주기를 기다렸다가 하늘색 상자를 45도 각도로 기울여 그 안에 넣었다. 트렁크 문이 활짝 열려 있고 관 절반은 밖으로 나온 채 사내들은 차에 올라 사라졌다.

라이언과 나는 눈앞의 광경을 믿지 못하겠다는 듯 서로 쳐다보았다. 나는 라이언을 사랑하는데, 라이언이 위험하고 무서운 것들을 피할 수 있도록 그 아이를 제대로 보호해주지 못한 것 같다.

"이게 꿈이에요 생시에요?"

"생시인 것 같네."

내가 대답했다.

"제가 저 벽장 문에 기대고 있었다고요."

"그때는 관 속에 아무것도 없었어."

"내가 기대어 있던 문 안에 관이 있었다고요."

"그냥 나무 상자일 뿐이야."

"죽은 사람을 위한 상자죠."

"그렇지."

"아, 정말 미치겠네."

또 시작이군. 하지만 이번에는 야구에 대해 질문하지 않을 거다.

의사들은 아주 낙관적이었지만, 뇌진탕을 염려하여 채드를 하룻밤 입원시켰다. 그렉은 혹시나 하는 마음에 채드의 가족들에게 전화해서 상황을 알렸다. 의사에게서 안심하라는 이야기를 듣고 나서는 전화 통화가 한결 편해졌다. 벨이 두 번 울리고 나서 채드 아버지가 전화를 받았다.

"아버님, 저 그렉이에요."

집을 떠난 아들을 보호하고 있는 사람이 전화를 걸어오면 어느 부모라도 덜컥 겁이 날 것이다.

"별일 없는 거죠?"

"채드는 아주 멀쩡합니다. 그런데 하룻밤 병원 신세를 지게 됐어요."

보호자가 듣고 싶었던 이야기는 아니다.

"아니, 왜요. 무슨 일 있었습니까?"

"그게, 그러니까, 채드가 농구하다가 덩크 슛을 했거든요. 그래서…."

"덩크 슛을 했다고요?"

채드의 아버지는 소스라치게 놀랐다. 아버지 생각에는 채드가 절대 시도할 법한 일이 아니었기 때문이리라. 그는 채드가 무사하다는 이야기에 안심했지만, 어떻게 다쳤는지 듣고는 실소를 금치 못했다.

통화를 마친 후에 크리스티앙과 그렉은 먹을 것을 찾으러 나갔고, 라이언과 나는 채드를 병실에 눕혔다. 유람선 선실보다 작은 공간을 줄무늬 시트 병원 침대가 가득 채우고 있었다. 창문이 없는 초록색 병실에는 다행히도 개별 화장실이 딸려 있었다. 그런데 안타깝게도, 벽에 붙은 고리에는 쓰다 만 더러운 수건과 입다 만 체크무늬 팬티가 두어 장 걸려 있었다. 속옷도 더럽기는 마찬가지였다. 병실이나 화장실이나 물걸레, 스펀지, 비누 구경은 못 한 지 오래된 듯 보였다.

'하룻밤 정도는 괜찮을 거야. 아무것도 안 건드리면 되지.'

채드는 라이언이 로비에서 목격한 장면을 이야기하기 전까지는 평정을 유지하고 있었다. 갑자기 라이언이 세세한 부분까지 설명하면서 장황하게 이야기를 늘어놓았다. 이야기를 듣는 채드의 표정은 내내 썩 유쾌하지 못했다.

LOVE IS

간호사가 들어와서 흥분한 이야기꾼을 중단시키고 채드에게 침대에서 일어나라고 했다. 그러더니 우리 셋을 모두 복도로 내보냈다. 간호사는 채드의 침대를 벽으로 밀더니 다른 간호사와 힘을 합쳐 안 그래도 비좁은 방에 침대를 하나 더 들여놓았다. 금슬 좋은 부부 사이라도 되는 것처럼 두 침대가 딱 붙어 있었다.

안 돼, 룸메이트라니. 이미 좁아터진 병실인데, 채드가 낯선 사람과 붙어 자는 일은 없어야 했다.

"다른 병실은 없을까요?"

접수대에 있는 여자는 내 질문에 쌀쌀맞게 대답했다.

"없습니다. 다 찼어요."

다시 아이들 쪽으로 돌아서는데, 엘리베이터 문이 열리는 것이 보였다. 공중전화 부스에서 계속 사람이 나오는 동영상에서처럼, 엘리베이터에서 끊임없이 사람이 쏟아져나왔다. 열여덟 살쯤 되었을까. 들것에 실린 아이 얼굴은 3미터 높이에서 떨어진 채드 얼굴보다 더 엉망이었다. 두 눈이 다 멍들고 부은 데다 입술이 찢어지고 온몸이 긁힌 상처투성이였다. 다리 한쪽은 복합 골절인데, 아직 수술 전인 듯했다. 목에는 보호대를 하고 한쪽 팔에는 깁스를 했다. 이 아이를 이렇게 만든 사람이 누구인지는 모르겠지만, 그에게 당한 사람은 다들 형편이 비슷할 것 같았다.

환자 주변으로 가족 여덟 명이 따라왔다. 여자들은 두 손을 꽉 쥐고 흐느끼고 있었고, 남자들은 크게 손짓해가며 소리를 질러댔다. 그중 한 사람은 전화통에 대고 경찰과 이야기하고 있었다.

나는 속으로 계속 중얼거렸다.

'제발, 이 환자를 저쪽으로 데려가주세요. 제발, 이 환자를 저쪽으로 데려가주세요.'

그렇게 하면 정말 소원이 이루어지기라도 할 것처럼 말이다.

그런 운은 따르지 않았다. 얼굴이 엉망인 소년이 채드의 병실로 들어왔다.

설상가상으로 채드의 룸메이트는 라이벌 갱단 조직원에게 두들겨 맞아 그 지경이 되었다는데, 그가 병원에서 일을 마무리하겠다고 했다는 것이다.

'주 예수님, 다른 데서 이 아이를 사랑할 수는 없을까요?'

"제발 부탁드려요. 정말 다른 병실이 없을까요?"

내가 다시 물었다.

"없습니다. 꽉 찼다고요."

나는 크리스티앙에게 전화를 걸어 채드가 도미니카 갱단 손에 죽게 내버려둘 수는 없다고 말했다. 채드의 가족들은 아들이 살아서 집으로 돌아오기를 바랄 것이다. 크리스티앙이 무슨 수를 써야 했다. 나는 병실이 없다고 말한 간호사에게 내 핸드폰을 넘기면서 기적을 베풀어달라고 기도했다. 이야기를 마치고 간호사가 핸드폰을 돌려주었다.

"크리스티앙, 다른 병실을 꼭 구해야 해요! 채드는 이 방에 있으면 안 된다고요."

"어머니, 제가…"

"빈말이 아니에요. 이 아이의 온 가족이 여기서 밤을 보낼 계획인 것 같다고요."

"어머니, 그냥…"

"크리스티앙, 보통 문제가 아니에요. 채드가 여기 있으면, 하늘색 상자에 실려 병원 밖으로 나갈 거예요."

나는 채드를 사랑하고, 사랑은 항상 보호한다. 병실을 찾으라고!

"뭐라고요?"

"아무것도 아니에요."

"어머니, 제가 병실 구했어요."

왜 이제야 그 이야기를 하는 건가?

"다행이다. 정말 잘했어요. 고마워요. 어느 병실이에요? 그리로 옮길게요."

"고급 병실만 있는 층이 따로 있어요."

"헉!"

도미니카공화국을 포함한 많은 나라의 병원에는 가난한 환자와 부유한 환자를 위한 층이 별도로 마련되어 있다. 돈이 없는 사람들에게는 더럽고 비좁은 병실을 주는 반면, 부자들을 위해서는 널찍한 공간과 넉넉한 간호 인력, 식사, 텔레비전, 에어컨을 제공한다.

"한 가지 문제는 돈을 더 내야 한다는 거죠."

"괜찮아요."

채드를 옮길 수 있다면야.

"얼마나요?"

"잘 모르겠어요."

채드의 목숨만 구할 수 있다면 돈은 얼마가 들든 상관없었다.

부자 환자를 위한 층은 먼지 한 톨 없이 깔끔했다. 고급스러운 마호가니 벽에, 바닥에는 수작업으로 타일을 깔았고, 청소부가 날마다 쓸고 닦았다. 간호사 복장마저 달라서, 빳빳한 흰 간호사복에 흰색 스타킹과 신발을 신었다.

널따란 1인실 한편에 대형 침대와 넉넉한 베개, 협탁, 의자 2개, 컬러텔레비전을 놓고도 자리가 남았다. 병실 다른 한편에는 소파와 또 다른 의자 2개, 탁자, 작은 탁자, 또 다른 컬러텔레비전을 놓은 휴식 공간이 있었다. 샤워 부스를 갖춘 널따란 욕실은 티끌 하나 없이 깨끗했고, 더러운 수건이나 입다 만 속옷도 없었다. 그렉과 라이언이 밤새 채드 곁을 지켰다.

다음날 채드가 살아서 퇴원하기 전에, 병원비 청구서를 받았다. 나는 미리 머릿속으로 계산해보았다. CT 촬영, 엑스선 촬영, 혈액 검사, 진통제, 1인실 입원비 등. 미국에서는 병원에 하룻밤만 입원하더라도 평균 만 달러 정도가 든다. 거기에 CT 촬영 2-3천 달러를 추가하고 나머지를 다 더한 총비용이 산토도밍고에서 절반 정도라고 친다면, 나는 라이언의 한쪽 신장을 팔아야 할지도 모르겠다.

크리스티앙과 나는 병원비를 내려고 원무과로 갔다. 친절한 여성이 작은 쪽지에 적힌 숫자를 계산기에 찍어주고는 두 번, 세 번 확인했다. 속이 울렁거리는 느낌이었지만, 그래도 채드는 살았지 않은가. 채드의 여자친구 케이트가 특별히 기뻐할 것이다.

직원은 계산을 끝내고는 총액을 적은 종이를 건넸다. 종이에 적힌 숫자는 18,922.96. 세상에! 라이언 어딨지? 어쩌면 라이언의 신장을 양쪽 다 팔아야 할지도 모르겠다.

"어머니, 달러가 아니라 페소에요."

할렐루야, 감사합니다, 예수님! 병원비로 323달러를 냈고, 라이언의 신장은 무사하다.

자신을 보호하는 훈련

사랑은 늘 보호한다. 물론, 우리는 아이들이 농구 경기를 하다가 다치지 않도록 지켜줄 수는 없다. 아이들은 놀다가 무릎에 생채기를 내기도 하고, 찢어져서 꿰매야 하기도 하고, 뼈를 부러뜨리기도 한다. 이 모든 위험에서 자녀를 보호하는 것이 사랑이 아니다. 그러면 아이를 질식시키고 자녀의 성장과 독립을 방해하게 된다. 하지만 "채드, 너는 키가 작고 덩크를 해본 적도 없고 종일 벽돌을 날랐으니 오늘 첫 덩크를 시도하는 것은 별로 좋은 생각이 아닌 것 같아"라는 말은 보호하는 사랑이라고 할 수 있을 것이다.

조금 더 깊이 들어가면, 보호하는 사랑은 상처 주는 말을 듣거나 거짓말이 퍼질 때 다른 사람을 대신해서 일어서서 큰 소리를 낸다. 보호하는 사랑은 폭풍우나 가장 힘든 시기에 폭풍우 가운데 쉴 곳을 마련해준다. 도망치지 않고, 뒤에서 든든히 돕고 보호해준다. 뭔가 미심쩍고 위험한 상황에서, 피해당할 가능성이 있을 때 곁을 지킨다. 골칫거리를 밀어내고 공격으로부터 지켜준다.

채드에게 한 것처럼 말이다. 채드가 안전할 수만 있다면, 몸에 아무 이상이 없을 수만 있다면, 나는 물불 가리지 않고 무슨 일이든 했을 것이다. 사랑은 일반적으로 대가가 따르기 마련이지만, 그런 대가는 고려 대상이 될 수 없다. 어떤 대가가 따르더라도, 어떤 희생을 치러야 하더라도. 보호하는 사랑은 돈, 시간, 안락함을 모두 기꺼이 포기한다. 사랑은 사람들을 사랑한다. 돈이나 시간, 안락함이 얼마가 됐든 모든 사람은 그보다 훨씬 더 가치 있다.

사랑은 평판을 보호해준다. 보호하는 사랑은 진실을 말하지 않은 채 거짓에 귀 기울이지 않는다. 다수에 속하고 싶어서 같이 웃지 않는다. 별 소득이 없는 험담을 믿지 않는다. 정의를 위해 소리를 낸다.

사랑은 당신이 사랑하는 사람들을 그들 자신으로부터도 보호한다. 자기 의심, 포기, 자신의 가치를 알지 못하는 것. 보호하는 사랑은 이런 것들에게서 상대를 보호한다. 보호하는 사랑은 모든 피해로부터 상대를 지킨다.

나는 아들 폴과 친구들이 중학교 시절 괴롭힘을 당했을 때

이 아이들을 보호하고 싶었다. 반에서 키가 크고 힘도 센 어떤 아이가 화장실에서 다음 희생양을 기다리고 있었다. 그 아이는 욕하고 밀치고 때리고 침을 뱉는 등 온갖 나쁜 짓을 저질렀다. 그것도 항상 선생님의 눈을 피해서.

폴은 학교에 가기 싫다고 날마다 빌었다. 나는 승낙했다. 아이를 사랑하기에 보호하고 싶었다. 아이가 견뎌야 했을 고통을 생각하면 눈물이 났다. 아이가 다시는 왕따당하는 일이 없기를 바랐다. 집에서 아이를 안전하게 지켜주고 싶었다. 남편은 반대했다. 남편은 아이를 집에 두는 것이 아이를 보호하는 길이 아니라고 생각했다. 우리는 싸웠다. 나는 아들을 위해 싸웠다. 아이를 다치게 할 수도 있는 것들에서 떨어뜨려 놓는 것이 아이를 보호하는 유일한 방법이라고 믿었다. 하지만 남편이 이겼다. 그러면서 폴에게 복싱을 가르치겠다고 약속했다.

매일 밤 저녁을 먹고 나서, 남편은 폴을 지하 운동실로 데려가서 역기 운동을 시키고 때리는 법을 가르쳤다. 남편은 폴에게 절대 먼저 때리면 안 된다고 말했다. 하지만 누군가에게 맞으면, "되받아쳐서 누가 말릴 때까지 계속 때리라"고 했다. 폴은 자신감을 얻기 시작했고, 그 자신감이 아이를 지켜줄 수 있을 것이다. 아이는 이렇게 용기와 힘을 갖추어서 필요한 순간에는 맞받아 싸울 준비를 하고 있었다.

어느 날, 일하고 있는데 폴의 체육 선생님에게서 전화가 왔다. "학교에 오셔서 폴을 좀 데려가셔야 할 것 같습니다."

"아이는 괜찮나요?"

"폴은 괜찮습니다. 그런데 앞으로 사흘간 정학입니다."

"네?"

노아라면 몰라도, 인정 많고 다정하고 한 번도 속 썩인 적 없는 폴이 정학이라니.

"앞으로 사흘 동안, 아이스크림이나 피자 뭐가 됐든 폴이 먹고 싶어 하는 건 다 주시고, 극장에도 보내주세요. 하고 싶다는 건 뭐든 다 허락해주세요."

"도대체 무슨 말씀이세요?"

"전에 폴을 괴롭혔던 아이가 발야구 도중에 판정에 불만을 품고 폴을 밀쳤어요. 폴도 되받아쳤죠. 폴이 그 아이 위에 올라타서 계속 때렸어요. 제가 최대한 천천히 아이들 쪽으로 다가가서 폴을 끌어내렸죠. 폴이 무척 자랑스러웠어요. 부모님께서도 자랑스러워하실 만합니다."

보호하는 사랑이라고 해서 헬리콥터맘이 되어야 하는 것은 아니다. 때로는 물고기를 잡아 주기보다 물고기 잡는 법을 가르쳐주는 것이 보호하는 사랑이다.

보호하는 사랑은 당신 생각과 달라 보일 수도 있다. 괴롭힘당한 아이를 대신하여 괴롭힌 아이를 혼내주는 것만이 사랑은 아니다. 때로는 괴롭힘당한 아이가 자신을 지킬 방법을 가르쳐주는 것이 사랑이다.

성적이 떨어지지 않도록 숙제를 대신해주는 것은 보호하는 사랑이 아니다. 오히려 실패를 맛보게 하여 평생 부모를 의지하지 않게 해주는 것이 사랑이다.

사고가 날까 봐 자동차 키를 건네지 않는 것은 보호하는 사랑이 아니다. 자신감과 윤리의식, 지혜를 심어주어서 당신이 없을 때도 스스로 할 수 있도록 당신이 사랑하는 사람을 보호하는 것이 사랑이다.

보호하는 사랑은 교사나 감독이나 상사를 비난하지 않는다. 보호하는 사랑은 실패의 원인을 남에게 돌리는 것이 성장을 방해한다고 믿는다. 오히려 다양한 상황에서 스스로 배우고 성장하도록 도움으로써 우리가 사랑하는 사람을 미래의 피해로부터 보호해준다.

사랑의 의미를 묵상하면서 기도하면, 그 점은 항상 분명해진다. 나는 늘 올바른 방법으로 보호해주고 싶다.

"주 예수님, 제가 언제, 어떻게 보호하는 사랑을 베풀어야 하는지 알 수 있도록 도와주세요. 다른 사람을 보호하기 위해 제 입이나 지갑을 열어야 할 때 그것을 닫고 있지 않게 도와주세요. 때로는 보호하는 사랑이 지하 운동실에서처럼 기대와 다른 모습일 수도 있음을 제가 알게 도와주세요."

chapter 12

사랑은,
모든 것을 믿는 것

사랑은 신뢰한다. 그런데 신뢰는 깨지기 쉽다. 러시아 차르 황실의 보물 '파베르제의 달걀'처럼 아주 섬세하고 귀한 것이지만, 떨어뜨렸다가는 수백만 조각으로 깨지고 만다. 이 조각들을 다시 이어 붙이는 게 가능하다 하더라도, 수십 년, 어쩌면 평생이 걸릴지도 모를 일이다.

신뢰가 저절로 쌓이는 일은 드물지만, 수녀복을 입은 수녀님은 예외다. 가톨릭 학교의 수녀님들에 대한 소문은 모두 사실이다. 그런 이야기들은 시간이 흐르면서 부풀려질 수도 있지만, 틀림없는 사실이다. 수녀님들은 자를 가지고 학생들의 손가락 마디를 때리는 선생님처럼 무섭다. 너무 무서워서 숙제를 빠짐없이 제출하고 수업 시간에는 흐트러짐 없이 똑바로 앉아 말을 안 하게 되는 것이다.

수녀님의 수업에서 꼭 알아야 할 것이 세 가지 있다. 껌을 씹는 것은 소가 되새김질을 하는 것과 같다. 지저분한 책상은 악마의 놀이터다. 수녀님이 점프하라고 하면, 반드시 손을 들고 얼마나 높이 뛰어야 하는지 질문해야 한다.

나는 메리 루이즈 수녀님을 보고 쩔쩔맸지만, 처음 본 순간부터 수녀님을 믿었다. 우리 학교의 모든 중학생보다 덩치도 키도 훨씬 컸던 수녀님은 건물에 나타나기만 해도 학생들에게 무언의 메시지를 던졌다. 수녀님이 눈앞에 나타나면 존재 깊은 곳에 공포심을 불어넣어 영혼에 차곡차곡 모아둔 용기가 순식간에 사라져버리곤 했다.

가톨릭 중학교 과정을 마치고 졸업을 며칠 앞둔 나는 세상에서 정말 보기 드문 광경을 목격했다. 유니콘을 보거나 영화에서 네스호 괴물을 본 것보다 더 희한한 일이었다. 수녀님이 우리 반 친구 프레드에게 지금 당장 책상을 정리하라고 말씀하시자 프레드가 수녀님에게 어디로 가라고 대꾸했는데, 그곳은 하프 소리가 들리는 곳이 아니었다. 바로 그 순간, 모두의 숨이 멎고 심방 박동마저 멈춘 듯했다. 시계도 멈추고 지구도 멈추었다. 모든 천사가 이렇게 말했다.

"뭐라고?"

나는 프레드가 씩씩거리며 교실을 나가는 모습을 보려고 고개를 돌릴 수조차 없었다. 그랬다가는 내가 돌로 변할 것만 같았다. 우리도, 그의 가족도, 아무도 프레드를 다시 못 볼 가능성이 컸다. 프레드에게 무슨 일이 생길지 알 수 없었지만, 가죽 허리띠와 불과 영원한 저주가 다 합쳐져서 그 아이를 기다리고 있다는 것을 상상할 수는 있었다.

그날 하루 동안 학교 전체, 아니 어쩌면 온 세상이 마이크로소프트사의 음향 연구소 무향실보다 더 조용했다. 전교생이 말을 삼간 것은 물론, 재채기와 기침도 참았으며, 한숨도 자취를 감추었다. 집으로 돌아오는 버스 안도 쥐 죽은 듯 고요했는데, 차마 입 밖에 낼 수 없는 이 사건을 다른 누구도 알아서는 안 되었기 때문이다. 특히, 부모님들이 아시는 날에는 우리도 이 일에 연루되어 있다고 생각하실지도 모를 일이었다.

다음 날에도 교실에는 침묵이 감돌았다. 그런데 바로 그때, 죽음에서 부활한 프레드가 교실로 들어와서 아무 일도 없었다는 듯 자기 자리로 향했다. 수업 종이 울리려면 얼마 남지 않았는데 메리 루이즈 수녀님이 나를 선생님 책상으로 불렀다. 서 있는 나와 앉아 있는 선생님의 두 눈이 마주쳤을 때 선생님이 조용히 속삭이셨다.

"수업을 시작하면, 네가 손을 들고 일어나서 선생님한테 물어봐. 프레드를 올해 우리 반과 함께 졸업시킬 거냐고."

내 자리로 돌아오는 발걸음이 사형 집행을 받기 위해 걸어가는 마지막 길처럼 느껴졌다. 우선, 우리는 절대 일어서서 질문하는 법이 없었다. 그러니 얼마나 어색했겠는가! 둘째, 프레드는 내 친구인데, 어떻게 내가 그 아이를 난처한 자리에 빠뜨릴 수 있겠는가? 하지만 프레드는 이미 수녀님이 가야 할 곳을 말해주었고, 나는 프레드가 제안한 목적지를 수녀님에게 다시 떠올리게 할 생각은 아니었다. 그래서 수녀님 말씀에 순종할 수밖에 없었다.

시작종이 울리자 손을 들었다.

"그래, 킴."

나는 자리에서 일어나 말했다.

"수녀님, 프레드를 올해 우리 반 아이들과 함께 졸업시키실 건가요?"

해냈다. 이제 끝났으니 안심이다. 다시 자리에 앉으려는데, 수녀님 목소리가 들렸다.

"글쎄, 선생님은 잘 모르겠네. 킴은 어떻게 생각하지?"

'제가 어떻게 생각하냐고요? 제 생각이 필요하다고 말씀하신 적은 없잖아요!'

오늘은 감기에 걸려 결석했으면 좋았을 뻔했다. 선생님은 내가 초래하지도 않은 난처한 상황으로 나를 몰고 있다. 엉뚱한 대답을 했다가는 프레드와 함께 슬피 울며 이를 갈게 될 것이다. 어지럼증이 나서 쓰러질 것 같다. 질문에 대한 답만 빼고 온갖 생각이 머릿속을 왔다 갔다 했다. 나는 입을 열었다.

"수녀님, 프레드는 우리 친구입니다."

앗! 악마를 내 친구라고 말해버렸다. 이제 곧 우리 부모님께 전화가 가겠지.

"음, 다른 친구들은 어떻게 생각하지?"

아, 이제야 압박이 사라졌다. 겨우 세간의 이목에서 벗어났다. 애니(가엽기도 해라)가 손을 들고 두어 마디 했고, 몇몇 학생이 거기에 찬성했다. 수녀님은 아이들 말에 동의하고 프레드가 졸업식에 참석해도 좋다고 말씀하셨다.

이 사건조차 내 신뢰를 깨뜨리지는 못했다. 메리 루이즈 수녀님이 나를 당황하게 만들었고, 전에 없던 일을 시키셨지만, 그래도 나는 수녀님을 믿었다. 메리 루이즈 수녀님은 인생의 교훈이나 껌 씹는 것이나 문장 분석에 대해서도 절대 거짓말을 하신 적이 없었다. 거짓말하지 않는 것은 청빈과 정결 다음으로, 수녀가 종신서원 전에 해야 할 서약임에 틀림없다.

깨져버린 신뢰

신뢰를 깨뜨리는 것은 자신에게 치명적이다. 나는 아이를 대신 봐주기로 해놓고 사촌 집에서 놀았던 일을 잊지 못할 것이다. 아이를 맡긴 아주머니는 나를 철석같이 믿었다. 내가 그 신뢰를 깼다는 사실에 스스로 무척이나 괴로웠다. 그 집에서는 두 번 다시 아이를 봐달라고 부탁하지 않았다. 그들은 나를 더는 신뢰하지 않았을 뿐 아니라, 존중하지도 않았다. 그것도 참 가슴이 아팠다.

내가 다른 사람의 신뢰를 깨뜨린 최악의 사건, 금메달이자 MVP, 오스카 수상감은 중학교 1학년 때 일이다. 당시 나는 꽤 쿨한 학생에, 소위 '인싸'였다(26명밖에 안 되는 반에서 그런 게 있기는 했다면 말이다). 쿨한 친구들과 쿨한 행동을 하는 것으로 내 쿨함을 확인했다. 너무 쿨했던 나머지 내 쿨함을 일기에 남겨야 할 것만 같았다. 나는 일기장에 욕을 쓰기도 하고, 흡연과 남자아이들, 그리고 내가 얼마나 월경을 싫어하는지에 대해 떠들어댔다.

평소에는 일기장을 매트리스 밑에 잘 숨겨놓았는데, 어느 토요일엔가 실수로 주방 싱크대 위에 이 인상적인 회고록을 흘리고 나왔다. 학교 행사 도중에 집에 전화했더니 엄마가 "일기장 봤다"라며 전화를 받았다. 부모에게 일기를 들키는 것은 사춘기 소녀의 쿨함을 무너뜨리기에 충분하다. 부모님은 내가 전혀 쿨하다고 생각하시지 않을 것이다. 내 세상은 갑작스럽게 멈춰버렸다. 지구가 자전을 멈추었고 하늘이 어두워졌으며 공기가 너무 무거워져서 숨을 쉬기 힘들었다. 두 가지는 분명했다. 첫째, 나는 큰 곤란에 빠졌다. 바깥세상은 이제 끝이다. 둘째, 나는 부모님의 신뢰를 깨뜨렸다.

호되게 야단을 맞고 방으로 들어가면서, 외출 금지가 과연 풀리기는 할지 궁금했다. 그리고 내게 생명을 주신 분들에게 상처를 준 온갖 일이 떠올랐다.

그래서 사랑은 신뢰한다. 하지만 특정한 때만 신뢰하는 것이 아니라, '모든 것'을 믿는다. 그러면 수녀님을 신뢰한 일이나 부모님의 신뢰를 깨뜨린 일은 어디에 해당할까? 어쩌면 전혀 다른 종류의 신뢰가 있는지도 모르겠다.

신뢰할 만한 리더십
1960년대와 1970년대를 풍미한 가수이자 나중에 기독교 예술가가 된 디온 디무치(Dion DiMucci)의 노래 가사는 요즘

도 가끔 내 머릿속에 울려 퍼지곤 한다. 〈여호와를 신뢰하라〉
(Trust in the Lord)라는 이 노래는 솔로몬이 오래전에 쓴 내용에
기초한다.

"너는 마음을 다하여 여호와를 신뢰하고 네 명철을 의지하
지 말라 너는 범사에 그를 인정하라 그리하면 네 길을 지도하
시리라"(잠 3:5,6).

노래 가사는 이 말씀을 살짝 바꾸었지만, 솔로몬의 말을 거
의 그대로 옮겼다. 디온은 사자굴 속의 다니엘, 고래 배 속의
요나, 이삭을 바치라는 명령을 받은 아브라함이 모두 전심으
로 여호와를 신뢰했다고 노래한다. 사자들과 같이 있을 때나
물고기 배 속에 갇혔을 때, 아들을 죽이려고 데려갈 때, 좋은
결과가 있으리라고 믿으려면 대단한 용기가 필요하다. 유진
피터슨은 메시지 성경에서 이 본문을 이렇게 옮겼다.

"온 마음으로 하나님을 신뢰하고 무슨 일이든 네 멋대로 이
해하려 들지 마라. 무슨 일을 하든, 어디로 가든, 하나님의
음성에 귀 기울여라. 그분께서 네 길을 바르게 인도하실 것이
다."

진심으로 믿고, 당신의 목적지로 가는 최단 경로에 귀를 기
울이라.

신뢰할 만한 사랑

구불구불한 도로가 많은 아이티, 이제부터는 배워야 할 시
간이다.

나는 센트럴미시건 대학교 의대생 그룹을 이끌고 OSAPO (Organizasyon Sante Popile)에 왔다. 이곳은 가디 박사(Dr. Gardy)가 설립하고 운영하는 병원이다. 가디 박사는 길거리에서 자랐다. 어느 동정심 많은 미국인이 초등학교와 고등학교 학비를 대주어서 의대에 진학할 수 있었다. 그는 아이티, 미국, 독일에서 공부하고, 지금은 포르토프랭스 북쪽 후소 근처 시골 지역에서 3만 명을 섬기고 있다.

가딘은 지역사회 의료 종사자들과 산파들을 훈련하고 감독하여, 그들을 제외하면 보건의료가 전무하다시피 한 지역으로 이들을 파견한다. 그는 HIV 클리닉, 산전 관리 및 영양 센터, 산부인과 병동, 정수 및 배수 시설, 화장실 개선 프로그램, 대형 농장, 양계장을 운영하고 있으며, 그에 걸맞게 마음도 크다. 가디는 모험심이 뛰어나고 재미있으며 약간은 어디로 튈지 모르는 사람이다. 사람들은 그를 존경하고 사랑하고 신뢰한다. 우리가 어딘가, 누군가에게서 신뢰하는 사랑을 찾을 수 있다면, 여기가 바로 그곳일 것이다.

한 사람 한 사람, 모두가 훌륭한 이 학생들은 어떤 식으로든 다른 사람을 도울 준비가 되어 있었다. 가디 박사는 우리가 어느 산꼭대기 가까운 마을에 일일 진료소를 열게 해주었다. 교통수단이 없는 이 외딴 마을 환자들은 병원 치료를 받기가 매우 힘들었다. 가디 박사의 병원까지 내려오는 길도 만만치 않지만, 집으로 돌아가는 길은 더 힘들었기 때문이다.

아침 일찍 오르막길 차량 운행은 끔찍했다. 가드레일도 없는데, 때로 2차선을 가장한 구불구불한 1차선 도로 중간중간에 가파른 내리막길이 나타나곤 했다. 운전사가 이 길을 자기 엄마만큼 훤히 알고 있어서 나는 기사를 사랑하는 마음으로 그에게 운전을 맡겼다. 사랑은 모든 것을 믿으니까.

그날 진료가 끝나고, 내가 꼭 아침에 올라온 방법 그대로 내려갈 필요가 있느냐는 의사를 밝혔더니 가디 박사가 "그럼 걸어갑시다"라고 말했다. 그렇게 해서 곧 하산하는 긴 행렬이 시작되었다. 내가 기다렸다가 빠진 사람이 없는지 확인했다. 경주차처럼 재빨리 출발해버린 가디 박사는 나를 믿고 인원 파악을 맡긴 것이다. 그는 틀림없이 사랑했다.

아흐마드는 어릴 때 암을 앓고 의족을 하고 있어서 걷기가 불편했지만, 용감하게 트럭 운전을 자처했다. 달리아는 가디 박사가 출발할 때 볼일을 보러 가 있었는데 걸어서 내려가기를 간곡히 원했다. 그래서 내가 달리아를 기다렸다가 같이, 일행보다 조금 늦게 출발했다.

얼마 안 있어 길이 꺾였다. 차를 타고 올라간 길을 떠올리자 지그재그로 된 도로가 머릿속에 그려졌다. 노련한 등산가인 내가 보기에(5학년 때 등산대회에서 1등을 한 적이 있다), 숲을 통과하여 지름길로 가면 가디 박사와 나머지 일행이 내려가고 있는 도로와 만날 것 같았다. 달리아도 의욕이 넘쳐서 우리는 함께 그리로 내려갔다. 조금씩 더 깊숙이 숲으로 들어갔다. 이쯤 되면 도로가 나와야 할 것 같았는데 숲을 통과하니 허허

벌판이었다. 살아 있는 물체를 찾아 주변을 아무리 둘러봐도 아무것도 없었다. 이 넓은 산자락에 우리뿐이었다. 달리아는 도대체 무슨 생각으로 나를 믿는다고 했을까? 나는 또 무슨 생각을 한 걸까? 나는 왜 나를 믿었을까?

"길을 찾을 수 있어요. 우리 힘으로 할 수 있다고요."

다시 걷기 시작했을 때 우리 뒤에 두 소녀가 나타났다. 크리올어를 더 열심히 배워둘 걸 후회가 되었다.

"사 우트 라?"(저기 길이 있나요?)

내가 저쪽을 가리켜 보였다. 대답 대신 키득거리는 웃음만 돌아왔다. 이 소녀들은 뒷마당에서 낯선 사람, 특히 스무 살짜리 인도 소녀와 함께 있는 50대 백인 여성은 만나본 적이 없는 모양이다. 게다가, 내 크리올어는 틀렸거나 전혀 말도 안 되는 소리였을 것이다.

"후소에 있는 OSAPO?"

이번에도 다시 손가락질을 했다. 또다시 키득거리는 웃음소리가 들렸다.

'그래, 이 아이들이 여행 가이드는 아니지.'

소녀들이 우리가 온 길 반대쪽을 가리키기에, 우리는 손을 내젓고 가던 길을 계속 갔다. 그랬더니 우리 앞으로 달려와서는 되돌아가야 한다는 시늉을 몇 차례 더 했다. 우리는 하산하는 길이었고 서로 말이 통하지 않았으므로 또다시 손을 내젓고 고맙다고 한 뒤에, 가던 길을 계속 갔다. 계속 바다를 왼편에 두고 가면 언젠가는 아래쪽에 닿을 것이다. 반대로 가면 우리의 수형 나침판이 엉뚱한 방향으로 놓이게 된다. 내 내면의 나침판이 그런 상황은 허용하지 않을 것이다.

이렇게 함께 고생하면서 우리는 서로에 대해 잘 알게 되었다. 달리아는 밝은 아이다. 미국 이민 1세대인 달리아의 할아버지는 의대 진학을 자랑스럽게 여겼다. 할아버지는 의사가 되고 싶었지만, 카스트제도 때문에 종교인이 되었다. 고등학교를 조기 졸업하고 2년 반 만에 학사 학위를 딴 달리아는 의대 동기 중에 가장 어렸다. 투표는 할 수 있지만 술은 마실 수 없는 나이였다. 얼마나 똑똑하고 다정하고 믿음직한지 모른다. 사랑은 믿는다.

내려오는 길 초반에 나는 상황이 이렇게 되어 미안하다고 했다. 달리아는 웃으면서 자기는 모험을 좋아하는데, 오늘 정말 대단한 모험을 하고 있다고 말했다. 얼마나 멋진 태도인가. 나도 그 말을 믿는다. 이후로 거의 한 시간에 한 번씩 사과를 반복하는데, 그때마다 달리아는 웃기만 했다. 그러면서 자신은 오늘 일을 평생 잊지 못할 거라고, 당신이 무사히 집으로 인도해주리라 믿는다고 계속해서 말해주었다. 가엾고 순진한 소녀 같으니.

내려오는 여정에는 가파른 길이 꽤 있었다. 모래 산을 넘어지면서 내려오는 것보다 미끄러져 내려오는 것이 훨씬 낫다는 것을 금세 터득했다. 그래서 우리는 세계 최고 모래 서퍼로 변신했다. 달리아는 운동화를 신고, 나는 5센티미터 굽이 달린 샌들(신발을 제대로 고른 것 같지는 않지만)을 신고 말이다. 나무가 우거진 좁은 길을 걷기도 했는데, 왠지 스페인 같은 분위기를 풍겼다. 난데없이 브라운 스위스 소 떼가 우르르 몰려와서 길을 차지하기에 얌전히 비켜주었다. 황소 달리기 축제 같았다. 길이 탁 트이고 조금 평평해지자 돌진하는 뿔난 동물들과 모래 파도타기에서 잠시 벗어난 것이 감사했다.

한참 걷다 보니 태양이 영원히 그 자리에 있지 않고 잠자리에 들 준비를 하고 있다는 것을 알 수 있었다. 어두워진 아이티 산속에서 길 잃은 모습은 한 단체의 대표이자 의대생 팀을 이끄는 리더로서 보기 좋은 모습은 아니었다. 여기서 '어둡다'는 것은 말 그대로 어둠을 뜻했다. 가로등도, 집에서 흘러나오는 불빛도 없고, 불빛이 흘러나올 집도 없는 어둠, 빛이 전혀 없다는 뜻이었다.

나는 지금까지 잡히지 않았던 신호가 잡히기를 기대하면서 핸드폰을 꺼내 들었다. 배터리가 거의 없어서 붉은색 표시가 떴다. 희미하게 신호가 잡힌 것을 보고는 가디 박사에게 연락하고 싶었다. 아니, 브런 박사면 더 좋을 것 같았다. 그는 포르토프랭스에서부터 동행하면서 통역과 경호를 맡고 있었다. 우리 일행을 크게 걱정하고 있을 것이다.

걸어 내려간 사람들은 우리가 차에 타지 않은 것을 알고는, 차에 탄 사람들은 우리가 걸어가지 않은 것을 알고는 염려할 게 틀림없었다. 어쩌면 실종자 사진에서 우리를 보게 될지도 모를 일이었다. 이제 곧 불길한 검은 담요로 뒤덮일 이 거대한 산에서 우리를 찾기란 불가능할 것이다. 그들은 대사관과 유엔 경찰, 어쩌면 대통령에게까지 전화를 걸어 헬리콥터를 띄워 달라고 요구해야 할지도 몰랐다. 작전 중에 리더와 동기생을 잃는 일은 분명 엄청나게 고통스러울 것이다.

우리 일행이 겪어야 할 과정을 머릿속으로 그려보면서 나는 마음이 아팠다. 우리는 안전하니 걱정하지 말라고 알려야 했다. 헬리콥터는 띄우더라도, 염려하지는 말라고.

내게는 브런의 전화번호가 없었고 가디 박사의 핸드폰은 오래전에 전원이 나갔던 걸 기억하고는 후즈벨트 신부님에게 전화를 걸었다. 신부님은 수도 반대편 쪽 다른 산에 있지만, 우리 일행 중 누군가와는 연락이 닿을 것이다.

신호가 약해서 겨우 전화를 걸 수 있었다.

"신부님, 저 킴이에요."

"오, 안녕하십니까, 킴. 마침 제가 전화하려던 참이었는데요. 프로젝트가 하나 있는데 도움이 좀 필요해서요."

"그건 나중에요, 신부님. 제가 지금 산에 있어서요."

"그래요, 저도 산에 있습니다."

"아뇨, 신부님, 저는 후소 근처 산이에요."

"아닙니다, 킴. 저는 후소가 아니라, 남쪽이에요."

"네, 저는, 혹시 브런 전화번호 아세요?"

"아뇨, 하지만 알아볼게요."

언제라도 곧 전원이 나갈 수 있어서 나는 질문을 바꿨다.

"죄송하지만 패트릭에게 전화해서, 브런에게 전화를 걸어

가디 박사를 찾아 '달리아와 킴은 잘 있다'라고 전해달라고 해주시겠어요?"

이게 더 통할 것 같았다.

'도대체 내가 나를, 더 중요하게는 달리아를 무슨 상황에 빠뜨린 것인가?'

시시각각 어둠이 내려앉고 있었다. 사방에 집이라고는 전혀 찾아볼 수 없었지만, 아, 얼마나 아름다운 풍경이었는지. 아직도 꽤 산 위쪽이어서 아래쪽으로 바다까지 내려다보이는 풍경이 숨이 멎을 듯 아름다웠다. 나는 두 팔을 벌리고 빙글빙글 돌면서 〈사운드 오브 뮤직〉(The Sound of Music)을 부르는 모습을 생각해보았지만, 그럴 시간이 없었다. 노래에 별 소질도 없고. 그래서 대신 두 팔을 위로 들고 이렇게 말했다.

"주 예수님, 제발 여기 좀 도와주세요."

예수님이 "알았다"라고 말씀하셨다. 그러더니 정말 뜬금없이 두 남자와 한 여자가 나타났다. 인간 생명체를 발견하다니, 얼마나 아름다운 일인가.

"후소?"

"위."

됐다!

나는 조금 더 밀어붙여보기로 했다.

"OSAPO?"

"위."

조금 더.

"가디 박사?"

"위."

살았다. 이 사람들은 도시와 병원 이름뿐 아니라 가디 박사를 알고 있다. 어쩌면 해가 완전히 지기 전에 집을 찾을 수 있을지도 몰랐다.

그중 한 사람이 손짓으로, 두어 시간 전에 만난 키득거리던 소녀들과 똑같이 따라오라는 시늉을 하기에 따라갔다. 사랑은 믿는 거니까.

사람들은 우리가 흘러내리는 가파른 모래 경사면을 미끄러져 내려오도록 도와주었다. 울퉁불퉁 자갈길을 걸을 때는 우리가 넘어지지 않도록, 좀 더 정확히 말하자면, 우리가 넘어졌을 때 잡아줄 수 있도록 곁에서 함께 걸어주었다. 그렇게 해서 남은 길을 금세 따라잡았다. 어둠이 산을 뒤덮었어도 이 삼총사는 전혀 당황하지 않았다. 한 걸음 한 걸음 꾸준히 걸어 내려갔고, 점점 더 집이 가까워졌다.

칠흑 같은 어둠 때문에 나나 달리아는 산을 다 내려왔다는 사실을 인지하지 못했다. 마지막 발걸음을 내딛자 드디어 평평하고 단단한 땅에 서게 되었다.

"메시! 메시!"(고맙습니다!)

우리를 인도해준 사람들을 얼싸안았다.

"달리아, 우리가 해냈어."

의외라기보다는 안심이라는 티를 내고 싶었다. 성공할 줄 몰랐는데 뜻밖이라는 표를 내면 신뢰가 부족하다는 암시인데, 사랑은 신뢰하는 거니까.

옥외 화장실 크기의 건물 앞에 음료수를 사려는 사람들이 삼삼오오 모여 있었다. 수중에 돈이 한 푼도 없었는데, 잠시 후 내 손에는 시원한 물 한 병이 들려 있었다. 이 사람들은 사랑하는 법을 제대로 알고 있다. 우리는 그곳에 얼마간 서 있었다. 이 사람들은 우리가 여기서부터는 길을 안다고 생각하는 모양이지만, 나는 도대체 여기가 어딘지 알 길이 없었다. 바로 그때 소리가 들렸다. 오토바이에서 나는 아름다운 멜로디 소리가. 우리는 탈 것을 기다리고 있었다. 그래서 그 사람들이 우리를 거기 서 있게 했던 것이다. 좋았어. 그냥 믿어라. 사랑은 믿는 거니까.

첫 번째 오토바이는 휙 지나가버렸다. 이미 네 사람이 타고 있어서 더는 자리가 없었다. 몇 분 후에 다른 오토바이가 왔지만, 이번에도 사람이 꽉 차서 그냥 지나갔다. 드디어, 빈 오토바이 택시가 아름답게 멈춰 섰다. 나는 달리아를 운전사 뒤에 앉혔다. 혹시 달리다가 사람이 떨어지더라도, 내가 떨어질 수 있도록.

나는 새로 사귄 친구들을 꼭 껴안고 감사 인사를 전했다. 뭔가 보답하고 싶은데 돈은커녕 줄 게 아무것도 없었다. 그 사람들은 보답을 바라지 않는 친절한 사랑을 알기에 아무것도 기대하지 않았지만, 나는 그들을 위해 뭐라도 꼭 해주고 싶었다. 자갈밭에서 넘어지지 않으려고 조심하느라 발밑을 봤는데, 맨발이 눈에 띄었다. 하산하기 직전에 여자분의 샌들이 망가진 것을 까맣게 잊고 있었다. 재빨리 내 신발을 벗어 그녀에게 건네고 한 번 더 꼭 안아주고는 달리아 뒤에 올라탔다.

지금까지 베푼 친절만으로는 성이 차지 않는지, 셋 중에 한 남자가 내 뒤에 따라 올라탔다. 내가 오토바이에서 떨어지지 않도록 말이다.

병원 앞에 내리면서 전쟁에서 돌아온 군인의 심정을 조금이나마 느낄 수 있었다. 아스팔트 도로에 고개를 숙이면서, 풍선과 꽃과 현수막에 둘러싸여 가족의 환영을 받는 군인들 말이다. 하지만 거기에는 풍선도, 꽃도, 현수막도 없었다. 물론, 가족과 친구도!

우리 일행 중 두어 명이 밖에 나와 있었다. 집에 가기 전에 마지막으로 동네 여인들에게서 수공예품을 사는 모양이었다.

"우리 왔어요!"

"네, 오셨어요. 저 거북이는 얼마면 될까요?"

코린은 가격을 흥정하고 있었다.

"걱정 안 했어요?"

"무슨 걱정요?"

"우리가 없어졌잖아요."

"없어졌다고요? 그런 말 못 들었는데요."

나머지 일행이 우리를 걱정할까 봐 내내 전전긍긍했는데 아무도 걱정하지 않았다니. 그들은 짐을 싸고 기념품을 사느라 정신이 없어서 우리가 없어졌다는 사실조차 눈치채지 못했다. 인원 파악도 하지 않았다. 그건 내 일이었으니. 그들은 그저 우리를 신뢰했다. 그게 사랑이 하는 일이니까.

신뢰하는 사랑

신뢰하는 사랑은 당신이 모든 것을 알지 못해도, 당신에게 모든 답이 없더라도 괜찮다고 인정한다. 누군가는 당신이 모르는 무언가를 알고 있다고 믿을 수 있기 때문이다. 사랑할 때 우리는 자신이 모든 것을 알지 못한다는 것을 안다. 따라서 모든 것을 믿는 사랑은 남에게 손을 내밀고 답을 요청한다. 모든 것을 믿는 사랑은 당신이 사랑하는 사람들에게 당신이 가진 것 이상의 지식이 있다고 인정한다. 모든 것을 믿는 사랑은 우리가 함께할 때 더 잘할 수 있고, 더 행복하게 살 수 있으며, 더 깊이 사랑할 수 있음을 깨닫는다. 그리고 우리가 함께할 때 그 어떤 개인보다 더 많이 알 수 있다.

모든 것을 믿는 사랑은 겸손하다. 다른 사람들의 경험과 지식을 무시하면서, 자기 혼자 똑똑한 척 교만하지 않다. 속임수나 기만 대신 진실을 상정하고, 사람들의 말을 그대로 믿는다. 사람들이 읽고 전달하는 사이에 오해가 생기거나 통계를 정확히 이해하지 못한 경우를 말하는 것이 아니다. 그런 것들은 거짓말이 아니라, 기억한 대로 말하다가 벌어지는 순진한 실수일 뿐이다. 내가 말하는 것은, 사람을 너무 사랑하여서 그들의 의견과 지식, 지혜를 소중히 여기는 것이다. 사랑은 항상 신뢰하기 때문에. 사랑은 모든 것을 믿기에 조언을 구할 수 있다. 사랑은 모든 것을 믿기에 경계를 풀고 도움을 구하며 냉소주의를 벗어날 수 있다.

처음에는, 이런 사랑이 순진해 빠져 보였다. 하지만 나는 사람을 믿고 그들의 진심을 신뢰하면, 상황이 변하는 것을 알게 되었다. 그것을 배우기 전에, 나는 허구에서 진실을 가려내느라 늘 조심하고 심지어 의심하곤 했다. 모든 것을 믿는 사랑을 배우고 나서는, 대화가 바뀌었다. 사실, 대화가 바뀐 것뿐 아니라, 대화가 생겨났다. 거짓말을 찾아내려 애쓸 필요가 없는 상대와의 대화는 정말 놀랍다. 당신의 신념과 의견이 당신에게 타당하듯이, 그들의 신념과 의견이 그들에게 타당하다는 것을 깨달으면 대립은 대화로 바뀐다. 대화는 진실을 밝히는 데 도움이 된다. 귀 기울여 듣는 신뢰하는 사랑을 실천함으로써 당신이 배울 수 있는 것은 놀랍다.

내가 배운 것은 이렇다. 모든 것을 믿는 사랑을 실천하면 사람들에게서 최선을 끌어낸다. 다른 사람의 신뢰를 받으면, 그 신뢰에 걸맞은 좋은 사람이 되고 싶어진다. 사람은 누구나 신뢰받고 싶어 한다. 불신은 당신의 영혼을 좀먹을 수 있다. 누군가에게 집 열쇠를 맡기면, 그들은 당신 집의 보안장치가 되어준다. 휴가 갈 때 누군가에게 개를 맡기면, 휴가에서 돌아왔을 때 행복하고 말쑥한 개가 당신을 맞아줄 것이다. 직장에서 누군가에게 일을 더 맡기거나 새 프로젝트를 주거나 기획 회의를 맡기면, 당신이 맡긴 일보다 훨씬 더 많은 성과를 내는 것을 보고 놀랄지도 모른다.

아이들이 초등학교 저학년이었을 때 우리는 저녁 식탁에서 항상 똑같은 질문을 던졌다.

"오늘 하루 어땠어?"

"학교에서 뭘 배웠니?"

"숙제는 다 했지?"

몇 년이 지나자 대화가 바뀌어서 "숙제는 다 했지?" 질문은 대화에서 빠졌다. 아이들이 이제 숙제는 알아서 했으리라 믿었다. 우리는 좋은 성적을 기대했는데, 숙제를 잘해야 좋은 성적이 나왔으므로 그 질문은 더 필요 없게 되었다. 신뢰를 통해 아이들은 숙제가 자기 책임이라는 것을 배웠고, 그렇게 행동에 옮겼다.

모든 것을 믿는 사랑은 당신을 지지하는 사람이 있다고, 당신은 혼자가 아니라고 믿는다. '지금 당장 답이 나와야 한다'는 시계에서 답이 제때 나오지 않으면, 한발 앞서 나가기 쉽다. 그러나 하나님은 모든 것을 아시고, 온전히 돌보시며, 한결같이 사랑하신다. 그리고 사랑은 모든 것을 믿는다.

"주 예수님, 제가 모든 것을 믿는 사랑으로 신뢰할 수 있도록 도와주세요. 제가 믿을 만한 사람이 되게 도와주세요. 사람들이 하는 말을 그대로 받아들이고, 그들을 신뢰할 정도로 충분히 사랑할 수 있도록 도와주세요."

chapter 13

사랑은,
모든 것을 바라는 것

희망이 없다면 어떻게 살 수 있을까? 폭풍우 한가운데서 희망은 우리의 구명보트다. 모든 게 불투명해 보일 때 희망은 우리의 스퀴지(물기나 기름기를 닦아내는 도구-역자 주)다. 삶의 무게로 고단할 때 희망은 우리의 휴일이다. 당연하게도, 사랑은 항상 기대한다. 이게 가장 쉬운 것처럼 보일 수도 있다. 나는 여기서 펜을 내려놓고 그냥 "당연하지"라고 말하고 싶은 심정이 들기까지 한다.

그런데 이게 다가 아니다. 하나님과 함께하는 사랑에는 엄청나게 크고 다채롭고 복잡하면서도 단순하며 충만함으로 넘치지만, 항상 그 이상의 여지를 가지기 때문이다.

나는 늘 바랐고, 지금도 바란다. 바란 것 중 일부는 열매를 맺었다. 다른 것들은 산산이 부서져서 사라져버렸다.

나는 도움의 손길을 바랐다. 나는 네 아이를 키우면서 직장에 다녔고, 대학교 배구 감독에 교회에서는 지도자요, 헬스클럽 회원이기도 했다. 방호복을 입어야 탈 수 있는 밴이 있었고, 에베레스트 산도 시기할 만큼 빨랫감이 쌓여 있었다. 먼지 털 시간이 없어서 노아가 구석구석에 쌓인 먼지 덩어리에 이름을 붙이기 시작했다. 진공청소기? 가끔 청소기를 돌렸던 것도 같다. 설거지는 아이들 몫이었다. 아이들은 그 끝도 없는 짐을 덜어주면서 훨씬 더 많은 용돈을 요구할 수도 있었다는 것은 알지 못했다. 나는 목욕하면서 화장실 청소도 같이 했다. 다행스럽게도, 변기는 물을 내릴 때마다 대체로 깨끗한 편이었다. 아, 진짜 내가 얼마나 도움을 바랐는지 모른다.

남편과의 대화는 늘 이런 식이었다.

"제발, 집안일 좀 해요."

"나도 한다고요."

"고작 쓰레기 버리고 잔디 깎는 게 다라면, 1월에는 별로 할 일이 없을 거예요."

"설거지도 하잖아요."

"한 달에 한 번 식기세척기에서 그릇 꺼내는 게 설거지는 아니죠."

"그러면 어쩌라는 거예요?"

"매일 저녁 빨래와 식사 준비 중에서 한 가지를 선택해요."

빨래나 저녁 준비를 할 필요가 없다면, 나는 칫솔로 체육관 바닥 전체를 닦을 수도 있을 것이다. 빨랫감은 점점 쌓인다.

왜 그런지는 모르겠다. 하지만 온 집 안의 옷을 다 접고, 위층으로 올라가 수건이란 수건은 다 개고, 다시 아래층으로 내려오면 다용도실에 빨랫감이 또 꽉 차 있다. 무슨 짓궂은 농담이나 거울 미로에 갇힌 악몽 같다. 빨랫감은 점점 쌓이는데 양말은 사라진다. 휘리릭. 오늘은 분명히 있는데 내일이면 사라진다. 우리 식구가 짝 맞춰 양말을 신는 유일한 날은 선물 상자에서 막 새 양말을 꺼낸 성탄절 아침뿐이다. 친척들은 그걸 아주 재밌어했다.

그다음은 저녁 식사. 아이들은 매일 저녁 밥을 먹어야 했다. 하루도 빠지지 않고. 매일 저녁. 아침이나 점심은 그리 힘들지 않았다. 시리얼 한 상자, 우유 한 팩, 식빵 한 봉지, 땅콩버터 한 통. 간단하다. 하지만 저녁 식탁을 차리려면 국수, 생닭, 감자, 냉동 채소 같은 게 필요했다. 우선, 이 모든 재료를 장을 봐서 집에 가져온 다음, 어딘가에 보관해두었다가 다시 찾아 섞어서 음식으로 만들어야 한다.

프라이팬 한 개로 모든 음식을 다 만들 수 있다는 요리책에 속으면 안 된다. 소스 만드는 데 하나, 햄버거 패티 굽는 데 또 하나, 그리고 모든 내용물을 다 넣어서 완성하려면 세 번째 프라이팬이 필요하다.

스파게티는 내 단골 메뉴였다. 소고기 분쇄육, 소스 한 통, 파스타 면, 이렇게 단백질과 채소와 탄수화물이면 완벽한 음식이 된다. 아이들은 금세 눈치를 챘다. 다양한 메뉴를 원했던 아이들은 스파게티, 페투치네, 에그 누들을 바꿔 가며 내놓는 것은 다양한 메뉴에 해당하지 않는다고 알려주었다.

이렇게 수많은 시간을 부엌에서 보냈건만, 지금 우리 아이들은 내가 음식을 만들어주었다는 사실조차 기억하지 못한다. 그냥 면 종류만 바꾸어서 파스타만 주야장천 내주었어야하는데. 그러나저러나 기억하지 못하는 것은 마찬가지니까.

자, 그래서 내가 친절하게 제안했다. 반려동물 음식 시식, 차에 치여 죽은 동물 처리, 하수관 청소와 더불어 인류에게 가장 고통스러운 일 두 가지 중 하나를 고르면, 나머지는 내가 처리하기로 약속한다.

"빨래를 맡을게요."

휴, 생각보다 훨씬 쉬웠다. 좋은 소식이다. 오늘 저녁에는 축하하는 의미로, 목욕하고 나서 새 수건을 써야겠다.

정신없이 시간이 갔다. 나는 매일 저녁 식탁을 차렸고, 빨래에는 전혀 신경 쓰지 않았다. 엄청난 여유 시간이 생기면서 자유와 해방을 느꼈다. 오죽하면 먼지를 좀 털어볼까 하는 생각까지 했겠는가. 백만 년 전에나 했을까 싶은 일인데 말이다.

그런데 한두 주가 지나자, 서랍에 깨끗한 속옷이 한 벌밖에 남지 않은 걸 알게 되었다. 하루만 더 지나면 그 속옷을 뒤집어 다시 입어야 할 형편이었다. 빅토리아 시크릿(Victoria's Secert, 여성 속옷 브랜드-역자 주)이 나를 긴급 구제해주어서, 일주일 동안 입을 새 실크 속옷을 장만했다. 일주일 뒤에는 또다시 속옷을 샀다. 일주일 뒤에 또. 내가 빨래를 하지 않으면 돈이 많이 든다고 했더니, 남편이 일을 시작하러 갔다.

남편은 제일 먼저 집 안에 있는 모든 양말을 내다 버렸다. 운동용 양말, 발목 양말, 정장용 양말, 무릎 양말 등 모든 양말을 쓰레기통에 버리고는 밖에 내놓았다. 그게 그가 할 일이었기 때문에. 그런 다음에 할인 매장에 갔다. 거기서 남편은 종아리까지 오는 흰색 스포츠 양말 열두 켤레가 담긴 상자를 열두 개 샀다. 그는 자신이 천재라고 생각했다. 친구들이 그에게 하이파이브를 하고, 사람들이 다가와 이 전설적인 인물에게 악수를 청했다. 그는 사인을 해주기 시작했다. 그는 양말계의 록 스타였다.

한 가지 문제가 있다면, 양말이 다 같은 크기라서 키가 190센티미터에 발 크기가 300밀리미터에 달하는 남편에게만 맞는다는 것이었다. 내가 신으면 양말 발뒤꿈치가 종아리 중간쯤에 왔다. 하지만 불평하지 않기로 했다. 나는 여전히 빨래 없는 태양 아래서 일광욕을 즐기고 있었으니까.

얼마 못 가, 이 흰 양말이 분홍색으로 변하기 시작했다. 남편은 흰옷 빨래 더미에 빨간 옷은 넣어서는 안 된다는 것을 대학에서 배우지 못한 게 틀림없었다. 그래도 내버려두었다. 빨래는 더는 내 일이 아니었으니까. 옷장 서랍에는 근사한 속옷이 가득했고, 내 어깨에서 큰 부담을 덜어냈으며, 무엇보다도 나는 분홍색을 좋아한다.

어느 토요일 아침, 굉장히 보기 드문 풍경이 펼쳐졌다. 아들 녀석 하나가 빨래 바구니를 옮기고 있었다.

"지금 뭐 하는 거니?"

"빨래요."

그 분홍색 양말을 만든 사나이가 아이들에게 자기 빨래는 알아서 하는 법을 가르쳤다. 내가 뜨거운 불 앞에서 땀을 흘리며 조리법을 살펴보고 장을 보러 왔다 갔다 하는 사이에, 우리 아이들은 빨래를 해서 말리고 개서 정리하고 있었다.

나는 도움을 바랐다. 그리고 도움을 받았다. 두 손만 빌리려 했는데 열 손을 빌린 셈이 되었다. 때로는 우리가 바란 것이 기대와 다르게 나타나기도 한다.

행복을 주는 소망

나는 늘 무언가를 바란다. 해변에 갈 때는 비가 오지 않기를 바란다. 운전을 할 때는 타이어가 터지지 않기를 바란다. 월세가 오르지 않기를 바란다. 비행기가 제시간에 뜨기를, 식당에 자리가 있기를, 충치가 없기를 바란다. 나를 위해서만 바라는 것이 아니라, 다른 사람들을 위해서도 바란다. 친구가 일자리를 얻기를, 그 사람들이 집을 구하기를 바란다. 해리슨이 슛을 넣기를, 코델리아가 팀에 뽑히기를, 로즈메리가 용기를 잃지 않기를 바란다. 조금 더 진지한 바람도 있다. 그들이 헤어지지 않고 잘 살기를, 그녀의 어머니가 완쾌하기를, 그의 당뇨가 잘 통제되기를 바란다.

어떤 바람은 비현실적이다. 남편은 염세주의자, 나는 낙천주의자였다. 남편은 자신이 현실주의자이고, 나더러는 환상의 세계에 살고 있다고 말하곤 했다. 차라리 나는 푸른 달 아래 앉아 광대의 눈물을 흘리는 옛 노래보다는, 무지개 너머 어딘가 햇살 위를 걷는 꿈꾸는 사람이고 싶다. 내 바람과 삶의 현실이 늘 일치하지는 않는다. 나는 로또에 당첨되기를 바란다. 차에 기름이 간당간당할 때는 집까지 무사히 도착할 수 있기를 간절히 바란다. 보기 좋은 음식이 맛도 있기를 바란다. 어떤 바람은 절대 포기하지 않을 것이다. 나는 세계 평화를 바란다. 사회 정의를 바란다. 빈곤이 끝나기를 바란다.

누구에게나 바라는 게 있다. 어떤 바람은 같고, 어떤 바람은 전혀 다르다. 개인적인 바람도 있고, 바깥세상을 향한 바람도 있다. 희망은 행복과 활력과 영감을 준다. 희망은 기대하고 고대하고 믿는다. 가능성을 보고 기회를 찾는다. 희망은 갈망이자 꿈이요, 무언가를 더 많이, 더 잘, 더 높이 믿는 것이다. 모든 것을 바라는 사랑은 "좋은 하루 보내세요"를 초월하는 특별한 것이 되어야 한다.

아이티에 희망이 있을까? 다른 무언가가 더 있을까? 오늘 먹을거리, 그 먹을거리를 사기 위한 약간의 돈, 살 곳, 자녀들이 다닐 학교, 밤에 잠시 들어오는 전기를 바란다. 예측 불가능한 것들 투성이인 곳에 있는 것은 소망뿐이다. 다행히도, 하나님과 함께라면 큰 소망을 가질 수 있다. 나는 기대가 크다. 엄청나게 크다. 그래서 이 문제도 해결할 수 있을 것이다.

웨인 주립대학교(Wayne State University) 의대생과 의사 일행이 내가 머물고 있던 모르네로피탈(Morne l'hopital)을 찾았다. 포르토프랭스를 내려다보는 산악 지대인 이곳은 인구밀도가 아주 높았다. 계단식으로 쌓여 있는 작은 콘크리트 벽돌 건물들에 거의 25만에 달하는 인구가 살고 있었다. 화장실도, 마실 물도 없고, 의료 혜택도 거의 받을 수 없는 곳. 이 지역에는 나무가 거의 없어서 조금만 비가 와도 큰 홍수가 나곤 했다. 이동도 문제다. 하천이 범람하여 큰 도랑이 생기면 차를 운전하기 힘든 도로 상태가 된다. 탑탑과 택시는 산으로 올라가지 못한다. 일거리는 다 포르토프랭스에 있는데, 이곳 사람들은 온종일 열심히 일한 후에 1.5킬로미터 정도만 오르막길을 걸으면 되니 그나마 운이 좋은 편이다.

일자리가 나무만큼이나 귀하다 보니, 이곳 가정들은 1년에 150달러 미만으로 생계를 이어간다. 의료 조치가 필요한 사람이 선택할 수 있는 방법은 몇 가지 되지 않고, 응급 의료 조치가 필요한 사람은 거의 절망적이라고 할 수 있다.

최근 몇 년 동안, 웨인 주립대학교 의대생과 의사들은 '희망의 빛'과 협력하여 12월과 2월, 가끔은 5월에 일주일짜리 단기 병원을 세웠다. HART(Haiti and Africa Relief Team)도 해마다 병원을 열어서 1년에 서너 차례 의료 서비스를 제공하고 있다.

후즈벨트 신부님은 생주드 가톨릭교회와 학교 길 건너편에 있는 자신의 사제관을 이 팀들에게 내준다. 사제관 가운데에는 거실이 있고, 세 면으로 방 여섯 개와 욕실 세 개, 네 번째 면에는 주방이 있다.

사제관의 식사는 늘 기대를 저버리지 않는다. 요리사들은 토마토 소스나 케첩에 면을 볶고 마늘, 양파, 피망을 넣은 아이티식 스파게티를 준비하거나 가끔은 아침으로 따끈따끈한 핫도그를 내놓기도 한다. 간식으로는 화덕에서 갓 나온 빵을 사다가 땅콩버터와 젤리를 발라 먹는다. 저녁에는 닭고기, 감자, 밥, 콩, 양념, 채소를 한 접시에 내놓았는데, 우리 아이들이 딱 좋아할 만한 맛이었다. 뛰어난 요리 실력, 맛있는 음식, 아름다운 마음. 이 요리사들은 우리가 이곳을 다시 찾게 만드는 법을 알고 있다.

의료팀은 교회를 접수처와 대기실로 사용하고, 언덕을 조금 내려가 있는 방 여섯 개를 진찰실과 약국으로 사용했다.

공인 간호사이자 모든 의료 행위를 섭렵한 '희망의 빛'의 안주인 린다는 25년 넘게 미시건 머스키건의 한 응급실에서 일했다. 린다는 처음 아이티를 찾았을 때 자신은 이미 산전수전을 다 겪었다고 생각했다. 환자 명단, 펜, 통역사 패트릭을 대동한 린다는 의사를 찾아 문을 통과한 천 명에 가까운 환자들을 분류했다. 그녀는 가방에 사탕을 가득 챙겨 넣고는 사람들에게 질문하고 받아 적고 순서를 정했다. 린다는 씹어 먹는 구충제를 나누어주고 곧바로 사탕을 입에 넣어주었다.

매일 아침 의료팀은 갓난아기를 안은 엄마들, 어린아이를 안은 아빠들, 지팡이를 짚은 할머니들, 어린 동생을 데려온 청소년들, 세월의 흔적이 얼굴에 새겨진 노인들 사이를 누볐다.

모두 다 린다를 만나는 행운을 누리길 간절히 바라며 이곳을 찾은 이들이었다. 사랑은 항상 기대한다.

린다가 준비를 마치면, 문지기 역할을 하는 고용된 경찰관들이 숫자를 불러 환자들을 대기실로 안내했다. 의대생들이 번갈아가면서 환자의 상태와 병력을 확인했다. 아이티를 자주 찾은 린다는 많은 환자의 이름을 알고, 거의 모든 환자의 얼굴과 질환을 기억했다. 그녀는 환자들의 이야기를 귀 기울여 듣고 기생충 약과 사탕을 주고 나서 의사에게 보냈다.

"이게 누구야, 발 때문에 오셨던 분이네요."

린다는 작년에 만났던 사람을 다시 보고 반가워했다. 그 사람은 난생처음 보는 심각한 괴저 질환으로 병원에 실려 왔었다. 그가 그 다음 달까지 살 수 있으리라 생각한 사람은 아무도 없었다. 린다는 그가 죽음을 이겨내기를 바랐다. 사랑은 모든 것을 바라고, 린다는 사랑하는 사람이니까. 아주 건강해 보이는 그는 린다를 안아주고 나서 신발을 벗었다. 이번에는 고약한 악취가 나지 않았다. 그는 병원의 지시를 따라서 주기적으로 발을 씻으면서 병증을 잘 관리했다.

어느 아버지가 간질에 걸린 열네 살짜리 아들을 데려와 도움을 청했다. 린다는 그도 알고 있었다. 발작을 관리하려면 약이 필요할 때가 많다. 발작을 조절하는 약은 미국에서는 흔하고 저렴하지만, 아이티 변두리에서는 찾기 어렵다. 이 아버지는 사제관에 진료소가 열릴 때마다 수 킬로미터 떨어진 곳에서 거의 어른 체격의 아들을 데려왔다.

이번에도 패트릭에게 두 사람을 포르토프랭스에 있는 진료소로 모셔오게 했다. 간질을 치료하는, 혹은 치료하려 시도하는 우리가 아는 유일한 진료소였다. 이 아버지는 이번에는 다르기를 바랐다. 이번에는 아들이 발작을 멈출 뭔가를 받을 수 있기를 바랐다. 발작은 소년의 몸과, 더욱 슬프게도 뇌를 무자비하게 파괴하고 있었다.

나는 눈물을 흘렸다. 우리 딸과 아들을 데리고 뇌전도, CT, MRI 검사를 받고 약을 타고 주기적으로 신경과를 찾았던 그 끔찍한 날들을 아직 기억한다. 미국에 사는 우리 자녀들은 충분한 의료 혜택을 받아서, 통제 불능 발작으로 인한 후유증이 뇌에 남지 않았다. 린다와 나는 함께 바라고 기도했다.

탈수, 오염된 식수, 영양실조에 따른 질병으로 진료소를 찾는 사람은 항상 차고 넘쳤다. 미국에서는 고혈압으로 혈압이 너무 높으면 병원에 입원하기도 하지만, 아이티에서는 약을 주고 그냥 집으로 보냈다. 아이티에서 그 약을 다시 구하기란 쉽지 않았다. 비타민 부족, 콜레라, 희귀성 말라리아, 깁스나 부목 없이 제대로 치료받지 못한 골절상, 청결하지 못한 집 안 환경에 감염된 상처, 옴, 심장 문제 등.

사회적 질병을 앓는 환자들도 있었다. 린다가 환자의 사연을 듣고 도저히 못 믿겠다는 표정을 하면, 패트릭은 늘 이렇게 말하곤 했다.

"여긴 아이티잖아요."

4년 동안 임신 중이라는 여자가 있는가 하면, 배가 나왔는데 그 안에서 움직이는 것은 아이가 아니라고 확신하는 여자도 있었다. 자신은 바다에서만 관계를 맺는데 거기서는 임신을 할 수 없기 때문이란다.

심장마비가 온 남자가 웨인 주립대학교에서 마련한 일주일 단기 진료소에 찾아왔다. 내가 급히 차량을 수배했고, 로라 박사가 사내를 부축하여 SUV에 태운 뒤에 그 옆에 앉았다. 나는 조수석에 올라 운전사에게 계속해서 빨리 가달라고 재촉했다. 가까운 병원에 안전하게 도착하자, 운전사는 로라 박사와 내가 환자를 안으로 데려가도록 도와주었다. 병원에서는 번호표를 주고 앉아서 기다리라고 했다. 로라 박사는 불같이 화를 내면서 심장 전문의든 응급실 의사든 의사를 불러달라고 요구했지만, 접수처에 앉아 있는 여성은 고개를 가로젓기만 했다. 우리 두 사람이 병원으로 들어가 도움을 요청하는 사이, 운전사가 환자의 곁을 지켜주었다.

드디어 한 의사가 요청에 응하여 대기실에 있던 환자를 보러 왔다. 휠체어에 그를 앉혀 병상이 30개 정도 되는 큰 병동으로 옮기기까지 20분 정도 걸렸을까. 체감으로는 그보다 훨씬 더 긴 시간처럼 느껴졌다. 직원들이 일사불란하게 움직이면서 환자를 위해 최선을 다했다. 이 사내의 오른편에는 총상 환자가, 왼편에는 머리를 다친 환자가 있었는데, 그 모습을 보니 심장마비 환자가 주목받지 못하는 이유를 알 것 같았다. 갓난아기부터 어른까지 병동에 있는 모든 환자가 목숨이 왔다

갔다 하는 심각한 부상이나 질병을 앓고 있었다. 최소한의 의료진에게 심장마비는 그저 환자 한 명이 추가된 것이었다. 로라 박사와 나는 환자가 무사하기를 바라면서 병원을 나섰다.

우리는 오전 8시에 준비를 마치고 가능한 한 오래 환자를 봤다. 해가 지면 불빛이 없기 때문에 최대한 환자를 받았고, 마지막 두어 환자는 손전등을 켜고 진료하기도 했다.

이렇게 지치고 힘든 하루 뒤에 맞는 저녁 식탁은 의료진에게 새 힘을 불어넣어주었다.

내가 날마다 사제관과 교회 사이를 오가는 동안, 많은 사람이 자신을 진료소에 좀 넣어달라고 부탁하곤 했다. 오랫동안 여러 진료소를 운영해본 결과, 일종의 명예 의학 학위를 갖추었다고 생각한 나는 몇몇 사람들을 통과시켜주곤 했다. 이웃의 시급한 형편을 본 다른 사람들은 늘 너그러운 마음으로 이해해주었다. 린다는 눈을 굴리며 이렇게 말하곤 했다.

"오늘은 또 무슨 일이죠?"

그러면 나는 며칠씩 굶어서 혼수상태에 빠진 불쌍한 아기나 팔을 잘라야 할지도 모르는 남자에 대해 열정적으로 장광설을 늘어놓곤 했다. 때로는 내 직감이 맞기도 했고, 때로는 린다가 환자를 맨 뒷줄로 돌려보내기도 했다. 그래도 절대 환자를 내쫓지 않고 늘 살펴봐주었다.

다른 사람들의 바람을 확인하기

마지막 날은 복잡한 감정이 들었다. 지쳐서 집에 갈 준비를 하고, 끝이 보이는 것은 좋았다. 하지만 시간이 부족해서 미처 진료하지 못한 사람들을 생각하면 마음이 무너졌고 기분이 좋지 않았다.

그날 아침, 이미 와 있는 사람들만 진료를 보더라도 밤까지 다 끝내지 못할 것 같았다. 나는 사람들 사이로 지나가면서 "죄송합니다. 정말 죄송합니다"라고 외쳤다. 그때 어느 부부가 내 시선을 사로잡았다. 남편 눈에 간절함이 가득했다. 그가 내 손을 잡더니 자기 아내의 가슴에 올려놓았다. 큰 멍울이 잡혔다. 두어 해 전에 나도 그랬다. 아무것도 아니라고 굳게 믿고 검사를 거부했다. 가족력이 없는 40대 중반의 건강한 나로서는 병원이 돈을 벌려는 수단으로밖에 보이지 않았다.

거세게 반항하면서 병원에 갔다. 친절한 병원 직원들에게, 멍울과 자가 검진과 정기 유방 검사에 대해 알려주는 게 그들이 할 일이라는 것은 이해하지만 나는 의사가 요구해서 어쩔 수 없이 왔다고 말해주었다. 그냥 검사실에 들어가서 와플 기계에 가슴을 넣고 납작하게 찍은 다음에 기분 좋게 집으로 돌려보내 주기만을 바랐다.

직원들은 앞을 여며 입는 분홍색 검사복을 입은 다른 여성들에게 말한 것과 똑같이 내게 말했다. 이제 가도 좋으면 알려주겠다는 것이었다. 다들 "내년에 뵐게요!"라는 인사를 받고 돌아가는 사이, 나는 의자 옆 탁자 위에 손가락을 튕기면서 초조하게 차례를 기다렸다. 그런데 내게는 "소렐 씨, 이쪽으로 따라오시겠어요?"라고 말하는 게 아닌가.

'따라가기 좋은지 싫은지 대답해야 하나? 도대체 어디로 따라오라는 건가?'

검사가 제대로 되지 않아서 그 끔찍한 고통을 다시 겪어야 하는지도 모를 일이다. 그 기계는 남자가 개발한 게 틀림없다.

작은 검사실로 다시 들어가니 흰 가운을 입은 아주 친절한 여성이 내게 걱정하지 말라고 했다. 하지만 초음파 검사를 해야 한단다. 초음파 검사를 하고 나니 조직 검사가 잡혔다. 그때까지도 나는 이게 다 시간 낭비라고 100퍼센트 확신했다. 그래도 나는 착하고 성실한 환자니까 얌전히 누워 큰 바늘을 가슴에 찌르는 검사를 받았다. 그것도 내 생일에.

"하나도 안 아플 거예요."

'네, 아무렴요.'

이틀 후인 금요일 오후 3시쯤, 손주들이 욕조에서 노는 모습을 지켜보고 있는데 전화가 울렸다.

"검사 결과가 나왔습니다. 유방암이에요. 화요일에 다시 전화해서 예약을 잡아드릴게요."

머리가 마비된 것 같았다. 아들을 불러서 손주들을 보살피게 하고는 직장에 있는 남편에게 전화를 걸었다. 속이 메슥거리고 눈물이 쏟아지면서 숨을 쉴 수가 없었다.

"왜 그래요? 무슨 일 있어요?"

"여보…, 내가… 유방암이래요."

그때부터 시간이 눈덩이처럼 녹아내렸다. 그러고 나서 다른 무슨 생각을 떠올리려 하는데 이미 남편이 나를 꼭 껴안고 있었다. 이보다 더 안성맞춤인 행동이 있을까. 양말이 분홍색으로 변하리라고는 생각할 줄 모르는 남자가 아주 적절한 순간에 정확히 어떤 행동을 해야 할지는 알았다. 우리는 아주 오랫동안 그 자리에 서서 함께 흐느꼈다. 그러고 나서 기도하고 바랐다. 사랑은 모든 것을 바라니까.

한 달 반 뒤에 양쪽 유방을 절제하고, 이후 몇 주 동안은 재건 수술을 위해 확장기에 액체를 집어넣었다. 크리스마스 휴가 기간에 잠시 쉬었다가, 호르몬수용체 때문에 자궁을 절제하고 나서 일주일 뒤에 새로운 진단을 받았다. 이번에는 내가 아니라 남편이었다. 난생처음 '암' 진단을 받고 고작 4개월 만에 또다시 같은 진단을 받다니, 너무나 큰 충격이었다. '췌장암'이라는 진단명은 더 심각했다. 이번에는 내가 남편을 안아주었지만, 우는 사람은 나뿐이었다.

"울지 마요. 하나님은 좋은 분이시니까."

우리는 희망을 잃지 않았지만, 희망은 바뀌었다. 우리는 이렇게 기도했다.

"주 예수님, 앞 못 보는 사람이나 다리를 저는 사람을 고쳐주신 것처럼 남편을 고쳐주세요. 아니면, 하늘나라의 영원한 치유를 주시기를 구합니다. 하지만 제발 고통은 거두어주세요."

하나님은 정말로 좋은 분이시다. 언제나. 우리는 집에서 좋은 시간을 보냈다. 나란히 앉아 퀴즈 프로그램과 스포츠 프로그램을 보고, 카드 게임을 하고, 손주들과 같이 놀았다. 자녀들과 친척과 친구들에게서 상상할 수 없는 큰 지원을 받았다. 진단받고 나서 고작 6주 후인 그 토요일 아침, 남편이 아파하면서 일어났을 때 나는 남편을 꼭 껴안고는 귓가에 "이제 쉬어도 괜찮아요"라고 속삭여주었다.

먼지가 풀풀 날리는 아이티의 그 도로에 서 있으려니 그 모든 감정과 기억과 고통이 되살아 나는 듯했다.

나는 라모네와 베스타, 베스타의 품에 안긴 5개월 아기 데이비드를 린다에게 데려갔고, 린다는 우리를 다이앤 리바인 박사에게 보냈다. 리바인 박사는 훌륭한 의사의 표본으로, 그녀의 풍부한 재능이 무색할 정도로 마음씨까지 곱다.

베스타는 임신 4개월째에 멍울을 발견했다. 자신의 증상을 말하기 두려웠던 베스타는 출산할 때까지 기다렸다가 남편에게 알리고 조언을 구하기로 했다. 두 사람은 열 살 때 처음 만나 오랫동안 친구로 지내다가 열네 살 때 친구 이상의 관계로 발전했다. 열여덟 살에 결혼한 이후로는 더 많이 사랑하며 살아왔다. 아이가 태어나기 시작했다. 라모네는 가족을 부양하기 위해 부지런히 일했고, 그렇게 가족을 먹여 살렸다. 그들에게는 비를 피할 집과 먹을 음식이 있었다. 베스타는 입에 풀칠이라도 하려고 간식거리를 팔아 살림에 보탰다. 첫 발견 이후로 급격하게 커져서 이제는 오렌지 크기만한 이 멍울 때문에 심란

해진 나머지, 다섯째 아이를 낳은 이후로는 장사를 접었다.

리바인 박사가 미국에서 가져온 휴대용 초음파 기계로 검사하는 동안, 나는 베스타 곁에서 그녀의 손을 잡아주었다. 박사는 조직 검사를 하지 않고도 이 멍울이 악성 종양이라고 확신했다. 우리는 다 같이 잠시 울었다. 사랑하는 아내요 아이들 엄마인 그녀에게 무슨 일이 생긴다면, 이 가련한 남자는 어떻게 해야 할까?

바로 그때 희망이 문틈으로 들이닥쳤다.

"베스타, 희망을 잃지 말아요. 나도 같은 병에 걸렸는데, 지금 여기 있잖아요."

그녀에게 내 흉터를 보여주고 수술 이야기를 해주고 희망이 아주 많다고 말해주었다. 아이티에서 일하는 미국인 종양학과 의사를 알고 있으니 곧바로 연결해주겠노라고 했다. 그리고 나서도 우리는 기도하고 소망을 이야기하고 조금 더 기도했다. 우리 다섯은 한자리에 모여 앉아서 우리가 던진 온갖 질문에 리바인 박사가 답해주는 내용을 들었다. 라모네는 뒤에서 베스타를 꼭 붙잡고 있었고, 데이비드는 내 품에서 쌔근쌔근 자고 있었다.

우리는 그렇게 두어 시간 함께 있었다. 그러고 나서 나는 종양학과 의사인 친구에게 전화했다. 그의 추천을 받아, 베스타 부부와 데이비드를 미르발레로 보냈다. 그곳에 있는 파트너스 인 헬스(Partners in Health)에서 최근 새 병원을 지었다. 이제 막 병원을 열고 그다음 날 공개 진료가 예정되어 있어서 베스타는 그냥 가기만 하면 되었다. 나는 부부에게 먹을 것을 사라고 돈을 주고, 운전사에게 비용도 지불했다. 베스타의 눈을 똑바로 쳐다보면서 이렇게 말했다.

"희망을 잃으면 안 돼요. 저도 당신을 생각하며 희망을 놓지 않을게요. 우리, 데이비드 결혼식에서 같이 춤춰요."

베스타가 얼굴에 미소를 지으며 "사랑합니다"라고 말했다. 나도 사랑한다고 대답했다. 사랑은 모든 것을 바라니까.

모든 것을 바라는 사랑은 누구도 포기하지 않는다. 절대 멈추거나 그만두지 않고 항복하지 않는다. 사랑은 끊임없이 바란다. 중독을 극복하고 병이 낫고 관계가 회복되기를 바란다. 모든 것을 바라는 사랑은 밝은 미래를 본다. 형편없는 것에서 정말 좋은 것이 나오리라고 기대한다. 기적이 일어나기 전에 기적을 본다.

모든 것을 바라는 사랑은 모든 사람을 사랑하기에 그들에게 선과 행복과 기쁨을 바란다. 당신에게 상처를 준 사람일지라도, 모든 것을 바라는 사랑은 그런 사람에게조차 최선을 바란다. 모든 것을 바라는 사랑이라고 해서 학대받는 관계나 추악한 우정에 그대로 머물러 있어야 한다는 뜻은 아니다. 모든 것을 바라는 사랑은 남편이나 아내, 친구, 사촌, 이웃, 형제자매에게 좋은 것을 바란다.

모든 것을 바라는 사랑은 항상 사랑한다. 사랑할 때 당신 마음이 바뀌기 때문이다. 그리고 당신이 사랑하면 상대의 마음도 바꿀 수 있다. 사랑이 있는 곳에는 늘 희망이 있기 때문이다. 사랑은 늘 바라기 때문이다.

두어 달 후에 다시 아이티를 찾았을 때 나는 부쩍 자란 데이비드를 품에 안을 수 있었다. 베스타 부부와 데이비드는 두 시간여를 달려 미르발레에 도착했지만, 의사를 만나지 못했다. 나도 이유를 모르겠다. 부부는 해가 질 때까지 온종일 기다리다가, 다시 두 시간 동안 차를 타고 돌아왔다. 둘은 희망을 잃지 않았다. 하나님이 강력 접착제를 부어주신 덕분에 부부 사이는 더욱 끈끈해졌고 둘의 영혼은 더 강력하게 연결되었다. 두 사람은 기도하고 소망하고 믿으면서 절대 포기하지 않고 굴복하지 않으며 멈추지 않았다.

모든 지각에 뛰어난 하나님의 평강에 둘러싸여 소망과 사랑으로 옷 입은 베스타는 내 손을 잡더니 자기 가슴에 올려놓았다. 멍울이 거의 사라지고 없었다. 하나님은 사랑이시기에 소망을 버리지도 않으시고 우리를 포기하지도 않으신다. 그래서 하나님께 감사한다!

"주 예수님, 제가 절대 포기하지 않고 사랑하기를 기도합니다. 어떤 사람을 쉽게 포기하고 항복하고 싶었던 때가 얼마나 많았는지요? 다시는 그러지 않겠습니다. 사랑은 모든 것을 바라니까요. 제가 그렇게 사랑하지 못할 때 그것을 볼 수 있도록 도와주세요. 당신께 제 소망이 있기에 모든 것을 바라는 사랑으로 사랑할 수 있게 도와주세요."

chapter 14

사랑은,
모든 것을 견디는 것

어떤 영어 사전에서는 'persevere'(견디다)라는 단어를 이렇게
정의한다.

"동사. 행동. '난관이나 방해물, 낙담에도 불구하고 원래 목
적을 유지하다'."

즉, 견딘다는 것은 그만두거나 징징대지 않고 그냥 하는 것
이다. 그렇다. 사랑은 모든 것을 견딘다. 포기하지 않고 끊임
없이 사랑한다. 힘든 시간이나 상황에 굴하지 않고 끝까지 밀
어붙인다.

같은 사전에서는 '북돋우다, 계속하다, 유지하다'라는 뜻도
있다고 소개한다. 입으로 떠들어대는 것만 아니라 행동한다
는 것이다. 사랑을 살아낸다.

예수님의 비유 중에, 한 과부가 끈질기게 재판장을 조르는 이야기가 있다. 자신의 권리를 침해당한 과부는 재판장에게 정의와 보호를 간곡히 부탁했다. 자기 이야기를 들어달라며 날마다 재판장을 괴롭혔다. 그는 과부의 부탁을 계속해서 무시했지만, 과부는 포기하지 않았다. 과부는 재판장이 행동할 때까지 전혀 멈출 기색이 없었다.

재판장은 하나님을 사랑하지도 않았고 과부를 비롯한 그 누구도 사랑하지 않았지만, 과부의 애원에 지쳐버렸다. 더는 견딜 수가 없었다. 과부의 부탁을 들어주어야 평안을 되찾을 수 있다고 생각한 그는 그렇게 해주었다.

예수님은 사랑이 이야기를 바꾼 게 맞다고 말씀하신다. 이 재판장은 무심했지만, 정의를 추구했다. 하물며 우리를 돌보시고 사랑하시며 우리의 간구에 귀 기울이시는 하나님은 얼마나 더 그러시겠는가? 그러니 계속 인내하며, 절대 포기하지 말고, 쉬지 않고 기도하며, 하나님이 속히 정의를 허락하실 것을 믿으라. 예수님은 이 이야기를 마치시며 그분이 다시 오실 때 이만한 끈기를 볼 수 있을지 모르겠다고 말씀하신다. 놀라운 말씀이다. 사랑은 모든 것을 견딘다. 우리는 멈춰서는 안 된다. 아무리 힘들어도.

바울이 이 단어를 맨 마지막에 배치한 이유가 있을 것이다. 나는 그 이유를 알아야겠다. 나도 과부다. 그래서 포기하지 말고 인내해야 한다고 가르치는 이 비유가 나 같은 여성에 대한 이야기라는 점이 흥미로웠다.

남편을 잃고 1년쯤 지난 후에 내가 다니던 교회에 나 같은 상황에 있는 여성들을 위한 프로그램이 있는지 문의했다. 우리 교회는 제법 큰 교회였으니까. 한 부교역자가 전화를 주었고, 우리는 만나서 커피를 마시기로 했다. 나는 포틀럭 파티나 버스 여행, 친목 모임 같은 것을 기대하고 있었다.

40대에 혼자가 된 나는, 대부분의 과부는 50대 이상일 것이니 연륜 있는 그들에게서 내가 지혜를 얻을 수 있으리라 예상했다. 하지만 나는 커피를 좋아하고, 전화로 하기에는 할 이야기가 너무 많았다. 그래서 며칠 뒤에 그 교역자를 만났다. 우리는 작은 탁자를 사이에 두고 앉아 카푸치노 거품에 그려진 예쁜 그림에 감탄했다.

"그러니까 우리 교회에 혼자 되신 분들을 위한 프로그램이 어떤 게 있는지 궁금하시다는 거죠?"

"네."

"아무것도 없습니다."

"정말요?"

교인이 6,000명인 교회에 과부를 위한 프로그램이 하나도 없다고? 그게 다였다. 이럴 거면 전화로 이야기했어도 충분했을 텐데. 어쩌면 교회에 자원봉사자가 필요했는지도 모른다.

"제가 도울 일은 없을까요?"

"아뇨, 그럴 필요 없어요. 교회에서 허락하지 않을 겁니다."

"뭐라고요?"

"전에도 싱글 모임이 있었는데, 사람들이 다들 짝만 찾더라고요."

교회에서 짝을 찾는 게 뭐가 잘못인가? 연애가 나쁜가? 요즘에는 짝을 찾는다는 게 내가 30년 전에 사용했던 것과는 다른 의미인지도 모르겠다. 게다가, 나는 혼자 된 여성들 모임이 있느냐고 물었지, 싱글 남녀 모임을 이야기한 게 아니다. 사별한 여성들이 '짝을 찾느라' 분주한 모습은 걱정하지 않아도 될 것 같습니다만.

"왜 목사님은 교회에서 사람들이 만나는 걸 원하지 않으시는 건가요?"

"그런 모임을 다시는 허락하지 않을 겁니다. 상황이 좋지 않았어요."

커피가 맛이 없었나? 같이 탁구 치는 사람 때문에 화를 낸 사람이 있었나? 도대체 무슨 일이 있었기에 이토록 공포를 느끼는 것일까?

"그러면 어디서 사람을 만나죠? 술집에서요?"

확실히, 술집은 아니지 않은가.

"당연히 술집은 아니죠."

휴, 내가 술집에서 '짝을 찾을' 필요가 없다니 천만다행이다.

"그러면 어디서요?"

"글쎄요, 성도님은 어디서 남편을 만나셨나요?"

"제 친구와 남편 동생이 사귀는 사이였어요. 목사님은 아내분을 어디서 만나셨어요?"

목사님이 천장을 바라보며 그 순간을 다시 떠올리는 사이, 천사의 후광이 주위를 감쌌다.

"평생 그날을 잊지 못할 겁니다. 휘튼 대학교 식당에 있다가 계단을 내려오는 아름다운 여인에게 눈길이 갔어요. 눈을 뗄 수 없었죠. 바로 그 순간 그 자리에서, 그 여자가 제 아내가 될 줄 직감했어요."

좋았어! 나는 사람을 알아가길 좋아한다. 이름, 좋아하고 싫어하는 것 몇 가지, 알레르기, 만성적인 발 냄새 등에 대해 알고 싶어 한다. '죽음이 당신들을 갈라놓기 전까지'라는 맹세를 하기 전에 말이다. 하지만 취향도 가지가지다.

"좋아요, 그래서요?"

"그러니까, 자, 보세요. 성도님은 친구를 통해 남편을 만나셨고, 저는 학교에서 아내를 만났죠. 다들 이렇게 만나지 않나요?"

"제 친구들은 다 결혼했고, 학교에 다시 들어갈 계획은 없네요. 설령 입학한다 하더라도, 자기 친구를 아빠라고 불러야 한다면 우리 아이들이 좋아하지 않을 거예요."

"글쎄요, 선택하기 나름이죠."

선택하기 나름이라고? 나에게 그걸 선택하라고? 교회에서는 절대 만나지 말란다. 나를 푸대접할 한심한 불신자를 만났을 수 있지만, 교회에서는 좋은 그리스도인 남성을 만나게 될지도 모르는데 말이다. 도대체 무슨 선택이 이 모양이란 말인가?

'목사님, 한 우물만 파시죠. 저는 데이트에 대해 조언을 받자고 여기 온 게 아니랍니다.'

이런 생각을 하며 목사님께 말씀드렸다.

"저는 과부를 위한 프로그램을 말씀드렸던 거예요. 과부는 다 여자잖아요. 일종의 지지 집단 같은 거 말입니다."

"우리 교회에도 소그룹이 많이 있어요. 거기서 한 곳 골라보세요."

이분 참 뭘 모르시네.

"혹시 친구 있으세요?"

"당연하죠! 아주 많답니다."

"친구들과 골프 치십니까?"

"교회 남성 골프 모임에 나가고 있어요."

"그럼 그 모임에는 다 골프 치는 분들만 있나요, 아니면 농구하는 분들도 섞여 있나요?"

"무슨 말씀이세요?"

"그냥 궁금해서요. 그 분들은 다 골프채만 사용하나요? 아니면 야구 방망이나 하키 스틱을 가져오는 분들도 있나요?"

"그게 무슨 말씀이세요? 말도 안 돼죠. 농담하시는 거죠?"

"아뇨, 진담입니다. 저는 혼자 된 여성이 부부 소그룹에 나가 도움을 청하는 게 상상이 안 되는 데요."

"네? 아니, 도대체 사별 여성의 모임에서 뭘 하실 수 있으세요?"

당연히 할 수 있다. 정말 뭘 모르시네.

나는 크게 심호흡을 하고, 달리 접근해보기로 한다.

"교회에는 봉사하려는 분들이 많으시죠?"

"늘 있죠."

"그러면, 자동차 정비, 보일러, 집수리 기술이 있는 사람들의 명단을 만들어서 혼자 사는 여성 분께 문제가 생겼을 때 그중 한 분이 도울 수 있게 하면 어떨까요? 여자들이 차나 보일러를 고치려 할 때 바가지를 쓰는 경우가 많잖아요. 믿을 만한 사람이 와서 봐주면 좋을 것 같은데요."

"그 분들에게 무료 봉사를 기대하시는 건가요?"

이 교역자는 누가 뽑았을까?

"제 생각에는, 홀로 된 여성 분들이 전혀 모르는 회사에 터무니없는 가격을 지불하기 전에, 합리적인 가격으로 수리가 가능할지 자원해서 살펴봐줄 분들이 계실 것 같은데요."

"그렇게는 안 될 것 같은데요."

아, 이 목사님에게는 '될 일'이라는 게 도무지 없구나.

"유부남이 혼자 사는 여성 집에 들어가서 물건을 고쳐주는 게 괜찮을까요? 그 아내되시는 분들이 어떻게 생각할지는 생각해보셨나요?"

"참고로 말씀드리자면, 혼자 된 여성이라고 해서 다 그렇게 밝히지는 않는답니다. 아내 분이 같이 오면 더 좋겠죠. 자매님들끼리 같이 커피 한잔하면서 대화도 나누고요."

"안 될 말입니다. 안 돼요, 안 돼."

그는 한 번도 아니고 세 번씩이나 안 된다고 말하면서, 역겹다는 듯 아래를 내려다보며 고개를 가로저었다. 도대체 어떻게 된 사람인가? 이 사람이 정말 교회 전체 리더십을 대표하는 분인가? 교회 지도자들은 자신들이 어떤 사람을 뽑았는지 알고는 있을까?

"안 됩니다. 절대 안 돼요. 절대 있어서는 안 될 일입니다. 절대로요."

맨 처음 세 번씩이나 안 된다고 했을 때 그는 이미 확고한 것 같았다. 어쩌면 그는 뭘 모르는 사람은 도리어 나라고 생각할지도 모르겠다.

"과부를 돌보는 것은 교회의 의무 아닌가요?"

"음, 아닙니다."

"아니라고요? 성경에도 나와요. 수많은 성경 말씀이 과부를 돌보아야 한다고 말씀하죠. 야고보서 1장 27절 읽어보셨죠? '하나님 아버지 앞에서 정결하고 더러움이 없는 경건은 곧 고아와 과부를 그 환난중에 돌보고'."

목사님이 신학교에 냈을 학비가 아까울 정도였다.

"옛날에는 그랬지만, 지금은 그런 뜻이 아닙니다."

비웃음.

"뭐라고요?"

내 비웃음은 그의 비웃음에 미치지 못했다.

"옛날에는 여성이 자녀와 집을 돌보았습니다. 남편이 죽으면 가족을 부양할 방법이 없었죠."

"요즘에도 그와 비슷하게, 어떤 여성이 학업이나 직장을 중단하고 집에서 자녀를 돌보면 어떻게 될까요? 자신은 15년 넘게 무직 상태인데, 억대 연봉을 받던 남편이 죽는다면 그녀는 어떻게 해야 하죠?"

"글쎄요, 요즘에는 식당 종업원 자리가 많습니다."

식당 종업원이라니? 무지로 양념한 오만을 곁들인 성차별주의자가 아닌가.

"좋아요. 이 여성이 종업원 자리를 얻었다 칩시다. 일주일에 며칠이나 일할 수 있을까요? 얼마나 벌까요? 1년에 2,500만 원쯤?"

"아, 그렇게 많이 벌지는 못할 겁니다."

이봐요, 목사님, 점점 더 구덩이를 깊이 파고 계시네요. 이제 그만하시죠.

"저녁 시간에 엄마가 일하러 가면, 이제 막 아버지를 잃은 아이들을 베이비시터에게 맡겨야 합니다. 그러면 아이들을 돌보아주는 비용이 추가로 들죠. 게다가, 얼마 되지 않는 종업원 월급으로는 아이들 학교 가까이에 있는 집의 월세와 세금을 내지 못하니 이제는 집을 비워주어야 합니다."

"그럴 수도 있겠네요."

맙소사. 내가 지금 외국어로 말하고 있는가? 통역사는 어디 있지? 아니면, 교회에서 나처럼 밝히는 여자에게는 통역사를 제공하지 않는 것인가?

"조금 더 분명히 말씀드릴게요. 옛날에 가족을 부양할 수 없는 과부와 지금 가족을 부양할 수 없는 과부는 어떻게 다른 가요?"

"살다 보면 별일이 다 있죠. 그 여자는 직업을 얻어서 이사를 가야겠네요. 성도님은 어떻게 생각하세요? 교회가 그 분을 도와야 할까요?"

마치 내가 바보라는 듯이 말한다. '경건'을 실천하는 '교회'가 불쌍한 요부 종업원을 도와야 한다고 생각하다니, 나는 얼마나 어리석은가.

"하지만 우리도 엄연한 사람이라고요!"

그다음에는 뭐라고 말할까? 여성, 특히 과부는 교회에서 잠잠하고 항상 복종하며 자기주장을 해서는 안 된다고 말할 작정인가?

그가 웃었다. 웃었다! 감히 어떻게. 왜, 차라리 그냥 나한테 걸레를 주고 자기 신발을 닦으라고 하지.

"우리도 사람이에요! '과부'는 성경에 무려 81번이나 나와요."

그리고 과부의 80퍼센트는 교회를 떠난다. 이제 그 이유를 알 것 같다.

"뭐라고 말씀드려야 할지 모르겠네요. 저는 신학을 공부하고 18년간 목사로 섬겼어요. 저 좀 믿어주세요. 그건 저희 일이 아닙니다."

믿어달라고? 사랑이 믿어주는 것처럼? 흥! 이 대화에서 도대체 사랑은 어디로 실종된 것일까? 나는 사랑을 느끼지 못하지만, 사랑을 주지도 않을 작정이다. 나는 힘들었지만 끈질기게 견뎠다. 그는 방해물을 던지고 나를 낙담시키려 애썼다. 하지만 나는 계속해서 싸우면서 버텼고, 아직도 포기하지 않았다.

나는 일어서서 고개를 까딱이고는 이렇게 말했다.

"제 볼일은 다 끝난 것 같네요."

"네? 화 나셨어요?"

아뇨. 이제 막 학교 종이 쳤으니 저는 데이트 상대를 찾으러 가야겠어요.

"아닙니다. 목사님 교회니 하고 싶으신 대로 하셔야죠."

나는 과부니까 통계에 발맞추어 그 교회를 떠나 다른 교회로 갔다. 또 다른 흥미로운 통계에 따르면, 과부들은 친구의 80퍼센트를 잃고(아무 쓸모 없는 존재가 되는 것이다) 기대 수명이 낮아지며 몸무게가 7킬로그램 늘어난다.

어쩔 수 없이 교회를 옮기게 되었지만, 다른 역경은 이겨낼 작정이다.

끈질긴 결심

몇 해 전에 포르토프랭스 남쪽 시골 마을 보헬에 갔다가 해럴드라는 이름의 활발한 청년을 만났다. 해럴드의 형 조나는 교육 기회가 거의 없다시피 한 지역에서 유치원부터 중학교 과정까지 있는 학교를 운영하고 있다. 우리 팀은 길 아래쪽 게스트하우스에 묵으면서 아이들과 시간을 보내고 지역 프로젝트를 도왔다. 그러면서 아이티 생활을 몸으로 익혔다.

1950년대 미국 연방 정부의 공적수출신용기관인 미국 수출입은행에서 아르티보니트 강의 댐 건설 비용을 댔다. 미국 육군기술부대에서 설계한 이 댐은 아이티 전역에 전기 공급을 약속했다. 믿을 만한 에너지 공급원을 바탕으로 한 경제 성장은 더 많은 고용 기회와 급여 인상을 불러와 빈부 격차를 줄여줄 것이다. 또한 이 댐은 홍수를 조절하여 농경지를 회복함으로써 곡물 수확, 특히 수출용 쌀의 수확량 증가를 약속했다.

댐을 완공하고 나서 15년 후인 1971년, 댐에서 수력 발전을 얻는 펠리그레 수력발전소(Peligre Hydroelectric Plant)가 문을 열었다. 아이티 정부가 이 발전소를 관리하며, 아이티 전기의 30퍼센트가 이곳 발전소에서 나온다.

그런데 농부들을 구제하고 나라의 전력 부족을 해소해주었어야 할 댐은 둘 다 만족시키지 못했다. 전기는 주로 외국계 공장과 포르토프랭스에 거주하는 부자들에게 공급되고 있다. 댐이 일으킨 홍수 때문에 가난한 시골 농부들은 비옥한 땅을 포기하고 도시에서 일자리를 구하거나 산비탈 농장으로 옮겨가야만 했다. 그런 농장들은 토질도 형편없고 여러 가지로 악조건이었다. 댐 프로젝트는 보헬 지역에 엄청난 역효과를 불러왔다.

보헬의 꿈은 도시 입구에 머물러 있다. 여기서는 농업이 주요 생계 수단인데, 물을 대기도 어렵고 토질도 좋지 않아서 적응하는 사람만 살아남는다. 비가 올 때도 있고 며칠씩 비가 오지 않을 때도 있다. 우물을 파고 유지하려면 돈이 많이 든

다. 농업은 쉽지도 않고 수익이 많지도 않다. 그래도 농부들은 버텨낸다. 땅이나 작물, 가족을 절대 포기하지 않는다.

우리가 가는 곳마다 해럴드가 나타나곤 했다. 해럴드의 큰 눈은 자신과 형, 학교 아이들을 위한 더 크고 좋은 세상에 대한 꿈과 이상으로 늘 반짝였다. 관개 수로보다 더 큰 무언가가 해럴드의 꿈에 물을 주었고, 그렇게 그는 미래를 보았다. 극심한 가난 속에 살아가는 사람들이 그렇듯이 생존을 추구하는 삶은 오늘에만 집중하기 마련이다. 오늘 먹을 음식, 오늘 잠잘 곳, 오늘의 생존. 그런데 해럴드는 보헬 지역 다른 사람들처럼 살면서도, 굶주림과 질병에 묻혀버리기 쉬운 미래의 꿈을 잃지 않았다.

늘 더 많이 일하고, 더 많이 돕고, 더 많이 사랑하려고 애쓰는 해럴드가 하루는 나를 찾아와 이렇게 물었다.

"제가 연주 한번 해드릴까요?"

"어떤 연주요?"

"드럼이요."

"좋죠."

주변에 드럼은 없었지만, 아이티에서는 상상하지도 못한 물건이 드럼으로 사용되는 걸 익히 보았다. 나무, 탁자, 엎어 놓은 양동이, 캔, 자동차 범퍼, 책상, 코코넛 등 무엇이든 가능하다. 양손과 리듬감만 있으면, 온 세상이 당신의 드럼 세트가 된다.

해럴드의 얼굴이 환해졌다. 우리는 해럴드와 그의 친구가 그날 밤 게스트하우스에 와서 공연할 시간을 정했다. 해럴드가 봉고 드럼을, 친구 조니가 기타를 들고 게스트하우스에 들어서자 우리 일행은 잔뜩 신이 났다. 두 사람의 연주는 상상을 초월했다. 이렇게 재능이 뛰어난 청년에게 꿈이 있는 건 당연했다.

그날 이후로 아이티를 찾으면 늘 해럴드 밴드를 만났고, 나는 그들의 '매니저'가 되었다. 물론, 모든 일은 그들이 도맡아 했다. 나는 그저 가장 열렬한 팬이 되어 뒤에서 밀어주고 사랑해주고, 가끔 상황이 되면 홍보해줄 뿐이었다.

해럴드는 '마르코'라는 이름으로 자신을 알리기 시작했다. 브루노의 별명 '위위'는 내가 대중에게 매력적이지 않다는 이유를 들어 퇴짜를 놓았다. 조니와 프레시까지 합류하여 4인조 밴드가 완성되었다.

밴드는 결연한 의지를 보였다. 수도에 함께 살면서 노래를 만들었다. 아이티의 분열, 지진 이후 삶, 사랑과 평화와 더 나은 미래에 대한 희망을 노래에 녹여냈다. 행복한 노래, 가슴 아픈 노래, 정치적인 노래까지 자신의 가슴에서 우러나오는 이야기를 전했다.

끊임없이 기회의 문을 두드리고, 작은 공연을 열고, 여기저기서 돈을 벌면서 이 네 사람은 밴드를 유지하기 위해서라면 무슨 일이든 했다. 그렇게 네 사람은 가족이 되었다. 그들은 서로를 사랑하고 견딘다.

아이티에 콜레라가 퍼졌을 때 많은 사람이 이 질병에 걸려 사망했다. 전염병 확산을 막을 방법을 알지 못했기 때문이다. 마르코는 개인 위생에 대한 노래를 만들어 학교에 전하고 다녔다. 효과가 있었다. 아이들은 집에 가서도 이 노래를 흥얼거렸고, 부모들도 노래를 배웠다. 이 짤막한 노래가 수천 명, 적어도 수백 명의 목숨을 구했다.

내가 팀을 이끌고 올 때면 밴드가 자주 와서 공연을 했는데, 공연은 항상 여행의 하이라이트였다. 모두가 춤추고 노래하며 아이티의 추억을 곱씹으면서, 지저분한 도로에서 차를 몰며 목격한 가난의 실상을 잠시 잊을 수 있었다. 밴드는 희망을 노래했다. 아이티 같은 곳을 방문하여 사연을 듣고 악조건을 목격하고 사람들의 곤경을 이해하다 보면 희망이 사라지는 듯한 느낌이 들 수 있다. "도대체 어디서부터 시작해야 하죠?"와 같은 질문을 흔히 듣는다. 그럴 때 내 대답은 항상 "당신부터 하나씩 시작하세요"다. 마르코 밴드는 이 땅이 조금씩 앗아간 희망을 되살리고 있다.

어느 날 오후, 우리 다섯은 이제 이름을 지을 때가 되었다고 결심했다. 몇 가지 생각을 의논하다가 이들이 전하려는 핵심 메시지가 '평화와 통합'이라는 것을 기억하고 '포하모니'(4 Harmony)라는 이름을 지었다. 네 사람이 조화를 추구하고 아이티에 조화를 바란다는 의미에서. 완벽한 이름이었다.

시간이 흐르면서 이들이 오르는 무대와 공연장이 늘어났

다. 호텔 술집이나 길거리 시장에서 이들이 공연하는 모습을 보면 그렇게 즐거울 수가 없었다. 나는 그들을 믿었지만, 그들이 나를 믿어준 게 훨씬 더 중요했다.

세계 어디에서든 밴드로 성공하는 길은 멀고도 험하기 마련이다. 아이티에서 밴드로 성공한다는 것은 에베레스트 산 정상으로 화물 열차를 밀어 올리는 것과 같다. 수많은 방해와 거절을 견디면서 계속해서 앞으로 나아가려면 강철 같은 의지, 우리의 경우에는 네 사람의 강철 같은 의지가 필요하다.

마르코, 프레시, 조니, 브루노가 '견딘다'는 뜻의 〈퍼시비어 잡지〉(Persevere Magazine) 표지에 실린 것은 당연했다. 내가 모든 것을 견디는 사랑을 실천하는 동안 이 밴드를 만날 수 있었다는 사실은 얼마나 또 완벽한가.

해마다 3월이면, 미시간 주 디트로이트 예술대학(College for Creative Studies)의 멋진 예술가들과 함께하는 일주일을 고대한다. 언제나 친절하고 호기심이 많으며 편견이 없는 이 친구들은 상호 존중과 존경을 만들어내는 독특한 예술적 연대를 나누어준다.

아이티 문화에 푹 빠져보고 싶어 하는 그들에게 나는 아이티 사람들조차 본 적 없는 곳을 소개해주곤 했다. 특별한 능력을 지닌 현지인들을 만난다거나 잘 알려지지 않은 미술관을 관람한다거나 학교에서 가르친다거나 대가에게서 배울 기회를 주선했다. 그러는 사이 전 세계 예술가들을 보편적으로 연결해주는 동일한 연대감을 개발하게 되었다.

우리가 한자리에 모인 지도 꽤 오래되었다. 마르코를 비롯한 멤버들은 다들 결혼해서 바쁘지만 여전히 함께였다. 여전히 열심히 일하면서 음악을 만든다.

아침 식사 시간에 내가 말했다.

"깜짝 선물이 있어요."

우리가 일주일 중에 며칠을 묵고 있는 월 인터내셔널 게스트하우스의 직원을 포함하여 모두의 시선이 내게로 쏠렸다.

"오늘 밤 제 밴드가 연주하러 옵니다."

"밴드가 있으세요?"

나는 그들을 가족으로 여기지만, 그들의 성공은 오롯이 그들 몫이다.

"넵, 포하모니요."

내 뒤에서 사람들이 놀라는 소리가 들렸다. 돌아보니 게스트하우스에서 근무하는 세 여성이 눈이 휘둥그레져서 손으로 입을 막고 있었다. 독거미라도 본 모양이었다.

예술가 친구들과 멋진 하루를 보내고 나서 숙소로 돌아오니 저녁이 준비되어 있었다. 자리에 앉아 수저를 뜨려는 찰나, 나를 부르는 소리가 들렸다. 그가 왔다. 새하얀 바지에 어울리는 새하얀 튜닉, 최신 유행 에비에이터 선글라스, 밤색 글래디에이터 샌들, 어깨까지 내려오는 레게 머리. 마르코였다.

직원들이 웅성거렸다. 유명 가수를 보기라도 한 것처럼 손가락으로 가리키면서 키득거렸다.

"마르코!"

"킴!"

오랫동안 헤어졌던 친구를 뜻밖의 장소에서 우연히 보고 놀란 듯이. 우리의 평소 인사법이었다. 우리는 잃어버린 시간을 보상이라도 하려는 듯 오래오래 서로 얼싸안았다.

"어떻게 지내요?"

"아주 잘 지내요."

바로 그때 그의 수행단이 눈에 띄었다. 그중에 한 명이 비밀요원처럼 손목에 대고 무언가를 이야기하는 것처럼 보였지만, 아마 그냥 손이 가려웠는지도 모르겠다.

우리는 그간의 안부를 주고받았다. 핸드폰에 있는 가족사진을 교환하고 추억을 나누고 수다를 떨며 웃는 동안 기분이 좋았다. 모두가 의식주 걱정 없이 건강한 모습을 보니 그렇게 좋을 수 없었다.

"보여드릴 게 있어요"라면서 마르코가 비디오를 틀었다.

배경 음악이 깔리면서 카메라가 수많은 관중을 훑다가 남녀 사회자를 클로즈업했다. 근사한 검은 양복을 입은 남자 쪽은 마리오 로페즈(Mario Lopez)를 닮았고, 바닥까지 닿는 번쩍이는 민트색 드레스를 입은 여자 쪽은 브룩 버크(Brooke Burke)를 닮았다. 음악이 멈추고 사회자들이 프롬프터를 읽기 시작했다. 속사포처럼 쏟아지는 스페인어 단어들이 내 머리 위로 날아갔다. 내 귀에 들리는 말이라고는 "어쩌고저쩌고 어쩌고저쩌고 아이티"뿐이었다. 아이티! 아는 단어가 나왔다!

"어쩌고저쩌고 어쩌고저쩌고, 칸타 포하모니."

포하모니? 뭐라고?

카메라맨이 무대 중앙으로 시선을 옮겼다. 거기에 마르코가 스포트라이트를 받으며 서 있었다. 입고 있는 흰색 튜닉과 바지 한쪽 면에 초록색, 금색, 빨간색, 검은색이 어우러진 예술 작품이 그려져 있고, 레게 머리는 뒤로 묶었다. 소라 껍데기를 부는 마르코! 소라 껍데기는 노예제로 억압받던 아프리카인들이 프랑스에 맞서 싸우러 나가자는 메시지로 사용하여 자유를 상징한다.

악기 연주가 시작되고 공연장 뒤쪽에 있는 다른 카메라가 웬만한 엄청나게 큰 무대를 비추었다. 멀리서 보니 마르코와 멤버들은 개미 크기만 했다. 화려한 조명이 쏟아지고, 이번에는 카메라가 무대 왼편에서 몸을 가린 듯 만 듯 똑같이 춤을 추고 있는 열두 무희를 비추었다. 이제 카메라가 서서히 오른쪽으로 움직이자 조명 아래 있던 사람들이 조금씩 모습을 드러냈다. 조니! 브루노! 마르코! 프레시! 모두 비슷한 장식을 단 흰옷을 입고서 조니는 기타를 연주하고 나머지 셋은 마이크를 잡고 있었다. 네 사람이 화면을 가득 채웠다. 마르코가 리드 보컬을 맡고 무희들이 밴드 주변을 돌면서 계속 춤을 추었다. 너무 멋있고 놀라운 모습에 주체하기 힘든 감정이 들면서 등골이 오싹했다. 꿈이라도 꾸는 것처럼 믿기지가 않았다.

노래가 끝나자 마르코가 "그라시아스(감사합니다) 칠레!"라고 외쳤다.

남자 사회자가 이어서 "그라시아스 아이티!"라고 말했다.

"이게 뭐예요?"

"국제음악경연대회요."

2만 석 규모의 한 칠레 공연장에서 열린 포하모니 공연이 매진되었다고 한다. 포하모니는 매년 다른 나라에서 열리는 이 경연대회에 초청받아 2위에 입상했다. 2위라니! 네 사람에게는 서로 북돋우고 격려하고 지지해주는 힘과 정신력이 있었고, 심사위원들은 그 점을 높이 사주었다. 사랑이 견뎌냈다.

"마르코, 정말 대단해요."

음악 소리를 듣고 구경꾼이 모여들었다.

팬으로 보이는 십대 둘이 다가와 마르코와 무슨 말을 주고받았다. 두 소녀는 킥킥거리더니 종이와 펜을 내밀었다. 마르코가 종이에 뭐라고 적어서 다시 돌려주었다.

"무슨 일이에요?"

"아무것도 아니에요. 아이들이 사인해달라고 해서요."

사인이라니.

이제 포하모니는 인구 천백만 국가에서 최고의 밴드, 아이티의 비틀즈다. 밴드 멤버 개개인의 이름을 모르는 사람이 없을 정도다. 아이티나 칠레 이외에 다른 몇 나라에서도 공연했다. 칠레에서 가장 유명한 레게 가수 티아노 블레스(Tiano Bless)와 음반을 내고 영상도 찍었다. 그들은 곡을 쓰고 녹음하고 국내외에서 공연도 한다. 그러면서도 현실적이고 겸손하다. 마르코는 조나가 보헬 학교의 기금을 모으는 일을 돕고 있다. 네 사람 모두 여러 프로젝트와 사람들을 후원한다.

엄청난 인내다. 마르코-해럴드. 서반구에서 가장 가난한 나라의 가장 빈곤한 지역 출신 소년, 양동이를 두드리면서 봉고 드럼을 배우던 소년, 나를 위해 연주해주겠다던 그 소년. 예수님과 음악, 가족, 친구들을 향한 그의 사랑이 사람들의 마음을 얻었다. 백만 불짜리 심사위원들의 마음도 얻었다. 마르코, 조니, 프레시, 브루노는 모든 것을 견디는 사랑을 실천했다.

시들지 않는 사랑

견디는 일도 만만치는 않다. 경기 종료를 알리는 버저가 울릴 때까지 포기하지 않는 것, 일이 끝날 때까지 직장을 그만두지 않는 것, 힘든 시기를 버텨내는 것 등. 다이어트에 성공하려면 견뎌야 한다. 돈을 모아서 집을 사려면 견뎌야 한다. 마라톤 훈련, 창업, 자녀 양육은 모두 잘 견뎌야 하는 일이다.

인내가 필요한 일은 대부분 시작과 끝이 있다. 버저가 울리고, 일을 마무리하고, 집을 사고, 몸무게가 빠지고, 사업을 시작하여 운영하고, 마라톤이 끝나고, 아이들은 자란다.

그런데 모든 것을 견디는 사랑에는 끝이 없다. 예수님이 "내가 다시 올 때 이런 인내를 보겠느냐?"라고 물으실 때 나는 멈칫하게 된다. 사랑이 항상 인내한다면, 똑같은 강도를 유지할 수 있을 것이다. 사랑은 모든 것을 견디니까.

결혼 생활에는 부침이 있기 마련이다. 그러나 모든 것을 견디는 사랑은 그만두지 않는다. 역경을 통과하면서 버텨낸다.

그리고 산꼭대기까지 계속해서 올라간다.

우리의 결혼 생활은 정말 좋았다. 하지만 둘 중 한 사람이 포기한 듯한 느낌이 들 때도 있었다. 아니, 어쩌면 나만 그랬는지도 모르겠다. 배리 매닐로우의 음악을 들으면서 라자냐를 만들었던 날 이후로. 그래도 나는, 우리는 견뎠다. 사랑이 그런 거니까. 상황 변화는 나와 우리에게 달려 있었다.

질병은 아픈 사람뿐 아니라 가족과 친구를 비롯한 주변 모든 사람에게 견디는 사랑을 요구한다. 타고난 운동선수로 여러 종목에 뛰어난 기량을 보이는 친구가 있었다. 늘 성실한 그 친구는 코트나 필드에서 경기가 있을 때마다 항상 전력투구했다. 많은 친구와 팀 동료, 가족들이 그녀를 사랑했다. 그 친구가 고등학교 2학년 때 베이스를 돌다가 전방십자인대가 파열되어 길고도 험한 재활 과정이 시작되었다. 그녀가 무엇보다도 운동경기를 좋아한다는 걸 아는 주변 사람들이 그녀를 격려하고 같이 버텨주었다.

드디어 소프트볼 시즌 시작에 맞추어 완전히 회복한 기쁨도 잠시, 한 경기 만에 나머지 한쪽 전방십자인대에 부상을 입었다. 이번에도 사람들이 나서서 도왔지만, 그리 오래가지 못했다. 친구들은 그녀를 사랑했고 처음 한 번은 함께 버텨주었지만, 그 일을 반복할 만한 여력이 없었다. 내 친구에게는 선택권이 없었다.

친구는 여러 차례 수술을 받았다. 부모님이 그녀의 가장 큰 후원자였고, 형제자매들이 함께 버텨주었다. 하지만 친구들과 팀 동료들은 도중에 포기하고 말았다. 끝까지 버텨주지 못했다. 그것이 부상보다 더 고통스러웠다. 친구들은 함께 쇼핑하고, 영화를 보러 가고, 학교 파티에 참석하면서 다른 십대들처럼 즐겼다. 자신들이 더는 찾지 않고 초대하지 않는, 한 사람이 빠진 것 말고는 달라진 게 없었다. 그건 사랑이 아니다. 사랑은 모든 것을 견디니까. 하지만 그녀의 친구들은 아직 어렸고, 그게 얼마나 큰 상처가 되는지 몰랐던 것 같다.

친구는 훌륭한 남자와 결혼했다. 그는 모든 것을 견디는 사랑으로 그녀를 사랑한다. 결혼 후에도 여러 번 수술을 받았지만, 그는 그 모든 과정 내내 그녀를 지지해주었다. 그중 한 번은 수술 경과가 좋지 않아서 무릎 아래로 다리를 잘라야 했다. 다른 남자라면 떠났을지도 모른다. 하지만 남편은 그 친구를 온전히 사랑했다.

내 친구는 엄청나게 강인한 사람이다. 두 사람은 정복자이자 전사다. 대부분은 휠체어가 그녀의 다리 역할을 한다. 그녀는 공인 간호사로 일하면서 다른 사람들을 돕고 사랑한다. 부부는 두 자녀를 낳고 함께 아름답게 살아가고 있다. 사랑은 모든 것을 견디니까.

모든 것을 견디는 사랑, 늘, 언제나, 항상 견디는 사랑은 시들지 않는다. 포기하지 않는다. 예수님이 그런 사랑을 보여주신다. 인생에는 힘든 시기도 있고, 방해를 받거나 낙심할 때도 있지만, 사랑은 끝까지 싸운다. 또다시 역경이 찾아와도 계속해서 버텨낸다. 하나님이 어느 누구도 절대 포기하시지 않듯이, 우리는 다른 사람을 절대 포기해서는 안 된다.

누군가가 당신이 도저히 갈 수 없는 길을 선택한다면, 그를 떠나야 할 수도 있다. 그러나 당신이 그들을 사랑하고 그들을 위해 기도한다면, 사랑은 끈질기게 견딘다.

부모가 모든 것을 견디는 사랑으로 자녀를 사랑하는 모습을 본다. 자녀가 문젯거리나 중독, 약물, 형편없는 선택에 빠져 있더라도, 부모는 끝까지 사랑한다. 항상 거처를 마련해주고 구출해주고 돈을 대주고 문제를 해결해주는 것이 모든 것을 견디는 사랑은 아니다. 모든 것을 견디는 사랑은 사랑을 포기하지 않는 것이다. 기도를 멈추지 않는다. 절대로.

사랑은 모든 것을 견딘다.

"주 예수님, 제가 절대 포기하지 않고 늘 지지하며 모든 것을 견디는 사랑을 실천할 수 있도록 도와주세요. 제가 이렇게 사랑하지 않을 때 그것을 깨달을 수 있게 도와주세요. 포하모니처럼 사랑할 수 있는 끈기를 주세요."

사랑은 사라지지 않는다

아무리 부서뜨려보고, 밀어보고, 뒤집어보고, 흔들어봐도, 사랑은 살아 있다. 사랑은 단순한 감정이 아니다. 살아서 숨을 쉬고, 걷고, 말하며, 행동한다.

진짜 사랑은 가만히 숨어 있을 수 없다. 우리는 사랑을 주고받으며 살아낸다. 사랑하는 것, 사랑을 주고 사랑을 살아내는 것, 진짜 사랑은 우리를 해방시킨다.

진짜 사랑

오래 참는 사랑을 하면, 현실에 충실하여 전화를 받지 않고 내일 일도 걱정하지 않는다. 더는 당신의 성장과 관계의 발전을 가로막는 과거의 노예가 되지 않는다. 늘 몸보다 마음이 앞서게 만드는 미래의 노예도 아니다. 아직 일어나지 않은 일에 더 신경 쓰다 보면, 지금 이 순간을 무시하게 된다. 그렇게 하면 당신만 손해일 뿐 아니라, 거기에는 사랑도 없다. 당신 앞에 있는 사람이나 사람들은 얼마나 대수롭지 않은가? 나중에 일어날 일의 중요성이 지금 당신 앞에 있는 사람의 가치를 깎아내리는 것을 정당화할 수 있는가?

오래 참는 사랑은 멈추어 숨을 쉬고 귀를 기울이고 사랑한다. 지금 이 순간 벌어지고 있는 일에 온전히 집중한다. 메시지 성경은 그것을 다음과 같이 표현한다.

"하나님께서 바로 지금 하고 계신 일에 온전히 집중하여라. 내일 있을지 없을지도 모르는 일로 동요하지 마라. 어떠한 어려운 일이 닥쳐도 막상 그때가 되면 하나님께서 감당할 힘을 주실 것이다"(마 6:34).

친절한 사랑을 하면, 이해득실을 따지지 않고 자신을 자유로이 내주게 된다. 사랑은 친절하니까, 친절을 베풀고 싶다는 이유만으로 친절을 보여줄 수 있다. 친절한 사랑은 호혜적인 행동을 기대하거나 호혜적인 행동을 하는 데서 벗어나게 한다. 당연하게 여겨지거나 강요된 친절 행위는 약해진 친절이다. 친절한 사랑에는 진정성이 있다. 친절한 사랑은 평판을 위해 친절을 베풀지 않는다. 친절한 사랑은 순수하게 마음에서부터 우러나서 자존심을 내세우거나 대가를 바라지 않는다.

아픈 사람을 고치고 가난한 사람을 돌보고 수많은 사람을 먹이신 예수님은 친절한 사랑을 친히 살아내셨다. 그분은 자신의 친절한 행위를 누구에게 알려야 할 필요도, 그런 바람도 없으셨다. 실제로, 예수님은 그분의 친절을 받은 사람들에게 아무에게도 말하지 말라고 명령하실 때가 많았다. 사람들의 주목이나 칭찬을 원치 않으셨다. 그분의 메시지와 사랑만을 강조하기 원하셨다. 죽은 소녀의 손을 잡고 "아이야, 일어나라!"라고 말씀하셨을 때처럼 말이다. 즉시 아이가 일어나서 다시 숨을 쉬었다. 기쁘고 놀라서 어쩔 줄 모르는 아이 부모에게 예수님은 이 일을 아무에게도 말하지 말라고 하셨다(눅 8:51-56). 스포트라이트나 광고판은 필요 없었다. 그저 친절한 사랑이면 되었다.

사랑은 자랑하지 않는다. 사랑은 떠받듦을 받는 압박을 없애준다. 기둥이 높을수록 추락은 더 고통스럽다. 뿔을 불지 않으면 각광을 받을 필요가 없다. 항상 옳은 사람이 될 필요도, 지적 토론에서 최후의 승자가 될 필요도 없다. 자랑하지 않는 사랑은 스스로 높이지 않는다. 자랑하지 않는 사랑은 평등을 인식한다. 모든 사람이 똑같고, 모든 사람이 사랑받으며, 모든 사람의 의견을 귀 기울여 듣는다.

"아무 일에든지 다툼이나 허영으로 하지 말고 오직 겸손한 마음으로 각각 자기보다 남을 낮게 여기고 각각 자기 일을 돌볼뿐더러 또한 각각 다른 사람들의 일을 돌보아 나의 기쁨을 충만하게 하라"(빌 2:3-4).

잘난 체하지 않는 사랑은 겸손하다. 바리케이드를 치지 않고 누구나 자유로이 들여보낸다. 겸손한 사랑은 다른 사람들의 사랑을 기꺼이 받는다. 무슨 일을 하거나 보는 방식이 한

가지 이상일 수도 있다고, 한 가지 정답만 있지 않다고 인정한
다. 교만하지 않은 사랑은 성장하고 배우고 마음을 연다. 교
만하지 않은 사랑은 자신의 관점을 바꾸거나 수정하도록 허
용한다. 자신의 신념과 다른 것도 있을 수 있다는 걸 알고 스
스로 낮춘다. 교만하지 않은 사랑은 자신이 다 알지는 못한
다고 인정하고, 상대의 의견과 지식과 지혜를 충분히 존중하
면서 사랑한다.

"교만이 오면 욕도 오거니와 겸손한 자에게는 지혜가 있느
니라"(잠 11:2).

무례히 행하지 않는 사랑은 당신을 해방시켜 상대를 있는
그대로 인정해준다. 교정하고 구출하고 이끌어주어야 한다
는 기존의 책임감을 거두어준다. 무례히 행하지 않는 사랑은
다름의 미학을 인정하면서 우리의 평등함도 인정한다. 무례
히 행하지 않는 사랑은 사람들이 다른 의견을 표현하도록 허
용하고 심지어 격려한다. 나와 다른 의견을 자신에 대한 공격

으로 받아들이지 않는다. 무례히 행하지 않는 사랑은 판단하지 않는다. 무례히 행하지 않는 사랑은 사람들의 이름을 불러주고, 사람들을 상자에 가두지 않으며, 그들의 신념이나 의견으로 그들을 비판하지 않는다. 무례히 행하지 않는 사랑은 정당, 종교, 인종, 문화, 피부색, 성별, 성적 지향과 관계없이 모든 사람을 있는 그대로 사랑한다.

"하나님은 사랑이시라 사랑 안에 거하는 자는 하나님 안에 거하고 하나님도 그의 안에 거하시느니라"(요일 4:16).

♥

자기의 유익을 구하지 않는 사랑은 다른 사람을 위해 무슨 일을 할 수 있을지 찾는다. 당신이 사랑하는 사람들을 위해 선하고 아름다운 것을 찾으라. 다른 사람들을 위한 즐거움과 편안함과 돌봄을 찾을 방법을 알아보라. 당신이 자기 유익을 구하지 않는다면, 늘 최고만을 찾지 않는다면, 이타적으로 사랑하는 것이다.

"누구든지 자기의 유익을 구하지 말고 남의 유익을 구하라"(고전 10:24).

♥

쉽게 성내지 않는 사랑은 사소한 일에 목숨을 걸거나 분통을 터뜨리지 않는다. 그렇게 하는 것은 화를 내는 사람이나 받는 사람이나 아무에게도 재미가 없다. 성내지 않는 사랑은 분노가 아무것도 해결하지 못하고 유익보다는 해가 많다는 것을 인정한다. 당신과 당신이 사랑하는 사람 사이에 분노가 끼어들면, 깊은 상처가 보기 싫은 흉터를 남길 수 있다. 성내지 않는 사랑은 옳은 일을 위해 옳은 방식으로 분노를 사용한다. 예수님이 성전에서 상을 엎으신 것처럼 불의에 분노할 수 있다.

"좀처럼 성을 내지 않는 사람은 지혜가 깊어지지만 성미가 급한 사람은 어리석음이 쌓인다"(잠 14:29, 메시지).

♥

악한 것을 생각하지 않는 사랑은 과거를 뒤로하고 이야기를 바꾼다. 아니면, 최소한 이야기의 말투라도 바꾼다. 잊지는 못해도 용서한다. 쓴 뿌리나 분노를 드러내지 않는다. '나를 밖에서 재웠다'에서 '야외 취침은 내게 큰 교훈을 주었다'로 그저 줄거리를 바꿀 뿐이다. 악한 것을 생각하지 않는 사랑은 이미 해결된 과거의 논쟁을 들먹이지 않는다. 과거는 과거로 내버려둔다. 원한을 품지 않는다.

"미움은 다툼을 일으켜도 사랑은 모든 허물을 가리느니라"(잠 10:12).

♥

불의를 기뻐하지 않고 진리와 함께 기뻐하는 사랑은 현 상태에 도전한다. 옳은 것을 지지한다. 정의를 추구한다. 불의를 기뻐하지 않고 진리와 함께 기뻐하는 사랑은 담대하고 강하며 분열하지 않고 연합한다. 불의를 기뻐하지 않고 진리와 함께 기뻐하는 사랑은 "사랑하기 때문에 일어선다"라고 말한다. 다수의 흐름을 따르지 않고, 외면하지 않는다. 다른 사람의 생각은 아랑곳하지 않고 당당하게 말한다.

"이제 더 이상은 안 된다! 너희는 너무 오랫동안 정의를 훼손했고 살인죄를 지은 악인을 놓아주었다. 이제는 의지할 곳 없는 이들을 변호하고 약자들에게 공정한 기회를 보장하여라. 너희가 할 일은 힘없는 이들을 변호하고 그들을 착취하는 자들을 기소하는 것이다"(시 82:2-4, 메시지).

♥

모든 것을 참는 사랑은 위험에서 보호해준다. 보호할 방법을 알 정도로 충분히 사랑하고, 그렇게 보호할 용기를 낸다. 이렇게 늘 보호하는 사랑은 아무에게도 해를 끼치려 하지 않는다. 어떤 대가를 치르더라도 위험을 막아선다. 다른 사람의 질병, 실망, 낙심을 함께하며 정상으로 되돌리고 돌파구를 찾는다.

"믿음이 강한 우리는 마땅히 믿음이 약한 자의 약점을 담당하고 자기를 기쁘게 하지 아니할 것이라 우리 각 사람이 이웃을 기쁘게 하되 선을 이루고 덕을 세우도록 할지니라"(롬 15:1,2).

♥

모든 것을 믿는 사랑은 숨은 동기를 찾거나 행간을 읽으려 애쓰기보다 사람들의 말을 있는 그대로 믿어준다. 모든 것을 믿는 사랑으로 사람들을 사랑할 때 대화가 바뀐다. 자신이 신뢰받고 있음을 아는 사람은 그 신뢰에 걸맞은 사람이 되려 애쓴다. 모든 것을 믿는 사랑은 당신이 혼자가 아니며 모든 일을 혼자 할 필요도 없다고 믿는다. 함께 짐을 나누어 질 사람들이 있다. 모든 것을 믿는 사랑은 돕는 손길과 격려의 말, 충고를 받아들인다. 다른 사람들이 진심으로 당신의 유익을 바란다고 믿기 때문이다.

"철이 철을 날카롭게 하는 것같이 사람이 그의 친구의 얼굴을 빛나게 하느니라"(잠 27:17).

♥

모든 것을 바라는 사랑은 절대 포기하지 않고 굴복하지 않는다. 모든 것을 바라는 사랑은 당신과 당신이 사랑하는 사람들, 모든 사람을 위해 더 좋은 미래를 기대하면서 미래를 바라본다. 열정적으로 사랑하고 간절히 기도하며 쉬지 않고 바란다.

"저녁에는 울음이 깃들일지라도 아침에는 기쁨이 오리로다"(시 30:5).

♥

모든 것을 견디는 사랑은 힘든 시간을 견디면서 사랑한다. 계속해서 머리를 들고 상에 눈을 고정하게 만든다. 모든 것을 견디는 사랑은 계속 앞으로 나아간다. 위기와 질병과 어려움이 있더라도 그만두지 않는다. 다른 사람을 격려하고 지지해준다. 어떤 상황에서도, 어떤 어려움이 있더라도 꾸준히 앞으로 나아가면서, 항상 끝까지 버텨낸다.

"온갖 환난에 포위되어 있을 때에도 우리는 소리 높여 찬양하기를 멈추지 않습니다. 환난이 우리 안에 열정 어린 인내를 길러주고, 그 인내가 쇠를 연마하듯 우리 인격을 단련시켜주며, 우리로 하여금 하나님께서 장차 행하실 모든 일에 대해 늘 깨어 있게 해준다는 것을 우리가 알기 때문입니다"(롬 5:3-4, 메시지).

사랑은 늘 힘들지만, 늘 옳다

예수님이신 사랑, 하나님이 우리를 향해 품으신 사랑, 우리
가 다른 사람과 우리 자신을 위해 품기 원하는 이 사랑을 살
아낸다면, 이 사랑이 할 수 있는 일에는 아무런 한계도 상한
선도 경계도 없다.

너무 큰 희생은 없다. 사랑이신 예수님이 그분의 생명을 드
려 가장 큰 희생을 치르셨기 때문이다. 너무 작은 행위는 없
다. 예수님이 죄인들과 함께 식사하시고 그 식사를 통해 사람
들이 변했기 때문이다.

이 사랑, 오래 참고 친절하고 판단하지 않는 사랑은 강하
고 능력이 있지만 온유하고 겸손하다. 이 사랑이 오랜 세월
존재했던 벽을 무너뜨리고, 눈을 가리고 있던 안대를 벗겨내
어 겸손과 영광으로 내내 가려져 있던 빛을 드러낼 수 있다.
사랑은 늘 힘들지만, 늘 옳다. 이런 사랑이라면 어떻게 할까?
사랑은 언제까지나 사라지지 않는다.

고린도전서 13장대로 1년 살아보기

초판 1쇄 발행	2022년 11월 21일
지은이	킴 소렐
옮긴이	이지혜
펴낸이	여진구
책임편집	이영주 정선경
편집	최현수 안수경 김도연 김아진 정아혜
책임디자인	이하은 노지현	마영애 조은혜
홍보 · 외서	진효지
마케팅	김상순 강성민 허병용 **마케팅지원** 최영배 정나영
제작	조영석 정도봉 **경영지원** 김혜경 김경희 이지수

303비전성경암송학교 박정숙
이슬비전도학교 / 303비전성경암송학교 / 303비전꿈나무장학회

펴낸곳 규장

주소 06770 서울시 서초구 매헌로 16길 20(양재2동) 규장선교센터
전화 02)578-0003 **팩스** 02)578-7332
이메일 kyujang0691@gmail.com 홈페이지 www.kyujang.com
페이스북 facebook.com/kyujangbook 인스타그램 instagram.com/kyujang_com
카카오스토리 story.kakao.com/kyujangbook
등록일 1978.8.14. 제1-22

책값 뒤표지에 있습니다.
ISBN 979-11-6504-387-2 03230

규 | 장 | 수 | 칙

1. 기도로 기획하고 기도로 제작한다.
2. 오직 그리스도의 성품을 사모하는 독자가 원하고 필요로 하는 책만을 출판한다.
3. 한 활자 한 문장에 온 정성을 쏟는다.
4. 성실과 정확을 생명으로 삼고 일한다.
5. 긍정적이며 적극적인 신앙과 신행일치에의 안내자의 사명을 다한다.
6. 충고와 조언을 항상 감사로 경청한다.
7. 지상목표는 문서선교에 있다.

하나님을 사랑하는 자 곧 그의 뜻대로 부르심을 입은 자들에게는 모든 것이 合力하여 善을 이루느니라(롬 8:28)

규장은 문서를 통해 복음전파와 신앙교육에 주력하는 국제적 출판사들의
협의체인 복음주의출판협회(E.C.P.A:Evangelical Christian Publishers
Association)의 출판정신에 동참하는 회원(Associate Member)입니다.